T&P BOOKS

I0168851

HEBRÄISCH

W O R T S C H A T Z

DEUTSCH
HEBRÄISCH

Die nützlichsten Wörter
Zur Erweiterung Ihres Wortschatzes und
Verbesserung der Sprachfertigkeit

9000 Wörter

Wortschatz Deutsch-Hebräisch für das Selbststudium - 9000 Wörter

Von Andrey Taranov

T&P Books Vokabelbücher sind dafür vorgesehen, beim Lernen einer Fremdsprache zu helfen, Wörter zu memorieren und zu wiederholen. Das Wörterbuch ist nach Themen aufgeteilt und deckt alle wichtigen Bereiche des täglichen Lebens, Berufs, Wissenschaft, Kultur etc. ab.

Durch das Benutzen der themenbezogenen T&P Books ergeben sich folgende Vorteile für den Lernprozess:

- Sachgemäß geordnete Informationen bestimmen den späteren Erfolg auf den darauffolgenden Stufen der Memorisierung
- Die Verfügbarkeit von Wörtern, die sich aus der gleichen Wurzel ableiten lassen, erlaubt die Memorisierung von Worteinheiten (mehr als bei einzeln stehenden Wörtern)
- Kleine Worteinheiten unterstützen den Aufbauprozess von assoziativen Verbindungen für die Festigung des Wortschatzes
- Die Kenntnis der Sprache kann aufgrund der Anzahl der gelernten Wörter eingeschätzt werden

T&P Books Publishing
www.tpbooks.com

ISBN: 978-1-78716-416-1

Dieses Buch ist auch im E-Book Format erhältlich.
Besuchen Sie uns auch auf www.tpbooks.com oder auf einer der bedeutenden Buchhandlungen online.

WORTSCHATZ DEUTSCH-HEBRÄISCH
für das Selbststudium

Die Vokabelbücher von T&P Books sind dafür vorgesehen, Ihnen beim Lernen einer Fremdsprache zu helfen, Wörter zu memorieren und zu wiederholen. Der Wortschatz enthält über 9000 häufig gebrauchte, thematisch geordnete Wörter.

- Der Wortschatz enthält die am häufigsten benutzten Wörter
- Eignet sich als Ergänzung zu jedem Sprachkurs
- Erfüllt die Bedürfnisse von Anfängern und fortgeschrittenen Lernenden von Fremdsprachen
- Praktisch für den täglichen Gebrauch, zur Wiederholung und um sich selbst zu testen
- Ermöglicht es, Ihren Wortschatz einzuschätzen

Besondere Merkmale des Wortschatzes:

- Wörter sind entsprechend ihrer Bedeutung und nicht alphabetisch organisiert
- Wörter werden in drei Spalten präsentiert, um das Wiederholen und den Selbstüberprüfungsprozess zu erleichtern
- Wortgruppen werden in kleinere Einheiten aufgespalten, um den Lernprozess zu fördern
- Der Wortschatz bietet eine praktische und einfache Lautschrift jedes Wortes der Fremdsprache

Der Wortschatz hat 256 Themen, einschließlich:

Grundbegriffe, Zahlen, Farben, Monate, Jahreszeiten, Maßeinheiten, Kleidung und Accessoires, Essen und Ernährung, Restaurant, Familienangehörige, Verwandte, Charaktereigenschaften, Empfindungen, Gefühle, Krankheiten, Großstadt, Kleinstadt, Sehenswürdigkeiten, Einkaufen, Geld, Haus, Zuhause, Büro, Import & Export, Marketing, Arbeitssuche, Sport, Ausbildung, Computer, Internet, Werkzeug, Natur, Länder, Nationalitäten und vieles mehr...

INHALT

LEITFADEN FÜR DIE AUSSPRACHE

Name des Buchstaben	Buchstabe	Hebräisch Beispiel	T&P phonetisches Alphabet	Deutsch Beispiel
Aleph	א	אריה	[a], [ɑ:]	da, das
	א	אחד	[ɛ], [ɛ:]	essen
	א	מָאָה	['] (hamza)	Glottisschlag
Beth	ב	בית	[b]	Brille
Gimel	ג	גמל	[g]	gelb
Gimel+Geresch	'ג	ג'ונגל	[ʤ]	Kambodscha
Daleth	ד	דג	[d]	Detektiv
He	ה	הר	[h]	brauchbar
Waw	ו	וסת	[v]	November
Zajin	ז	זאב	[z]	sein
Zajin+Geresch	'ז	ז'ורנל	[ʒ]	Regisseur
Chet	ח	חוט	[x]	billig
Tet	ט	טוב	[t]	still
Jod	י	יום	[j]	Jacke
Kaph	ך כ	בריש	[k]	Kalender
Lamed	ל	לחם	[l]	Juli
Mem	ם מ	מלך	[m]	Mitte
Nun	ן נ	נר	[n]	nicht
Samech	ס	סוס	[s]	sein
Ajin	ע	עין	[a], [ɑ:]	da, das
	ע	תשעים	['] (ayn)	stimmhafte pharyngale Frikativ
Pe	ף פ	פיל	[p]	Polizei
Tzade	ץ צ	צעצוע	[ts]	Gesetz
Tzade+Geresch	'צ'י	צ'ק	[tʃ]	Matsch
Qoph	ק	קוף	[k]	Kalender
Resch	ר	רכבת	[r]	uvulare Vibrant [R]
Sin, Schin	ש	שלחן, עשׂרים	[s], [ʃ]	sein, Chance
Taw	ת	תפוז	[t]	still

ABKÜRZUNGEN
die im Vokabular verwendet werden

Deutsch. Abkürzungen

Adj	-	Adjektiv
Adv	-	Adverb
Amtsspr.	-	Amtssprache
f	-	Femininum
f, n	-	Femininum, Neutrum
Fem.	-	Femininum
m	-	Maskulinum
m, f	-	Maskulinum, Femininum
m, n	-	Maskulinum, Neutrum
Mask.	-	Maskulinum
n	-	Neutrum
pl	-	Plural
Sg.	-	Singular
ugs.	-	umgangssprachlich
unzähl.	-	unzählbar
usw.	-	und so weiter
v mod	-	Modalverb
vi	-	intransitives Verb
vi, vt	-	intransitives, transitives Verb
vt	-	transitives Verb
zähl.	-	zählbar
z.B.	-	zum Beispiel

Hebräisch. Abkürzungen

ז	-	Maskulinum
ז"ר	-	Maskulinum plural
ז , נ	-	Maskulinum, Femininum
נ	-	Femininum
נ"ר	-	Femininum plural

GRUNDBEGRIFFE

Grundbegriffe. Teil 1

1. Pronomen

ich	ani	אֲנִי (ז, נ)
du (Mask.)	ata	אַתָּה (ז)
du (Fem.)	at	אַתְּ (נ)
er	hu	הוּא (ז)
sie	hi	הִיא (נ)
wir	a'naχnu	אֲנַחְנוּ (ז, נ)
ihr (Mask.)	atem	אַתֶּם (ז"ר)
ihr (Fem.)	aten	אַתֶּן (נ"ר)
Sie (Sg.)	ata, at	אַתָּה (ז), אַתְּ (נ)
Sie (pl)	atem, aten	אַתֶּם (ז"ר), אַתֶּן (נ"ר)
sie (Mask.)	hem	הֵם (ז"ר)
sie (Fem.)	hen	הֵן (נ"ר)

2. Grüße. Begrüßungen. Verabschiedungen

Hallo! (ugs.)	ʃalom!	שָׁלוֹם!
Hallo! (Amtsspr.)	ʃalom!	שָׁלוֹם!
Guten Morgen!	'boker tov!	בּוֹקֶר טוֹב!
Guten Tag!	tsaha'rayim tovim!	צָהֳרַיִם טוֹבִים!
Guten Abend!	'erev tov!	עֶרֶב טוֹב!
grüßen (vi, vt)	lomar ʃalom	לוֹמַר שָׁלוֹם
Hallo! (ugs.)	hai!	הַיי!
Gruß (m)	ahlan	אַהְלָן
begrüßen (vt)	lomar ʃalom	לוֹמַר שָׁלוֹם
Wie geht's?	ma ʃlomχa?	מַה שְׁלוֹמְךָ? (ז)
Wie geht's dir?	ma niʃma?	מַה נִשְׁמָע?
Was gibt es Neues?	ma χadaʃ?	מַה חָדָשׁ?
Auf Wiedersehen!	lehitra'ot!	לְהִתְרָאוֹת!
Wiedersehen! Tschüs!	bai!	בַּיי!
Bis bald!	lehitra'ot bekarov!	לְהִתְרָאוֹת בְּקָרוֹב!
Lebe wohl! Leben Sie wohl!	lehitra'ot!	לְהִתְרָאוֹת!
sich verabschieden	lomar lehitra'ot	לוֹמַר לְהִתְרָאוֹת
Tschüs!	bai!	בַּיי!
Danke!	toda!	תּוֹדָה!
Dankeschön!	toda raba!	תּוֹדָה רַבָּה!
Bitte (Antwort)	bevakaʃa	בְּבַקָשָׁה

13

| Keine Ursache. | al lo davar | עַל לֹא דָבָר |
| Nichts zu danken. | ein be'ad ma | אֵין בְּעַד מָה |

Entschuldige!	sliχa!	סלִיחָה!
Entschuldigung!	sliχa!	סלִיחָה!
entschuldigen (vt)	lis'loaχ	לִסלוֹם

sich entschuldigen	lehitnatsel	לְהִתנַצֵל
Verzeihung!	ani mitnatsel, ani mitna'tselet	אֲנִי מִתנַצֵל (ז), אֲנִי מִתנַצֶלֶת (נ)
Es tut mir leid!	ani mitsta'er, ani mitsta''eret	אֲנִי מִצטַעֵר (ז), אֲנִי מִצטַעֶרֶת (נ)
verzeihen (vt)	lis'loaχ	לִסלוֹם
Das macht nichts!	lo nora	לֹא נוֹרָא
bitte (Die Rechnung, ~!)	bevakaʃa	בְּבַקָשָה

Nicht vergessen!	al tiʃkaχ!	אַל תִשכַּח! (ז)
Natürlich!	'betaχ!	בֶּטַח!
Natürlich nicht!	'betaχ ʃelo!	בֶּטַח שֶלֹא!
Gut! Okay!	okei!	אוֹקֵיי!
Es ist genug!	maspik!	מַספִּיק!

3. Jemanden ansprechen

Entschuldigen Sie!	sliχa!	סלִיחָה!
Herr	adon	אָדוֹן
Frau	gvirti	גבִרתִי
Frau (Fräulein)	'gveret	גבֶרֶת
Junger Mann	baχur tsa'ir	בָּחוּר צָעִיר
Junge	'yeled	יֶלֶד
Mädchen	yalda	יַלדָה

4. Grundzahlen. Teil 1

null	'efes	אֶפֶס (ז)
eins	eχad	אֶחָד (ז)
eine	aχat	אַחַת (נ)
zwei	'ʃtayim	שתַיִים (נ)
drei	ʃaloʃ	שָלוֹש (נ)
vier	arba	אַרבַּע (נ)

fünf	χameʃ	חָמֵש (נ)
sechs	ʃeʃ	שֵש (נ)
sieben	'ʃeva	שֶבַע (נ)
acht	'ʃmone	שמוֹנֶה (נ)
neun	'teʃa	תֵשַע (נ)

zehn	'eser	עֶשֶר (נ)
elf	aχat esre	אַחַת-עֶשׂרֵה (נ)
zwölf	ʃteim esre	שתֵים-עֶשׂרֵה (נ)
dreizehn	ʃloʃ esre	שלוֹש-עֶשׂרֵה (נ)
vierzehn	arba esre	אַרבַּע-עֶשׂרֵה (נ)
fünfzehn	χameʃ esre	חָמֵש-עֶשׂרֵה (נ)
sechzehn	ʃeʃ esre	שֵש-עֶשׂרֵה (נ)

siebzehn	ʃva esre	שְׁבַע־עֶשְׂרֵה (נ)
achtzehn	ʃmone esre	שְׁמוֹנֶה־עֶשְׂרֵה (נ)
neunzehn	tʃa esre	תְּשַׁע־עֶשְׂרֵה (נ)

zwanzig	esrim	עֶשְׂרִים
einundzwanzig	esrim ve'eχad	עֶשְׂרִים וְאֶחָד
zweiundzwanzig	esrim u'ʃnayim	עֶשְׂרִים וּשְׁנַיִם
dreiundzwanzig	esrim uʃloʃa	עֶשְׂרִים וּשְׁלוֹשָׁה

dreißig	ʃloʃim	שְׁלוֹשִׁים
einunddreißig	ʃloʃim ve'eχad	שְׁלוֹשִׁים וְאֶחָד
zweiunddreißig	ʃloʃim u'ʃnayim	שְׁלוֹשִׁים וּשְׁנַיִם
dreiunddreißig	ʃloʃim uʃloʃa	שְׁלוֹשִׁים וּשְׁלוֹשָׁה

vierzig	arba'im	אַרְבָּעִים
einundvierzig	arba'im ve'eχad	אַרְבָּעִים וְאֶחָד
zweiundvierzig	arba'im u'ʃnayim	אַרְבָּעִים וּשְׁנַיִם
dreiundvierzig	arba'im uʃloʃa	אַרְבָּעִים וּשְׁלוֹשָׁה

fünfzig	χamiʃim	חֲמִישִׁים
einundfünfzig	χamiʃim ve'eχad	חֲמִישִׁים וְאֶחָד
zweiundfünfzig	χamiʃim u'ʃnayim	חֲמִישִׁים וּשְׁנַיִם
dreiundfünfzig	χamiʃim uʃloʃa	חֲמִישִׁים וּשְׁלוֹשָׁה

sechzig	ʃiʃim	שִׁישִׁים
einundsechzig	ʃiʃim ve'eχad	שִׁישִׁים וְאֶחָד
zweiundsechzig	ʃiʃim u'ʃnayim	שִׁישִׁים וּשְׁנַיִם
dreiundsechzig	ʃiʃim uʃloʃa	שִׁישִׁים וּשְׁלוֹשָׁה

siebzig	ʃiv'im	שִׁבְעִים
einundsiebzig	ʃiv'im ve'eχad	שִׁבְעִים וְאֶחָד
zweiundsiebzig	ʃiv'im u'ʃnayim	שִׁבְעִים וּשְׁנַיִם
dreiundsiebzig	ʃiv'im uʃloʃa	שִׁבְעִים וּשְׁלוֹשָׁה

achtzig	ʃmonim	שְׁמוֹנִים
einundachtzig	ʃmonim ve'eχad	שְׁמוֹנִים וְאֶחָד
zweiundachtzig	ʃmonim u'ʃnayim	שְׁמוֹנִים וּשְׁנַיִם
dreiundachtzig	ʃmonim uʃloʃa	שְׁמוֹנִים וּשְׁלוֹשָׁה

neunzig	tiʃ'im	תִּשְׁעִים
einundneunzig	tiʃ'im ve'eχad	תִּשְׁעִים וְאֶחָד
zweiundneunzig	tiʃ'im u'ʃayim	תִּשְׁעִים וּשְׁנַיִם
dreiundneunzig	tiʃ'im uʃloʃa	תִּשְׁעִים וּשְׁלוֹשָׁה

5. Grundzahlen. Teil 2

einhundert	'me'a	מֵאָה (נ)
zweihundert	ma'tayim	מָאתַיִם
dreihundert	ʃloʃ me'ot	שְׁלוֹשׁ מֵאוֹת (נ)
vierhundert	arba me'ot	אַרְבַּע מֵאוֹת (נ)
fünfhundert	χameʃ me'ot	חֲמֵשׁ מֵאוֹת (נ)

| sechshundert | ʃeʃ me'ot | שֵׁשׁ מֵאוֹת (נ) |
| siebenhundert | ʃva me'ot | שְׁבַע מֵאוֹת (נ) |

achthundert	ʃmone me'ot	שְׁמוֹנֶה מֵאוֹת (נ)
neunhundert	tʃa me'ot	תֵּשַׁע מֵאוֹת (נ)

eintausend	'elef	אֶלֶף (ז)
zweitausend	al'payim	אַלְפַּיִם (ז)
dreitausend	'ʃloʃet alafim	שְׁלוֹשֶׁת אֲלָפִים (ז)
zehntausend	a'seret alafim	עֲשֶׂרֶת אֲלָפִים (ז)
hunderttausend	'me'a 'elef	מֵאָה אֶלֶף (ז)
Million (f)	milyon	מִילְיוֹן (ז)
Milliarde (f)	milyard	מִילְיַארְד (ז)

6. Ordnungszahlen

der erste	riʃon	רִאשׁוֹן
der zweite	ʃeni	שֵׁנִי
der dritte	ʃliʃi	שְׁלִישִׁי
der vierte	revi'i	רְבִיעִי
der fünfte	χamiʃi	חֲמִישִׁי

der sechste	ʃiʃi	שִׁישִׁי
der siebte	ʃvi'i	שְׁבִיעִי
der achte	ʃmini	שְׁמִינִי
der neunte	tʃi'i	תְּשִׁיעִי
der zehnte	asiri	עֲשִׂירִי

7. Zahlen. Brüche

Bruch (m)	'ʃever	שֶׁבֶר (ז)
Hälfte (f)	'χetsi	חֲצִי (ז)
Drittel (n)	ʃliʃ	שְׁלִישׁ (ז)
Viertel (n)	'reva	רֶבַע (ז)

Achtel (m, n)	ʃminit	שְׁמִינִית (נ)
Zehntel (n)	asirit	עֲשִׂירִית (נ)
zwei Drittel	ʃnei ʃliʃim	שְׁנֵי שְׁלִישִׁים (ז)
drei Viertel	'ʃloʃet riv'ei	שְׁלוֹשֶׁת רְבָעֵי

8. Zahlen. Grundrechenarten

Subtraktion (f)	χisur	חִיסּוּר (ז)
subtrahieren (vt)	leχaser	לְחַסֵּר

Division (f)	χiluk	חִילּוּק (ז)
dividieren (vt)	leχalek	לְחַלֵּק

Addition (f)	χibur	חִיבּוּר (ז)
addieren (vt)	leχaber	לְחַבֵּר
hinzufügen (vt)	leχaber	לְחַבֵּר
Multiplikation (f)	'kefel	כֶּפֶל (ז)
multiplizieren (vt)	lehaχpil	לְהַכְפִּיל

9. Zahlen. Verschiedenes

Ziffer (f)	sifra	סִפְרָה (נ)
Zahl (f)	mispar	מִסְפָּר (ז)
Zahlwort (n)	ʃem mispar	שֵׁם מִסְפָּר (ז)
Minus (n)	'minus	מִינוּס (ז)
Plus (n)	plus	פְּלוּס (ז)
Formel (f)	nusχa	נוּסְחָה (נ)

Berechnung (f)	χiʃuv	חִישׁוּב (ז)
zählen (vt)	lispor	לִסְפּוֹר
berechnen (vt)	leχaʃev	לְחַשֵּׁב
vergleichen (vt)	lehaʃvot	לְהַשְׁווֹת

Wie viel?	'kama?	כַּמָּה?
Wie viele?	'kama?	כַּמָּה?
Summe (f)	sχum	סְכוּם (ז)
Ergebnis (n)	totsa'a	תּוֹצָאָה (נ)
Rest (m)	ʃe'erit	שְׁאֵרִית (נ)

einige (~ Tage)	'kama	כַּמָּה
wenig (Adv)	ktsat	קְצָת
einige, ein paar	me'at	מְעַט
wenig (es kostet ~)	me'at	מְעַט
Übrige (n)	ʃe'ar	שְׁאָר (ז)
anderthalb	eχad va'χetsi	אֶחָד וָחֵצִי (ז)
Dutzend (n)	tresar	תְּרֵיסָר (ז)

entzwei (Adv)	'χetsi 'χetsi	חֲצִי חֲצִי
zu gleichen Teilen	ʃave beʃave	שָׁוֶה בְּשָׁוֶה
Hälfte (f)	'χetsi	חֲצִי (ז)
Mal (n)	'pa'am	פַּעַם (נ)

10. Die wichtigsten Verben. Teil 1

abbiegen (nach links ~)	lifnot	לִפְנוֹת
abschicken (vt)	liʃ'loaχ	לִשְׁלוֹחַ
ändern (vt)	leʃanot	לְשַׁנּוֹת
andeuten (vt)	lirmoz	לִרְמוֹז
Angst haben	lefaχed	לְפַחֵד

ankommen (vi)	leha'gi'a	לְהַגִּיעַ
antworten (vi)	la'anot	לַעֲנוֹת
arbeiten (vi)	la'avod	לַעֲבוֹד
auf ... zählen	lismoχ al	לִסְמוֹךְ עַל
aufbewahren (vt)	liʃmor	לִשְׁמוֹר

aufschreiben (vt)	lirʃom	לִרְשׁוֹם
ausgehen (vi)	latset	לָצֵאת
aussprechen (vt)	levate	לְבַטֵּא
bedauern (vt)	lehitsta'er	לְהִצְטַעֵר
bedeuten (vt)	lomar	לוֹמַר
beenden (vt)	lesayem	לְסַיֵּם

befehlen (Milit.)	lifkod	לִפְקוֹד
befreien (Stadt usw.)	leſaxrer	לְשַׁחְרֵר
beginnen (vt)	lehatxil	לְהַתְחִיל
bemerken (vt)	lasim lev	לָשִׂים לֵב
beobachten (vt)	litspot, lehaſkif	לִצְפּוֹת, לְהַשְׁקִיף

berühren (vt)	la'ga'at	לָגַעַת
besitzen (vt)	lihyot 'ba'al ſel	לִהְיוֹת בַּעַל שֶׁל
besprechen (vt)	ladun	לָדוּן
bestehen auf	lehit'akeſ	לְהִתְעַקֵּשׁ
bestellen (im Restaurant)	lehazmin	לְהַזְמִין

bestrafen (vt)	leha'aniſ	לְהַעֲנִישׁ
beten (vi)	lehitpalel	לְהִתְפַּלֵּל
bitten (vt)	levakeſ	לְבַקֵּשׁ
brechen (vt)	liſbor	לִשְׁבּוֹר
denken (vi, vt)	laxſov	לַחְשׁוֹב

drohen (vi)	le'ayem	לְאַיֵּם
Durst haben	lihyot tsame	לִהְיוֹת צָמֵא
einladen (vt)	lehazmin	לְהַזְמִין
einstellen (vt)	lehafsik	לְהַפְסִיק
einwenden (vt)	lehitnaged	לְהִתְנַגֵּד
empfehlen (vt)	lehamlits	לְהַמְלִיץ

erklären (vt)	lehasbir	לְהַסְבִּיר
erlauben (vt)	leharſot	לְהַרְשׁוֹת
ermorden (vt)	laharog	לַהֲרוֹג
erwähnen (vt)	lehazkir	לְהַזְכִּיר
existieren (vi)	lehitkayem	לְהִתְקַיֵּם

11. Die wichtigsten Verben. Teil 2

fallen (vi)	lipol	לִיפּוֹל
fallen lassen	lehapil	לְהַפִּיל
fangen (vt)	litfos	לִתְפּוֹס
finden (vt)	limtso	לִמְצוֹא
fliegen (vi)	la'uf	לָעוּף

folgen (Folge mir!)	la'akov axarei	לַעֲקוֹב אַחֲרֵי
fortsetzen (vt)	lehamſix	לְהַמְשִׁיךְ
fragen (vt)	liſol	לִשְׁאוֹל
frühstücken (vi)	le'exol aruxat 'boker	לֶאֱכוֹל אֲרוּחַת בּוֹקֶר
geben (vt)	latet	לָתֵת

gefallen (vi)	limtso xen be'ei'nayim	לִמְצוֹא חֵן בְּעֵינַיִים
gehen (zu Fuß gehen)	la'lexet	לָלֶכֶת
gehören (vi)	lehiſtayex	לְהִשְׁתַּיֵּךְ
graben (vt)	laxpor	לַחְפּוֹר

haben (vt)	lehaxzik	לְהַחְזִיק
helfen (vi)	la'azor	לַעֲזוֹר
herabsteigen (vi)	la'redet	לָרֶדֶת
hereinkommen (vi)	lehikanes	לְהִיכָּנֵס

hoffen (vi)	lekavot	לְקַוּוֹת
hören (vt)	liʃmoʻa	לִשְׁמוֹעַ
hungrig sein	lihyot raʻev	לִהְיוֹת רָעֵב
informieren (vt)	lehoʻdia	לְהוֹדִיעַ
jagen (vi)	latsud	לָצוּד
kennen (vt)	lehakir et	לְהַכִּיר אֶת
klagen (vi)	lehitlonen	לְהִתְלוֹנֵן
können (v mod)	yaχol	יָכוֹל
kontrollieren (vt)	liʃlot	לִשְׁלוֹט
kosten (vt)	laʻalot	לַעֲלוֹת
kränken (vt)	lehaʻaliv	לְהַעֲלִיב
lächeln (vi)	leχayeχ	לְחַיֵּךְ
lachen (vi)	litsχok	לִצְחוֹק
laufen (vi)	laruts	לָרוּץ
leiten (Betrieb usw.)	lenahel	לְנַהֵל
lernen (vt)	lilmod	לִלְמוֹד
lesen (vi, vt)	likro	לִקְרוֹא
lieben (vt)	leʼehov	לֶאֱהוֹב
machen (vt)	laʻasot	לַעֲשׂוֹת
mieten (Haus usw.)	liskor	לִשְׂכּוֹר
nehmen (vt)	laʼkaχat	לָקַחַת
noch einmal sagen	laχazor al	לַחֲזוֹר עַל
nötig sein	lehidareʃ	לְהִידָרֵשׁ
öffnen (vt)	lifʼtoaχ	לִפְתּוֹחַ

12. Die wichtigsten Verben. Teil 3

planen (vt)	letaχnen	לְתַכְנֵן
prahlen (vi)	lehitravrev	לְהִתְרַבְרֵב
raten (vt)	leyaʻets	לְיַיעֵץ
rechnen (vt)	lispor	לִסְפּוֹר
reservieren (vt)	lehazmin meroʃ	לְהַזְמִין מֵרֹאשׁ
retten (vt)	lehatsil	לְהַצִּיל
richtig raten (vt)	lenaχeʃ	לְנַחֵשׁ
rufen (um Hilfe ~)	likro	לִקְרוֹא
sagen (vt)	lomar	לוֹמַר
schaffen (Etwas Neues zu ~)	litsor	לִיצוֹר
schelten (vt)	linzof	לִנְזוֹף
schießen (vi)	lirot	לִירוֹת
schmücken (vt)	lekaʃet	לְקַשֵּׁט
schreiben (vi, vt)	liχtov	לִכְתּוֹב
schreien (vi)	litsʻok	לִצְעוֹק
schweigen (vi)	liʃtok	לִשְׁתּוֹק
schwimmen (vi)	lisχot	לִשְׂחוֹת
schwimmen gehen	lehitraχets	לְהִתְרַחֵץ
sehen (vi, vt)	lirʼot	לִרְאוֹת
sein (vi)	lihyot	לִהְיוֹת

sich beeilen	lemaher	לְמַהֵר
sich entschuldigen	lehitnatsel	לְהִתְנַצֵּל
sich interessieren	lehit'anyen be...	לְהִתְעַנְיֵין בְּ...
sich irren	lit'ot	לִטְעוֹת
sich setzen	lehityaʃev	לְהִתְיַישֵׁב
sich weigern	lesarev	לְסָרֵב
spielen (vi, vt)	lesaxek	לְשַׂחֵק
sprechen (vi)	ledaber	לְדַבֵּר
staunen (vi)	lehitpale	לְהִתְפַּלֵּא
stehlen (vt)	lignov	לִגְנוֹב
stoppen (vt)	la'atsor	לַעֲצוֹר
suchen (vt)	lexapes	לְחַפֵּשׂ

13. Die wichtigsten Verben. Teil 4

täuschen (vt)	leramot	לְרַמּוֹת
teilnehmen (vi)	lehiʃtatef	לְהִשְׁתַּתֵּף
übersetzen (Buch usw.)	letargem	לְתַרְגֵּם
unterschätzen (vt)	leham'it be''erex	לְהַמְעִיט בְּעֶרֶךְ
unterschreiben (vt)	laxtom	לַחְתּוֹם
vereinigen (vt)	le'axed	לְאַחֵד
vergessen (vt)	liʃ'koax	לִשְׁכּוֹחַ
vergleichen (vt)	lehaʃvot	לְהַשְׁווֹת
verkaufen (vt)	limkor	לִמְכּוֹר
verlangen (vt)	lidroʃ	לִדְרוֹשׁ
versäumen (vt)	lehaxsir	לְהַחְסִיר
versprechen (vt)	lehav'tiax	לְהַבְטִיחַ
verstecken (vt)	lehastir	לְהַסְתִּיר
verstehen (vt)	lehavin	לְהָבִין
versuchen (vt)	lenasot	לְנַסּוֹת
verteidigen (vt)	lehagen	לְהָגֵן
vertrauen (vi)	liv'toax	לִבְטוֹחַ
verwechseln (vt)	lehitbalbel	לְהִתְבַּלְבֵּל
verzeihen (vi, vt)	lis'loax	לִסְלוֹחַ
verzeihen (vt)	lis'loax	לִסְלוֹחַ
voraussehen (vt)	laxazot	לַחֲזוֹת
vorschlagen (vt)	leha'tsi'a	לְהַצִּיעַ
vorziehen (vt)	leha'adif	לְהַעֲדִיף
wählen (vt)	livxor	לִבְחוֹר
warnen (vt)	lehazhir	לְהַזְהִיר
warten (vi)	lehamtin	לְהַמְתִּין
weinen (vi)	livkot	לִבְכּוֹת
wissen (vt)	la'da'at	לָדַעַת
Witz machen	lehitba'deax	לְהִתְבַּדֵּחַ
wollen (vt)	lirtsot	לִרְצוֹת
zahlen (vt)	leʃalem	לְשַׁלֵּם
zeigen (jemandem etwas)	lehar'ot	לְהַרְאוֹת

zu Abend essen	le'exol aruxat 'erev	לֶאֱכֹל אֲרוּחַת עֶרֶב
zu Mittag essen	le'exol aruxat tsaha'rayim	לֶאֱכֹל אֲרוּחַת צָהֳרַיִם
zubereiten (vt)	levaſel	לְבַשֵׁל
zustimmen (vi)	lehaskim	לְהַסְכִּים
zweifeln (vi)	lefakpek	לְפַקְפֵּק

14. Farben

Farbe (f)	'tseva	צֶבַע (ז)
Schattierung (f)	gavan	גָּוֶן (ז)
Farbton (m)	gavan	גָּוֶן (ז)
Regenbogen (m)	'keſet	קֶשֶׁת (נ)

weiß	lavan	לָבָן
schwarz	ſaxor	שָׁחֹר
grau	afor	אָפֹר

grün	yarok	יָרֹק
gelb	tsahov	צָהֹב
rot	adom	אָדֹם

blau	kaxol	כָּחֹל
hellblau	taxol	תְּכֹל
rosa	varod	וָרֹד
orange	katom	כָּתֹם
violett	segol	סָגֹל
braun	xum	חוּם

| golden | zahov | זָהֹב |
| silbrig | kasuf | כָּסוּף |

beige	beʒ	בֶּז'
cremefarben	be'tseva krem	בְּצֶבַע קְרֶם
türkis	turkiz	טוּרְקִיז
kirschrot	bordo	בּוֹרְדוֹ
lila	segol	סָגֹל
himbeerrot	patol	פָּטֹל

hell	bahir	בָּהִיר
dunkel	kehe	כֵּהֶה
grell	bohek	בּוֹהֵק

Farb- (z.B. -stifte)	tsiv'oni	צִבְעוֹנִי
Farb- (z.B. -film)	tsiv'oni	צִבְעוֹנִי
schwarz-weiß	ſaxor lavan	שָׁחֹר-לָבָן
einfarbig	xad tsiv'i	חַד-צִבְעִי
bunt	sasgoni	סַסְגּוֹנִי

15. Fragen

| Wer? | mi? | מִי? |
| Was? | ma? | מָה? |

Wo?	'eifo?	אֵיפֹה?
Wohin?	le'an?	לְאָן?
Woher?	me"eifo?	מֵאֵיפֹה?
Wann?	matai?	מָתַי?
Wozu?	'lama?	לָמָה?
Warum?	ma'du'a?	מַדּוּעַ?

Wofür?	biʃvil ma?	בִּשְׁבִיל מָה?
Wie?	eiχ, keitsad?	כֵּיצַד? אֵיךְ?
Welcher?	'eize?	אֵיזֶה?

Wem?	lemi?	לְמִי?
Über wen?	al mi?	עַל מִי?
Wovon? (~ sprichst du?)	al ma?	עַל מָה?
Mit wem?	im mi?	עִם מִי?

| Wie viel? Wie viele? | 'kama? | כַּמָּה? |
| Wessen? | ʃel mi? | שֶׁל מִי? |

16. Präpositionen

mit (Frau ~ Katzen)	im	עִם
ohne (~ Dich)	bli, lelo	בְּלִי, לְלֹא
nach (~ London)	le...	לְ...
über (~ Geschäfte sprechen)	al	עַל
vor (z.B. ~ acht Uhr)	lifnei	לִפְנֵי
vor (z.B. ~ dem Haus)	lifnei	לִפְנֵי

unter (~ dem Schirm)	mi'taχat le...	מִתַּחַת לְ...
über (~ dem Meeresspiegel)	me'al	מֵעַל
auf (~ dem Tisch)	al	עַל
aus (z.B. ~ München)	mi, me	מִ, מֵ
aus (z.B. ~ Porzellan)	mi, me	מִ, מֵ

| in (~ zwei Tagen) | toχ | תּוֹךְ |
| über (~ zaun) | 'dereχ | דֶּרֶךְ |

17. Funktionswörter. Adverbien. Teil 1

Wo?	'eifo?	אֵיפֹה?
hier	po, kan	פֹּה, כָּאן
dort	ʃam	שָׁם

| irgendwo | 'eifo ʃehu | אֵיפֹה שֶׁהוּא |
| nirgends | beʃum makom | בְּשׁוּם מָקוֹם |

| an (bei) | leyad ... | לְיַד ... |
| am Fenster | leyad haχalon | לְיַד הַחַלּוֹן |

Wohin?	le'an?	לְאָן?
hierher	'hena, lekan	הֵנָה; לְכָאן
dahin	leʃam	לְשָׁם

von hier	mikan	מִכָּאן
von da	miʃam	מִשָּׁם
nah (Adv)	karov	קָרוֹב
weit, fern (Adv)	raχok	רָחוֹק
in der Nähe von …	leyad	לְיַד
in der Nähe	karov	קָרוֹב
unweit (~ unseres Hotels)	lo raχok	לֹא רָחוֹק
link (Adj)	smali	שְׂמָאלִי
links (Adv)	mismol	מִשְּׂמֹאל
nach links	'smola	שְׂמֹאלָה
recht (Adj)	yemani	יְמָנִי
rechts (Adv)	miyamin	מִיָּמִין
nach rechts	ya'mina	יָמִינָה
vorne (Adv)	mika'dima	מִקָּדִימָה
Vorder-	kidmi	קִדְמִי
vorwärts	ka'dima	קָדִימָה
hinten (Adv)	me'aχor	מֵאָחוֹר
von hinten	me'aχor	מֵאָחוֹר
rückwärts (Adv)	a'χora	אָחוֹרָה
Mitte (f)	'emtsa	אֶמְצַע (ז)
in der Mitte	ba''emtsa	בָּאֶמְצַע
seitlich (Adv)	mehatsad	מֵהַצַּד
überall (Adv)	beχol makom	בְּכָל מָקוֹם
ringsherum (Adv)	misaviv	מִסָּבִיב
von innen (Adv)	mibifnim	מִבִּפְנִים
irgendwohin (Adv)	le'an ʃehu	לְאָן שֶׁהוּא
geradeaus (Adv)	yaʃar	יָשָׁר
zurück (Adv)	baχazara	בַּחֲזָרָה
irgendwoher (Adv)	me'ei ʃam	מֵאֵי שָׁם
von irgendwo (Adv)	me'ei ʃam	מֵאֵי שָׁם
erstens	reʃit	רֵאשִׁית
zweitens	ʃenit	שֵׁנִית
drittens	ʃliʃit	שְׁלִישִׁית
plötzlich (Adv)	pit'om	פִּתְאוֹם
zuerst (Adv)	behatslaχa	בְּהַתְחָלָה
zum ersten Mal	lariʃona	לָרִאשׁוֹנָה
lange vor…	zman rav lifnei …	זְמָן רַב לִפְנֵי …
von Anfang an	meχadaʃ	מֵחָדָשׁ
für immer	letamid	לְתָמִיד
nie (Adv)	af 'pa'am, me'olam	מֵעוֹלָם, אַף פַּעַם
wieder (Adv)	ʃuv	שׁוּב
jetzt (Adv)	aχʃav, ka'et	עַכְשָׁיו, כָּעֵת
oft (Adv)	le'itim krovot	לְעִיתִּים קְרוֹבוֹת

damals (Adv)	az	אָז
dringend (Adv)	bidxifut	בִּדְחִיפוּת
gewöhnlich (Adv)	be'derex klal	בְּדֶרֶךְ כְּלָל

übrigens, …	'derex 'agav	דֶרֶךְ אַגַב
möglicherweise (Adv)	effari	אֶפְשָׁרִי
wahrscheinlich (Adv)	kanir'e	כַּנִרְאֶה
vielleicht (Adv)	ulai	אוּלַי
außerdem …	xuts mize …	חוּץ מִזֶה …
deshalb …	laxen	לָכֵן
trotz …	lamrot …	לַמְרוֹת …
dank …	hodot le…	הוֹדוֹת לְ…

was (~ ist denn?)	ma	מָה
das (~ ist alles)	ʃe	שֶ
etwas	'maʃehu	מַשֶׁהוּ
irgendwas	'maʃehu	מַשֶׁהוּ
nichts	klum	כְּלוּם

wer (~ ist ~?)	mi	מִי
jemand	'miʃehu, 'miʃehi	מִישֶׁהוּ (ז), מִישֶׁהִי (נ)
irgendwer	'miʃehu, 'miʃehi	מִישֶׁהוּ (ז), מִישֶׁהִי (נ)

niemand	af exad, af axat	אַף אֶחָד (ז), אַף אַחַת (נ)
nirgends	leʃum makom	לְשוּם מָקוֹם
niemandes (~ Eigentum)	lo ʃayax le'af exad	לֹא שַׁיָךְ לְאַף אֶחָד
jemandes	ʃel 'miʃehu	שֶׁל מִישֶׁהוּ

so (derart)	kol kax	כָּל-כָּךְ
auch	gam	גַם
ebenfalls	gam	גַם

18. Funktionswörter. Adverbien. Teil 2

Warum?	ma'duʻa?	מַדוּעַ?
aus irgendeinem Grund	miʃum ma	מִשוּם-מָה
weil …	miʃum ʃe	מִשוּם שֶ
zu irgendeinem Zweck	lematara 'kolʃehi	לְמַטָרָה כָּלְשֶׁהִי

und	ve …	וְ…
oder	o	אוֹ
aber	aval, ulam	אֲבָל, אוּלָם
für (präp)	biʃvil	בִּשְבִיל

zu (~ viele)	yoter midai	יוֹתֵר מִדַי
nur (~ einmal)	rak	רַק
genau (Adv)	bediyuk	בְּדִיוּק
etwa	be''erex	בְּעֵרֶךְ

ungefähr (Adv)	be''erex	בְּעֵרֶךְ
ungefähr (Adj)	meʃo'ar	מְשוֹעָר
fast	kim'at	כִּמְעַט
Übrige (n)	ʃe'ar	שְׁאָר (ז)
der andere	axer	אַחֵר

andere	aχer	אַחֵר
jeder (~ Mann)	kol	כָּל
beliebig (Adj)	kolʃehu	כָּלְשֶׁהוּ
viel	harbe	הַרְבֵּה
viele Menschen	harbe	הַרְבֵּה
alle (wir ~)	kulam	כּוּלָם

im Austausch gegen ...	tmurat ...	תְּמוּרַת ...
dafür (Adv)	bitmura	בִּתְמוּרָה
mit der Hand (Hand-)	bayad	בְּיָד
schwerlich (Adv)	safek im	סָפֵק אִם

wahrscheinlich (Adv)	karov levadai	קָרוֹב לְוַודַאי
absichtlich (Adv)	'davka	דַּוְוקָא
zufällig (Adv)	bemikre	בְּמִקְרֶה

sehr (Adv)	me'od	מְאוֹד
zum Beispiel	lemaʃal	לְמָשָׁל
zwischen	bein	בֵּין
unter (Wir sind ~ Mördern)	be'kerev	בְּקֶרֶב
so viele (~ Ideen)	kol kaχ harbe	כָּל־כָּךְ הַרְבֵּה
besonders (Adv)	bimyuχad	בִּמְיוּחָד

Grundbegriffe. Teil 2

19. Wochentage

Montag (m)	yom ʃeni	יוֹם שֵׁנִי (ז)
Dienstag (m)	yom ʃliʃi	יוֹם שְׁלִישִׁי (ז)
Mittwoch (m)	yom revi'i	יוֹם רְבִיעִי (ז)
Donnerstag (m)	yom χamiʃi	יוֹם חֲמִישִׁי (ז)
Freitag (m)	yom ʃiʃi	יוֹם שִׁישִׁי (ז)
Samstag (m)	ʃabat	שַׁבָּת (נ)
Sonntag (m)	yom riʃon	יוֹם רִאשׁוֹן (ז)

heute	hayom	הַיּוֹם
morgen	maχar	מָחָר
übermorgen	maχara'tayim	מָחֳרָתַיִם
gestern	etmol	אֶתְמוֹל
vorgestern	ʃilʃom	שִׁלְשׁוֹם

Tag (m)	yom	יוֹם (ז)
Arbeitstag (m)	yom avoda	יוֹם עֲבוֹדָה (ז)
Feiertag (m)	yom χag	יוֹם חַג (ז)
freier Tag (m)	yom menuχa	יוֹם מְנוּחָה (ז)
Wochenende (n)	sof ʃa'vu'a	סוֹף שָׁבוּעַ

den ganzen Tag	kol hayom	כָּל הַיּוֹם
am nächsten Tag	lamaχarat	לַמָּחֳרָת
zwei Tage vorher	lifnei yo'mayim	לִפְנֵי יוֹמַיִם
am Vortag	'erev	עֶרֶב
täglich (Adj)	yomyomi	יוֹמְיוֹמִי
täglich (Adv)	midei yom	מְדֵי יוֹם

Woche (f)	ʃa'vua	שָׁבוּעַ (ז)
letzte Woche	baʃa'vu'a ʃe'avar	בַּשָּׁבוּעַ שֶׁעָבַר
nächste Woche	baʃa'vu'a haba	בַּשָּׁבוּעַ הַבָּא
wöchentlich (Adj)	ʃvu'i	שְׁבוּעִי
wöchentlich (Adv)	kol ʃa'vu'a	כָּל שָׁבוּעַ
zweimal pro Woche	pa'a'mayim beʃa'vu'a	פַּעֲמַיִם בְּשָׁבוּעַ
jeden Dienstag	kol yom ʃliʃi	כָּל יוֹם שְׁלִישִׁי

20. Stunden. Tag und Nacht

Morgen (m)	'boker	בּוֹקֶר (ז)
morgens	ba'boker	בַּבּוֹקֶר
Mittag (m)	tsaha'rayim	צָהֳרַיִם (ז"ר)
nachmittags	aχar hatsaha'rayim	אַחַר הַצָּהֳרַיִם

| Abend (m) | 'erev | עֶרֶב (ז) |
| abends | ba''erev | בָּעֶרֶב |

Nacht (f)	'laila	לַיְלָה (ז)
nachts	ba'laila	בַּלַּיְלָה
Mitternacht (f)	χatsot	חֲצוֹת (נ)

Sekunde (f)	∫niya	שְׁנִיָּה (נ)
Minute (f)	daka	דַּקָּה (נ)
Stunde (f)	∫a'a	שָׁעָה (נ)
eine halbe Stunde	χatsi ∫a'a	חֲצִי שָׁעָה (נ)
Viertelstunde (f)	'reva ∫a'a	רֶבַע שָׁעָה (ז)
fünfzehn Minuten	χame∫ esre dakot	חָמֵשׁ עֶשְׂרֵה דַּקּוֹת
Tag und Nacht	yemama	יְמָמָה (נ)

Sonnenaufgang (m)	zriχa	זְרִיחָה (נ)
Morgendämmerung (f)	'∫aχar	שַׁחַר (ז)
früher Morgen (m)	'∫aχar	שַׁחַר (ז)
Sonnenuntergang (m)	∫ki'a	שְׁקִיעָה (נ)

früh am Morgen	mukdam ba'boker	מוּקְדָּם בַּבּוֹקֶר
heute Morgen	ha'boker	הַבּוֹקֶר
morgen früh	maχar ba'boker	מָחָר בַּבּוֹקֶר

heute Mittag	hayom aχarei hatzaha'rayim	הַיּוֹם אַחֲרֵי הַצָּהֳרַיִים
nachmittags	aχar hatsaha'rayim	אַחַר הַצָּהֳרַיִים
morgen Nachmittag	maχar aχarei hatsaha'rayim	מָחָר אַחֲרֵי הַצָּהֳרַיִים

heute Abend	ha''erev	הָעֶרֶב
morgen Abend	maχar ba''erev	מָחָר בָּעֶרֶב

Punkt drei Uhr	ba∫a'a ∫alo∫ bediyuk	בְּשָׁעָה שָׁלוֹשׁ בְּדִיּוּק
gegen vier Uhr	bisvivot arba	בִּסְבִיבוֹת אַרְבַּע
um zwölf Uhr	ad ∫teim esre	עַד שְׁתֵּים-עֶשְׂרֵה

in zwanzig Minuten	be'od esrim dakot	בְּעוֹד עֶשְׂרִים דַּקּוֹת
in einer Stunde	be'od ∫a'a	בְּעוֹד שָׁעָה
rechtzeitig (Adv)	bazman	בַּזְּמַן

Viertel vor …	'reva le…	רֶבַע לְ...
innerhalb einer Stunde	toχ ∫a'a	תּוֹךְ שָׁעָה
alle fünfzehn Minuten	kol 'reva ∫a'a	כָּל רֶבַע שָׁעָה
Tag und Nacht	misaviv la∫a'on	מִסָּבִיב לַשָּׁעוֹן

21. Monate. Jahreszeiten

Januar (m)	'yanu'ar	יָנוּאָר (ז)
Februar (m)	'febru'ar	פֶבְּרוּאָר (ז)
März (m)	merts	מֶרְץ (ז)
April (m)	april	אַפְרִיל (ז)
Mai (m)	mai	מַאי (ז)
Juni (m)	'yuni	יוּנִי (ז)

Juli (m)	'yuli	יוּלִי (ז)
August (m)	'ogust	אוֹגוּסְט (ז)
September (m)	sep'tember	סֶפְּטֶמְבָּר (ז)
Oktober (m)	ok'tober	אוֹקְטוֹבָּר (ז)

| November (m) | no'vember | נוֹבֶמבֶּר (ז) |
| Dezember (m) | de'tsember | דֶּצֶמבֶּר (ז) |

Frühling (m)	aviv	אָבִיב (ז)
im Frühling	ba'aviv	בָּאָבִיב
Frühlings-	avivi	אָבִיבִי

Sommer (m)	'kayits	קַיִץ (ז)
im Sommer	ba'kayits	בַּקַיִץ
Sommer-	ketsi	קֵיצִי

Herbst (m)	stav	סְתָיו (ז)
im Herbst	bestav	בַּסְתָיו
Herbst-	stavi	סְתָיוִי

Winter (m)	'χoref	חוֹרֶף (ז)
im Winter	ba'χoref	בַּחוֹרֶף
Winter-	χorpi	חוֹרפִּי

Monat (m)	'χodeʃ	חוֹדֶשׁ (ז)
in diesem Monat	ha'χodeʃ	הַחוֹדֶשׁ
nächsten Monat	ba'χodeʃ haba	בַּחוֹדֶשׁ הַבָּא
letzten Monat	ba'χodeʃ ʃe'avar	בַּחוֹדֶשׁ שֶׁעָבַר
vor einem Monat	lifnei 'χodeʃ	לִפנֵי חוֹדֶשׁ
über eine Monat	be'od 'χodeʃ	בְּעוֹד חוֹדֶשׁ
in zwei Monaten	be'od χod'ʃayim	בְּעוֹד חוֹדְשַׁיִים
den ganzen Monat	kol ha'χodeʃ	כָּל הַחוֹדֶשׁ

monatlich (Adj)	χodʃi	חוֹדשִׁי
monatlich (Adv)	χodʃit	חוֹדשִׁית
jeden Monat	kol 'χodeʃ	כָּל חוֹדֶשׁ
zweimal pro Monat	pa'a'mayim be'χodeʃ	פַּעֲמַיִים בְּחוֹדֶשׁ

Jahr (n)	ʃana	שָׁנָה (נ)
dieses Jahr	haʃana	הַשָׁנָה
nächstes Jahr	baʃana haba'a	בַּשָׁנָה הַבָּאָה
voriges Jahr	baʃana ʃe'avra	בַּשָׁנָה שֶׁעָבְרָה

vor einem Jahr	lifnei ʃana	לִפנֵי שָׁנָה
in einem Jahr	be'od ʃana	בְּעוֹד שָׁנָה
in zwei Jahren	be'od ʃna'tayim	בְּעוֹד שְׁנָתַיִים
das ganze Jahr	kol haʃana	כָּל הַשָׁנָה

jedes Jahr	kol ʃana	כָּל שָׁנָה
jährlich (Adj)	ʃnati	שׁנָתִי
jährlich (Adv)	midei ʃana	מִדֵי שָׁנָה
viermal pro Jahr	arba pa'amim be'χodeʃ	אַרבַּע פְּעָמִים בְּחוֹדֶשׁ

Datum (heutige ~)	ta'ariχ	תַאֲרִיךְ (ז)
Datum (Geburts-)	ta'ariχ	תַאֲרִיךְ (ז)
Kalender (m)	'luaχ ʃana	לוּחַ שָׁנָה (ז)

ein halbes Jahr	χatsi ʃana	חֲצִי שָׁנָה (ז)
Halbjahr (n)	ʃiʃa χodaʃim, χatsi ʃana	חֲצִי שָׁנָה, שִׁישָׁה חוֹדָשִׁים
Saison (f)	ona	עוֹנָה (נ)
Jahrhundert (n)	'me'a	מֵאָה (נ)

22. Zeit. Verschiedenes

Zeit (f)	zman	זְמַן (ז)
Augenblick (m)	'rega	רֶגַע (ז)
Moment (m)	'rega	רֶגַע (ז)
augenblicklich (Adj)	miyadi	מִיָּדִי
Zeitspanne (f)	tkufa	תְּקוּפָה (נ)
Leben (n)	χayim	חַיִּים (ז"ר)
Ewigkeit (f)	'netsaχ	נֶצַח (ז)

Epoche (f)	idan	עִידָן (ז)
Ära (f)	idan	עִידָן (ז)
Zyklus (m)	maχzor	מַחֲזוֹר (ז)
Periode (f)	tkufa	תְּקוּפָה (נ)
Frist (äußerste ~)	tkufa	תְּקוּפָה (נ)

Zukunft (f)	atid	עָתִיד (ז)
zukünftig (Adj)	haba	הַבָּא
nächstes Mal	ba'pa'am haba'a	בַּפַּעַם הַבָּאָה
Vergangenheit (f)	avar	עָבָר (ז)
vorig (Adj)	ʃe'avar	שֶׁעָבַר
letztes Mal	ba'pa'am hako'demet	בַּפַּעַם הַקּוֹדֶמֶת

später (Adv)	me'uχar yoter	מְאוּחָר יוֹתֵר
danach	aχarei	אַחֲרֵי
zur Zeit	kayom	כַּיּוֹם
jetzt	aχʃav, ka'et	עַכְשָׁיו, כָּעֵת
sofort	miyad	מִיָּד
bald	bekarov	בְּקָרוֹב
im Voraus	meroʃ	מֵרֹאשׁ

lange her	mizman	מִזְּמַן
vor kurzem	lo mizman	לֹא מִזְּמַן
Schicksal (n)	goral	גּוֹרָל (ז)
Erinnerungen (pl)	ziχronot	זִיכְרוֹנוֹת (ז"ר)
Archiv (n)	arχiyon	אַרְכִיּוֹן (ז)

während …	bezman ʃel …	בְּזְמַן שֶׁל …
lange (Adv)	zman rav	זְמַן רַב
nicht lange (Adv)	lo zman rav	לֹא זְמַן רַב
früh (~ am Morgen)	mukdam	מוּקְדָּם
spät (Adv)	me'uχar	מְאוּחָר

für immer	la'netsaχ	לָנֶצַח
beginnen (vt)	lehatχil	לְהַתְחִיל
verschieben (vt)	lidχot	לִדְחוֹת

gleichzeitig	bo zmanit	בּוֹ זְמַנִּית
ständig (Adv)	bikvi'ut	בִּקְבִיעוּת
konstant (Adj)	ka'vu'a	קָבוּעַ
zeitweilig (Adj)	zmani	זְמַנִּי

manchmal	lif'amim	לִפְעָמִים
selten (Adv)	le'itim reχokot	לְעִיתִּים רְחוֹקוֹת
oft	le'itim krovot	לְעִיתִּים קְרוֹבוֹת

23. Gegenteile

reich (Adj)	aʃir	עָשִׁיר
arm (Adj)	ani	עָנִי
krank (Adj)	χole	חוֹלֶה
gesund (Adj)	bari	בָּרִיא
groß (Adj)	gadol	גָּדוֹל
klein (Adj)	katan	קָטָן
schnell (Adv)	maher	מַהֵר
langsam (Adv)	le'at	לְאַט
schnell (Adj)	mahir	מָהִיר
langsam (Adj)	iti	אִיטִי
froh (Adj)	sa'meaχ	שָׂמֵחַ
traurig (Adj)	atsuv	עָצוּב
zusammen	be'yaχad	בְּיַחַד
getrennt (Adv)	levad	לְבַד
laut (~ lesen)	bekol ram	בְּקוֹל רָם
still (~ lesen)	belev, be'ʃeket	בְּלֵב, בְּשֶׁקֶט
hoch (Adj)	ga'voha	גָּבוֹהַ
niedrig (Adj)	namuχ	נָמוּך
tief (Adj)	amok	עָמוֹק
flach (Adj)	radud	רָדוּד
ja	ken	כֵּן
nein	lo	לֹא
fern (Adj)	raχok	רָחוֹק
nah (Adj)	karov	קָרוֹב
weit (Adv)	raχok	רָחוֹק
nebenan (Adv)	samuχ	סָמוּך
lang (Adj)	aroχ	אָרוֹך
kurz (Adj)	katsar	קָצָר
gut (gütig)	tov lev	טוֹב לֵב
böse (der ~ Geist)	raʃa	רָשָׁע
verheiratet (Ehemann)	nasui	נָשׂוּי
ledig (Adj)	ravak	רַוָּק
verbieten (vt)	le'esor al	לֶאֱסוֹר עַל
erlauben (vt)	leharʃot	לְהַרְשׁוֹת
Ende (n)	sof	סוֹף (ז)
Anfang (m)	hatχala	הַתְחָלָה (נ)

| link (Adj) | smali | שְׂמָאלִי |
| recht (Adj) | yemani | יְמָנִי |

| der erste | riʃon | רִאשׁוֹן |
| der letzte | aχaron | אַחֲרוֹן |

| Verbrechen (n) | 'peʃa | פֶּשַׁע (ז) |
| Bestrafung (f) | 'oneʃ | עוֹנֶשׁ (ז) |

| befehlen (vt) | letsavot | לְצַוּוֹת |
| gehorchen (vi) | letsayet | לְצַיֵּת |

| gerade (Adj) | yaʃar | יָשָׁר |
| krumm (Adj) | me'ukal | מְעוּקָל |

| Paradies (n) | gan 'eden | גַּן עֵדֶן (ז) |
| Hölle (f) | gehinom | גֵּיהִינוֹם (ז) |

| geboren sein | lehivaled | לְהִיוָּלֵד |
| sterben (vi) | lamut | לָמוּת |

| stark (Adj) | χazak | חָזָק |
| schwach (Adj) | χalaʃ | חַלָּשׁ |

| alt | zaken | זָקֵן |
| jung (Adj) | tsa'ir | צָעִיר |

| alt (Adj) | yaʃan | יָשָׁן |
| neu (Adj) | χadaʃ | חָדָשׁ |

| hart (Adj) | kaʃe | קָשֶׁה |
| weich (Adj) | raχ | רַךְ |

| warm (Adj) | χamim | חָמִים |
| kalt (Adj) | kar | קַר |

| dick (Adj) | ʃamen | שָׁמֵן |
| mager (Adj) | raze | רָזֶה |

| eng (Adj) | tsar | צַר |
| breit (Adj) | raχav | רָחָב |

| gut (Adj) | tov | טוֹב |
| schlecht (Adj) | ra | רַע |

| tapfer (Adj) | amits | אַמִּיץ |
| feige (Adj) | paχdani | פַּחְדָּנִי |

24. Linien und Formen

Quadrat (n)	ri'buʿa	רִיבּוּעַ (ז)
quadratisch	meruba	מְרוּבָּע
Kreis (m)	maʿagal, igul	מַעֲגָל, עִיגוּל (ז)
rund	agol	עָגוֹל

| Dreieck (n) | meʃulaʃ | מְשׁוּלָשׁ (ז) |
| dreieckig | meʃulaʃ | מְשׁוּלָשׁ |

Oval (n)	e'lipsa	אֶלִיפְּסָה (נ)
oval	e'lipti	אֶלִיפְּטִי
Rechteck (n)	malben	מַלְבֵּן (ז)
rechteckig	malbeni	מַלְבֵּנִי

Pyramide (f)	pira'mida	פִּירָמִידָה (נ)
Rhombus (m)	me'uyan	מְעוּיָן (ז)
Trapez (n)	trapez	טְרַפֵּז (ז)
Würfel (m)	kubiya	קוּבִּיָּה (נ)
Prisma (n)	minsara	מִנְסָרָה (נ)

Kreis (m)	ma'agal	מַעְגָּל (ז)
Sphäre (f)	sfira	סְפִירָה (נ)
Kugel (f)	kadur	כַּדּוּר (ז)
Durchmesser (m)	'koter	קוֹטֶר (ז)
Radius (m)	'radyus	רַדְיוּס (ז)
Umfang (m)	hekef	הֶיקֵף (ז)
Zentrum (n)	merkaz	מֶרְכָּז (ז)

waagerecht (Adj)	ofki	אוֹפְקִי
senkrecht (Adj)	anaχi	אֲנָכִי
Parallele (f)	kav makbil	קָו מַקְבִּיל (ז)
parallel (Adj)	makbil	מַקְבִּיל

Linie (f)	kav	קָו (ז)
Strich (m)	kav	קָו (ז)
Gerade (f)	kav yaʃar	קָו יָשָׁר (ז)
Kurve (f)	akuma	עֲקוּמָה (נ)
dünn (schmal)	dak	דַּק
Kontur (f)	mit'ar	מִתְאָר (ז)

Schnittpunkt (m)	χituχ	חִיתּוּךְ (ז)
rechter Winkel (m)	zavit yaʃara	זָוִית יָשָׁרָה (נ)
Segment (n)	mikta	מִקְטָע (ז)
Sektor (m)	gizra	גִּזְרָה (נ)
Seite (f)	'tsela	צֶלַע (ז)
Winkel (m)	zavit	זָוִית (נ)

25. Maßeinheiten

Gewicht (n)	miʃkal	מִשְׁקָל (ז)
Länge (f)	'oreχ	אוֹרֶךְ (ז)
Breite (f)	'roχav	רוֹחַב (ז)
Höhe (f)	'gova	גּוֹבַהּ (ז)
Tiefe (f)	'omek	עוֹמֶק (ז)
Volumen (n)	'nefaχ	נֶפַח (ז)
Fläche (f)	'ʃetaχ	שֶׁטַח (ז)

Gramm (n)	gram	גְּרַם (ז)
Milligramm (n)	miligram	מִילִיגְרַם (ז)
Kilo (n)	kilogram	קִילוֹגְרַם (ז)

Tonne (f)	ton	טוֹן (ז)
Pfund (n)	'pa'und	פָּאוּנד (ז)
Unze (f)	'unkiya	אוּנקְיָה (נ)

Meter (m)	'meter	מֶטֶר (ז)
Millimeter (m)	mili'meter	מִילִימֶטֶר (ז)
Zentimeter (m)	senti'meter	סָנטִימֶטֶר (ז)
Kilometer (m)	kilo'meter	קִילוֹמֶטֶר (ז)
Meile (f)	mail	מַייל (ז)

Zoll (m)	intʃ	אִינץ' (ז)
Fuß (m)	'regel	רֶגֶל (נ)
Yard (n)	yard	יַרד (ז)

| Quadratmeter (m) | 'meter ra'vu'a | מֶטֶר רָבוּעַ (ז) |
| Hektar (n) | hektar | הֶקטָר (ז) |

Liter (m)	litr	לִיטֶר (ז)
Grad (m)	ma'ala	מַעֲלָה (נ)
Volt (n)	volt	ווֹלט (ז)
Ampere (n)	amper	אַמפֶּר (ז)
Pferdestärke (f)	'koax sus	כּוֹחַ סוּס (ז)

Anzahl (f)	kamut	כַּמּוּת (נ)
etwas ...	ktsat ...	קצָת ...
Hälfte (f)	'xetsi	חֲצִי (ז)
Dutzend (n)	tresar	תרֵיסָר (ז)
Stück (n)	yexida	יְחִידָה (נ)

| Größe (f) | 'godel | גּוֹדֶל (ז) |
| Maßstab (m) | kne mida | קנֵה מִידָה (ז) |

minimal (Adj)	mini'mali	מִינִימָאלִי
der kleinste	hakatan beyoter	הַקָּטָן בְּיוֹתֵר
mittler, mittel-	memutsa	מְמוּצָע
maximal (Adj)	maksi'mali	מַקסִימָלִי
der größte	hagadol beyoter	הַגָּדוֹל בְּיוֹתֵר

26. Behälter

Glas (Einmachglas)	tsin'tsenet	צִנצֶנֶת (נ)
Dose (z.B. Bierdose)	paxit	פַּחִית (נ)
Eimer (m)	dli	דלִי (ז)
Fass (n), Tonne (f)	xavit	חָבִית (נ)

Waschschüssel (n)	gigit	גִּיגִית (נ)
Tank (m)	meixal	מֵיכָל (ז)
Flachmann (m)	meimiya	מֵימִייָה (נ)
Kanister (m)	'dʒerikan	גִ'רִיקָן (ז)
Zisterne (f)	mexalit	מֵיכָלִית (נ)

Kaffeebecher (m)	'sefel	סֵפֶל (ז)
Tasse (f)	'sefel	סֵפֶל (ז)
Untertasse (f)	taxtit	תַּחתִית (נ)

33

Wasserglas (n)	kos	כּוֹס (נ)
Weinglas (n)	ga'vi'a	גָבִיעַ (ז)
Kochtopf (m)	sir	סִיר (ז)

| Flasche (f) | bakbuk | בַּקְבּוּק (ז) |
| Flaschenhals (m) | tsavar habakbuk | צַוָּאר הַבַּקְבּוּק (ז) |

Karaffe (f)	kad	כַּד (ז)
Tonkrug (m)	kankan	קַנְקַן (ז)
Gefäß (n)	kli	כְּלִי (ז)
Tontopf (m)	sir 'χeres	סִיר חֶרֶס (ז)
Vase (f)	agartal	אֲגַרְטָל (ז)

Flakon (n)	tsloχit	צְלוֹחִית (נ)
Fläschchen (n)	bakbukon	בַּקְבּוּקוֹן (ז)
Tube (z.B. Zahnpasta)	ffo'feret	שְׁפוֹפֶרֶת (נ)

Sack (~ Kartoffeln)	sak	שַׂק (ז)
Tüte (z.B. Plastiktüte)	sakit	שַׂקִית (נ)
Schachtel (f) (z.B. Zigaretten~)	χafisa	חֲפִיסָה (נ)

Karton (z.B. Schuhkarton)	kufsa	קוּפְסָה (נ)
Kiste (z.B. Bananenkiste)	argaz	אַרְגָז (ז)
Korb (m)	sal	סַל (ז)

27. Werkstoffe

Stoff (z.B. Baustoffe)	'χomer	חוֹמֶר (ז)
Holz (n)	ets	עֵץ (ז)
hölzern	me'ets	מֵעֵץ

| Glas (n) | zχuχit | זְכוּכִית (נ) |
| gläsern, Glas- | mizχuχit | מִזְכוּכִית |

| Stein (m) | 'even | אֶבֶן (נ) |
| steinern | me"even | מֵאֶבֶן |

| Kunststoff (m) | 'plastik | פְּלַסְטִיק (ז) |
| Kunststoff- | mi'plastik | מִפְּלַסְטִיק |

| Gummi (n) | 'gumi | גוּמִי (ז) |
| Gummi- | mi'gumi | מִגוּמִי |

| Stoff (m) | bad | בַּד (ז) |
| aus Stoff | mibad | מִבַּד |

| Papier (n) | neyar | נְיָיר (ז) |
| Papier- | mineyar | מִנְיָיר |

Pappe (f)	karton	קַרְטוֹן (ז)
Pappen-	mikarton	מִקַרְטוֹן
Polyäthylen (n)	'nailon	נַיְילוֹן (ז)
Zellophan (n)	tselofan	צֶלוֹפָן (ז)

| Linoleum (n) | li'nole'um | לִינוֹלְיָאוּם (ז) |
| Furnier (n) | dikt | דִיקְט (ז) |

Porzellan (n)	xar'sina	חַרְסִינָה (נ)
aus Porzellan	mexar'sina	מְחַרְסִינָה
Ton (m)	xarsit	חַרְסִית (נ)
Ton-	me'xeres	מֶחֶרֶס
Keramik (f)	ke'ramika	קֵרָמִיקָה (נ)
keramisch	ke'rami	קֵרָמִי

28. Metalle

Metall (n)	ma'texet	מַתֶּכֶת (נ)
metallisch, Metall-	mataxti	מַתַּכְתִּי
Legierung (f)	sag'soget	סַגְסוֹגֶת (נ)

Gold (n)	zahav	זָהָב (ז)
golden	mizahav, zahov	מִזָּהָב, זָהוֹב
Silber (n)	'kesef	כֶּסֶף (ז)
silbern, Silber-	kaspi	כַּסְפִּי

Eisen (n)	barzel	בַּרְזֶל (ז)
eisern, Eisen-	mibarzel	מִבַּרְזֶל
Stahl (m)	plada	פְּלָדָה (נ)
stählern	miplada	מִפְּלָדָה
Kupfer (n)	ne'xofet	נְחוֹשֶׁת (נ)
kupfern, Kupfer-	mine'xofet	מִנְּחוֹשֶׁת

Aluminium (n)	alu'minyum	אֲלוּמִינְיוּם (ז)
Aluminium-	me'alu'minyum	מֵאֲלוּמִינְיוּם
Bronze (f)	arad	אָרָד (ז)
bronzen	me'arad	מֵאָרָד

Messing (n)	pliz	פְּלִיז (ז)
Nickel (n)	'nikel	נִיקֶל (ז)
Platin (n)	'platina	פְּלָטִינָה (נ)
Quecksilber (n)	kaspit	כַּסְפִּית (נ)
Zinn (n)	bdil	בְּדִיל (ז)
Blei (n)	o'feret	עוֹפֶרֶת (נ)
Zink (n)	avats	אָבָץ (ז)

DER MENSCH

Der Mensch. Körper

29. Menschen. Grundbegriffe

Mensch (m)	ben adam	בֶּן אָדָם (ז)
Mann (m)	'gever	גֶּבֶר (ז)
Frau (f)	iʃa	אִשָּׁה (נ)
Kind (n)	'yeled	יֶלֶד (ז)
Mädchen (n)	yalda	יַלְדָּה (נ)
Junge (m)	'yeled	יֶלֶד (ז)
Teenager (m)	'na'ar	נַעַר (ז)
Greis (m)	zaken	זָקֵן (ז)
alte Frau (f)	zkena	זְקֵנָה (נ)

30. Anatomie des Menschen

Organismus (m)	guf ha'adam	גּוּף הָאָדָם (ז)
Herz (n)	lev	לֵב (ז)
Blut (n)	dam	דָּם (ז)
Arterie (f)	'orek	עוֹרֶק (ז)
Vene (f)	vrid	וְרִיד (ז)
Gehirn (n)	'moaχ	מוֹחַ (ז)
Nerv (m)	atsav	עָצָב (ז)
Nerven (pl)	atsabim	עֲצַבִּים (ז"ר)
Wirbel (m)	χulya	חוּלְיָה (נ)
Wirbelsäule (f)	amud haʃidra	עַמּוּד הַשִּׁדְרָה (ז)
Magen (m)	keiva	קֵיבָה (נ)
Gedärm (n)	me''ayim	מֵעַיִים (ז"ר)
Darm (z.B. Dickdarm)	me'i	מְעִי (ז)
Leber (f)	kaved	כָּבֵד (ז)
Niere (f)	kilya	כִּלְיָה (נ)
Knochen (m)	'etsem	עֶצֶם (נ)
Skelett (n)	'ʃeled	שֶׁלֶד (ז)
Rippe (f)	'tsela	צֵלָע (ז)
Schädel (m)	gul'golet	גּוּלְגּוֹלֶת (נ)
Muskel (m)	ʃrir	שְׁרִיר (ז)
Bizeps (m)	ʃrir du raʃi	שְׁרִיר דּוּ-רָאשִׁי (ז)
Trizeps (m)	ʃrir tlat raʃi	שְׁרִיר תְּלַת-רָאשִׁי (ז)
Sehne (f)	gid	גִּיד (ז)
Gelenk (n)	'perek	פֶּרֶק (ז)

Lungen (pl)	re'ot	רֵיאוֹת (נ״ר)
Geschlechtsorgane (pl)	evrei min	אֶבְרֵי מִין (ז״ר)
Haut (f)	or	עוֹר (ז)

31. Kopf

Kopf (m)	roʃ	רֹאשׁ (ז)
Gesicht (n)	panim	פָּנִים (ז״ר)
Nase (f)	af	אַף (ז)
Mund (m)	pe	פֶּה (ז)

Auge (n)	'ayin	עַיִן (נ)
Augen (pl)	ei'nayim	עֵינַיִים (נ״ר)
Pupille (f)	iʃon	אִישׁוֹן (ז)
Augenbraue (f)	gaba	גַּבָּה (נ)
Wimper (f)	ris	רִיס (ז)
Augenlid (n)	af'af	עַפְעַף (ז)

Zunge (f)	laʃon	לָשׁוֹן (נ)
Zahn (m)	ʃen	שֵׁן (נ)
Lippen (pl)	sfa'tayim	שְׂפָתַיִים (נ״ר)
Backenknochen (pl)	atsamot leχa'yayim	עַצְמוֹת לְחָיַיִם (נ״ר)
Zahnfleisch (n)	χani'χayim	חֲנִיכַיִים (ז״ר)
Gaumen (m)	χeχ	חֵךְ (ז)

Nasenlöcher (pl)	neχi'rayim	נְחִירַיִים (ז״ר)
Kinn (n)	santer	סַנְטֵר (ז)
Kiefer (m)	'leset	לֶסֶת (נ)
Wange (f)	'leχi	לְחִי (נ)

Stirn (f)	'metsaχ	מֵצַח (ז)
Schläfe (f)	raka	רַקָּה (נ)
Ohr (n)	'ozen	אוֹזֶן (נ)
Nacken (m)	'oref	עוֹרֶף (ז)
Hals (m)	tsavar	צַוָּאר (ז)
Kehle (f)	garon	גָּרוֹן (ז)

Haare (pl)	se'ar	שֵׂיעָר (ז)
Frisur (f)	tis'roket	תִּסְרוֹקֶת (נ)
Haarschnitt (m)	tis'poret	תִּסְפּוֹרֶת (נ)
Perücke (f)	pe'a	פֵּאָה (נ)

Schnurrbart (m)	safam	שָׂפָם (ז)
Bart (m)	zakan	זָקָן (ז)
haben (einen Bart ~)	legadel	לְגַדֵּל
Zopf (m)	tsama	צַמָּה (נ)
Backenbart (m)	pe'ot leχa'yayim	פֵּאוֹת לְחָיַיִם (נ״ר)

rothaarig	'dʒindʒi	ג׳ינג׳י
grau	kasuf	כָּסוּף
kahl	ke'reaχ	קֵירֵחַ
Glatze (f)	ka'raχat	קָרַחַת (נ)
Pferdeschwanz (m)	'kuku	קוּקוּ (ז)
Pony (Ponyfrisur)	'poni	פּוֹנִי (ז)

32. Menschlicher Körper

Hand (f)	kaf yad	כַּף יָד (נ)
Arm (m)	yad	יָד (נ)

Finger (m)	'etsba	אֶצְבַּע (נ)
Zehe (f)	'bohen	בּוֹהֶן (נ)
Daumen (m)	agudal	אֲגוּדָל (ז)
kleiner Finger (m)	'zeret	זֶרֶת (נ)
Nagel (m)	tsi'poren	צִיפּוֹרֶן (נ)

Faust (f)	egrof	אֶגְרוֹף (ז)
Handfläche (f)	kaf yad	כַּף יָד (נ)
Handgelenk (n)	'ʃoreʃ kaf hayad	שׁוֹרֶשׁ כַּף הַיָד (ז)
Unterarm (m)	ama	אַמָה (נ)
Ellbogen (m)	marpek	מַרְפֵּק (ז)
Schulter (f)	katef	כָּתֵף (נ)

Bein (n)	'regel	רֶגֶל (נ)
Fuß (m)	kaf 'regel	כַּף רֶגֶל (נ)
Knie (n)	'berex	בֶּרֶךְ (נ)
Wade (f)	ʃok	שׁוֹק (נ)
Hüfte (f)	yarex	יָרֵךְ (נ)
Ferse (f)	akev	עָקֵב (ז)

Körper (m)	guf	גּוּף (ז)
Bauch (m)	'beten	בֶּטֶן (נ)
Brust (f)	xaze	חָזֶה (ז)
Busen (m)	ʃad	שַׁד (ז)
Seite (f), Flanke (f)	tsad	צַד (ז)
Rücken (m)	gav	גַב (ז)
Kreuz (n)	mot'nayim	מוֹתְנַיִם (ז"ר)
Taille (f)	'talya	טַלְיָה (נ)

Nabel (m)	tabur	טַבּוּר (ז)
Gesäßbacken (pl)	axo'rayim	אֲחוֹרַיִם (ז"ר)
Hinterteil (n)	yaʃvan	יַשְׁבָן (ז)

Leberfleck (m)	nekudat xen	נְקוּדַת חֵן (נ)
Muttermal (n)	'ketem leida	כֶּתֶם לֵידָה (ז)
Tätowierung (f)	ka'a'ku'a	קַעֲקוּעַ (ז)
Narbe (f)	tsa'leket	צַלֶקֶת (נ)

Kleidung & Accessoires

33. Oberbekleidung. Mäntel

Kleidung (f)	bgadim	בְּגָדִים (ז"ר)
Oberkleidung (f)	levuʃ elyon	לְבוּשׁ עֶלְיוֹן (ז)
Winterkleidung (f)	bigdei 'xoref	בִּגְדֵי חוֹרֶף (ז"ר)

Mantel (m)	me'il	מְעִיל (ז)
Pelzmantel (m)	me'il parva	מְעִיל פַּרְוָה (ז)
Pelzjacke (f)	me'il parva katsar	מְעִיל פַּרְוָה קָצָר (ז)
Daunenjacke (f)	me'il pux	מְעִיל פּוּךְ (ז)

Jacke (z.B. Lederjacke)	me'il katsar	מְעִיל קָצָר (ז)
Regenmantel (m)	me'il 'geʃem	מְעִיל גֶּשֶׁם (ז)
wasserdicht	amid be'mayim	עָמִיד בְּמַיִם

34. Herren- & Damenbekleidung

Hemd (n)	xultsa	חוּלְצָה (נ)
Hose (f)	mixna'sayim	מִכְנָסַיִים (ז"ר)
Jeans (pl)	mixnesei 'dʒins	מִכְנְסֵי ג׳ִינְס (ז"ר)
Jackett (n)	ʒaket	ז׳ָקֵט (ז)
Anzug (m)	xalifa	חֲלִיפָה (נ)

Damenkleid (n)	simla	שִׂמְלָה (נ)
Rock (m)	xatsa'it	חֲצָאִית (נ)
Bluse (f)	xultsa	חוּלְצָה (נ)
Strickjacke (f)	ʒaket 'tsemer	ז׳ָקֵט צֶמֶר (ז)
Jacke (Damen Kostüm)	ʒaket	ז׳ָקֵט (ז)

T-Shirt (n)	ti ʃert	טִי שֶׁרְט (ז)
Shorts (pl)	mixna'sayim ktsarim	מִכְנָסַיִים קְצָרִים (ז"ר)
Sportanzug (m)	'trening	טְרֵנִינְג (ז)
Bademantel (m)	xaluk raxatsa	חָלוּק רַחְצָה (ז)
Schlafanzug (m)	pi'dʒama	פִּיג׳ָמָה (נ)

| Sweater (m) | 'sveder | סְוֶודֶר (ז) |
| Pullover (m) | afuda | אֲפוּדָה (נ) |

Weste (f)	vest	וֶסְט (ז)
Frack (m)	frak	פְרַאק (ז)
Smoking (m)	tuk'sido	טוּקְסִידוֹ (ז)

Uniform (f)	madim	מַדִים (ז"ר)
Arbeitskleidung (f)	bigdei avoda	בִּגְדֵי עֲבוֹדָה (ז"ר)
Overall (m)	sarbal	סַרְבָּל (ז)
Kittel (z.B. Arztkittel)	xaluk	חָלוּק (ז)

35. Kleidung. Unterwäsche

Unterwäsche (f)	levanim	לְבָנִים (ז"ר)
Herrenslip (m)	taxtonim	תַּחְתּוֹנִים (ז"ר)
Damenslip (m)	taxtonim	תַּחְתּוֹנִים (ז"ר)
Unterhemd (n)	gufiya	גּוּפִיָּה (נ)
Socken (pl)	gar'bayim	גַּרְבַּיִם (ז"ר)

Nachthemd (n)	'ktonet 'laila	כְּתוֹנֶת לַיְלָה (נ)
Büstenhalter (m)	xaziya	חֲזִיָּה (נ)
Kniestrümpfe (pl)	birkon	בִּרְכּוֹן (ז)
Strumpfhose (f)	garbonim	גַּרְבּוֹנִים (ז"ר)
Strümpfe (pl)	garbei 'nailon	גַּרְבֵּי נַיְלוֹן (ז"ר)
Badeanzug (m)	'beged yam	בֶּגֶד יָם (ז)

36. Kopfbekleidung

Mütze (f)	'kova	כּוֹבַע (ז)
Filzhut (m)	'kova 'leved	כּוֹבַע לֶבֶד (ז)
Baseballkappe (f)	'kova 'beisbol	כּוֹבַע בֵּייסְבּוֹל (ז)
Schiebermütze (f)	'kova mitsxiya	כּוֹבַע מִצְחִיָּה (ז)

Baskenmütze (f)	baret	בֶּרֶט (ז)
Kapuze (f)	bardas	בַּרְדָּס (ז)
Panamahut (m)	'kova 'tembel	כּוֹבַע טֶמְבֶּל (ז)
Strickmütze (f)	'kova 'gerev	כּוֹבַע גֶּרֶב (ז)

Kopftuch (n)	mit'paxat	מִטְפַּחַת (נ)
Damenhut (m)	'kova	כּוֹבַע (ז)

Schutzhelm (m)	kasda	קַסְדָּה (נ)
Feldmütze (f)	kumta	כּוּמְתָּה (נ)
Helm (z.B. Motorradhelm)	kasda	קַסְדָּה (נ)

Melone (f)	mig'ba'at me'u'gelet	מִגְבַּעַת מְעוּגֶּלֶת (נ)
Zylinder (m)	tsi'linder	צִילִינְדֶּר (ז)

37. Schuhwerk

Schuhe (pl)	han'ala	הַנְעָלָה (נ)
Stiefeletten (pl)	na'a'layim	נַעֲלַיִם (נ"ר)
Halbschuhe (pl)	na'a'layim	נַעֲלַיִם (נ"ר)
Stiefel (pl)	maga'fayim	מַגָּפַיִם (ז"ר)
Hausschuhe (pl)	na'alei 'bayit	נַעֲלֵי בַּיִת (נ"ר)

Tennisschuhe (pl)	na'alei sport	נַעֲלֵי סְפּוֹרְט (נ"ר)
Leinenschuhe (pl)	na'alei sport	נַעֲלֵי סְפּוֹרְט (נ"ר)
Sandalen (pl)	sandalim	סַנְדָּלִים (ז"ר)

Schuster (m)	sandlar	סַנְדְּלָר (ז)
Absatz (m)	akev	עָקֵב (ז)

Paar (n)	zug	זוּג (ז)
Schnürsenkel (m)	sroχ	שְׂרוֹךְ (ז)
schnüren (vt)	lisroχ	לִשְׂרוֹךְ
Schuhlöffel (m)	kaf na'a'layim	כַּף נַעֲלַיִם (ז)
Schuhcreme (f)	miʃχat na'a'layim	מִשְׁחַת נַעֲלַיִם (נ)

38. Textilien. Stoffe

Baumwolle (f)	kutna	כּוּתְנָה (נ)
Baumwolle-	mikutna	מְכּוּתְנָה
Leinen (m)	piʃtan	פִּשְׁתָּן (ז)
Leinen-	mipiʃtan	מִפִּשְׁתָּן

Seide (f)	'meʃi	מֶשִׁי (ז)
Seiden-	miʃyi	מֶשְׁיִי
Wolle (f)	'tsemer	צֶמֶר (ז)
Woll-	tsamri	צַמְרִי

Samt (m)	ktifa	קְטִיפָה (נ)
Wildleder (n)	zamʃ	זָמְשׁ (ז)
Cord (m)	'korderoi	קוֹרְדְּרוֹי (ז)

Nylon (n)	'nailon	נַיְילוֹן (ז)
Nylon-	mi'nailon	מִנַיְילוֹן
Polyester (m)	poli''ester	פּוֹלִיאֶסְטֶר (ז)
Polyester-	mipoli''ester	מִפּוֹלִיאֶסְטֶר

Leder (n)	or	עוֹר (ז)
Leder-	me'or	מֵעוֹר
Pelz (m)	parva	פַּרְוָה (נ)
Pelz-	miparva	מִפַּרְוָה

39. Persönliche Accessoires

Handschuhe (pl)	kfafot	כְּפָפוֹת (נ"ר)
Fausthandschuhe (pl)	kfafot	כְּפָפוֹת (נ"ר)
Schal (Kaschmir-)	tsa'if	צָעִיף (ז)

Brille (f)	miʃka'fayim	מִשְׁקָפַיִם (ז"ר)
Brillengestell (n)	mis'geret	מִסְגֶּרֶת (נ)
Regenschirm (m)	mitriya	מִטְרִיָּה (נ)
Spazierstock (m)	makel haliχa	מַקֵּל הֲלִיכָה (ז)
Haarbürste (f)	miv'reʃet se'ar	מִבְרֶשֶׁת שֵׂעָר (נ)
Fächer (m)	menifa	מְנִיפָה (נ)

Krawatte (f)	aniva	עֲנִיבָה (נ)
Fliege (f)	anivat parpar	עֲנִיבַת פַּרְפַּר (נ)
Hosenträger (pl)	ktefiyot	כְּתֵפִיּוֹת (נ"ר)
Taschentuch (n)	mimχata	מִמְחָטָה (נ)

| Kamm (m) | masrek | מַסְרֵק (ז) |
| Haarspange (f) | sikat roʃ | סִיכַּת רֹאשׁ (נ) |

Haarnadel (f)	sikat se'ar	סִיכַּת שֵׂעָר (נ)
Schnalle (f)	avzam	אַבְזָם (ז)

Gürtel (m)	xagora	חֲגוֹרָה (נ)
Umhängegurt (m)	retsu'at katef	רְצוּעַת כָּתֵף (נ)

Tasche (f)	tik	תִּיק (ז)
Handtasche (f)	tik	תִּיק (ז)
Rucksack (m)	tarmil	תַּרְמִיל (ז)

40. Kleidung. Verschiedenes

Mode (f)	ofna	אוֹפְנָה (נ)
modisch	ofnati	אוֹפְנָתִי
Modedesigner (m)	me'atsev ofna	מְעַצֵּב אוֹפְנָה (ז)

Kragen (m)	tsavaron	צַוָּארוֹן (ז)
Tasche (f)	kis	כִּיס (ז)
Taschen-	ʃel kis	שֶׁל כִּיס
Ärmel (m)	ʃarvul	שַׁרְווּל (ז)
Aufhänger (m)	mitle	מִתְלֶה (ז)
Hosenschlitz (m)	xanut	חָנוּת (נ)

Reißverschluss (m)	roxsan	רוֹכְסָן (ז)
Verschluss (m)	'keres	קֶרֶס (ז)
Knopf (m)	kaftor	כַּפְתּוֹר (ז)
Knopfloch (n)	lula'a	לוּלָאָה (נ)
abgehen (Knopf usw.)	lehitaleʃ	לְהִיתָּלֵשׁ

nähen (vi, vt)	litpor	לִתְפּוֹר
sticken (vt)	lirkom	לִרְקוֹם
Stickerei (f)	rikma	רִקְמָה (נ)
Nadel (f)	'maxat tfira	מַחַט תְּפִירָה (נ)
Faden (m)	xut	חוּט (ז)
Naht (f)	'tefer	תֶּפֶר (ז)

sich beschmutzen	lehitlaxlex	לְהִתְלַכְלֵךְ
Fleck (m)	'ketem	כֶּתֶם (ז)
sich knittern	lehitkamet	לְהִתְקַמֵּט
zerreißen (vt)	lik'ro'a	לִקְרוֹעַ
Motte (f)	aʃ	עָשׁ (ז)

41. Kosmetikartikel. Kosmetik

Zahnpasta (f)	miʃxat ʃi'nayim	מִשְׁחַת שִׁינַּיִים (נ)
Zahnbürste (f)	miv'reʃet ʃi'nayim	מִבְרֶשֶׁת שִׁינַּיִים (נ)
Zähne putzen	letsax'tseax ʃi'nayim	לְצַחְצֵחַ שִׁינַּיִים

Rasierer (m)	'ta'ar	תַּעַר (ז)
Rasiercreme (f)	'ketsef gi'luax	קֶצֶף גִּילּוּחַ (ז)
sich rasieren	lehitga'leax	לְהִתְגַּלֵּחַ
Seife (f)	sabon	סַבּוֹן (ז)

Shampoo (n)	ʃampu	שַׁמְפּוּ (ז)
Schere (f)	mispa'rayim	מִסְפָּרַיִם (ז"ר)
Nagelfeile (f)	ptsira	פְּצִירָה (נ)
Nagelzange (f)	gozez tsipor'nayim	גּוֹזֵז צִיפּוֹרְנַיִים (ז)
Pinzette (f)	pin'tseta	פִּינְצֶטָה (נ)

Kosmetik (f)	tamrukim	תַּמְרוּקִים (ז"ר)
Gesichtsmaske (f)	maseχa	מַסֵכָה (נ)
Maniküre (f)	manikur	מָנִיקוּר (ז)
Maniküre machen	la'asot manikur	לַעֲשׂוֹת מָנִיקוּר
Pediküre (f)	pedikur	פֶּדִיקוּר (ז)

Kosmetiktasche (f)	tik ipur	תִּיק אִיפּוּר (ז)
Puder (m)	'pudra	פּוּדְרָה (נ)
Puderdose (f)	pudriya	פּוּדְרִיָּה (נ)
Rouge (n)	'somek	סוֹמֶק (ז)

Parfüm (n)	'bosem	בּוֹשֶׂם (ז)
Duftwasser (n)	mei 'bosem	מֵי בּוֹשֶׂם (ז"ר)
Lotion (f)	mei panim	מֵי פָּנִים (ז"ר)
Kölnischwasser (n)	mei 'bosem	מֵי בּוֹשֶׂם (ז"ר)

Lidschatten (m)	tslalit	צְלָלִית (נ)
Kajalstift (m)	ai 'lainer	אַי לַיינֶר (ז)
Wimperntusche (f)	'maskara	מַסְקָרָה (נ)

Lippenstift (m)	sfaton	שְׂפָתוֹן (ז)
Nagellack (m)	'laka letsipor'nayim	לַכָּה לְצִיפּוֹרְנַיִים (נ)
Haarlack (m)	tarsis lese'ar	תַּרְסִיס לְשֵׂיעָר (ז)
Deodorant (n)	de'odo'rant	דֶּאוֹדוֹרַנְט (ז)

Creme (f)	krem	קְרֶם (ז)
Gesichtscreme (f)	krem panim	קְרֶם פָּנִים (ז)
Handcreme (f)	krem ya'dayim	קְרֶם יָדַיִים (ז)
Anti-Falten-Creme (f)	krem 'neged kmatim	קְרֶם נֶגֶד קְמָטִים (ז)
Tagescreme (f)	krem yom	קְרֶם יוֹם (ז)
Nachtcreme (f)	krem 'laila	קְרֶם לַיְלָה (ז)
Tages-	yomi	יוֹמִי
Nacht-	leili	לֵילִי

Tampon (m)	tampon	טַמְפּוֹן (ז)
Toilettenpapier (n)	neyar tu'alet	נְיָיר טוּאָלֶט (ז)
Föhn (m)	meyabeʃ se'ar	מְיַיבֵּשׁ שֵׂיעָר (ז)

42. Schmuck

Schmuck (m)	taχʃitim	תַּכְשִׁיטִים (ז"ר)
Edel- (stein)	yekar 'ereχ	יְקַר עֵרֶךְ
Repunze (f)	tav tsorfim, bχina	תָּו צוֹרְפִים (ז), בְּחִינָה (נ)

Ring (m)	ta'ba'at	טַבַּעַת (נ)
Ehering (m)	ta'ba'at nisu'in	טַבַּעַת נִישׂוּאִין (נ)
Armband (n)	tsamid	צָמִיד (ז)
Ohrringe (pl)	agilim	עֲגִילִים (ז"ר)

Kette (f)	maχ'rozet	מַחֲרוֹזֶת (נ)
Krone (f)	'keter	כֶּתֶר (ז)
Halskette (f)	maχ'rozet	מַחֲרוֹזֶת (נ)

Brillant (m)	yahalom	יַהֲלוֹם (ז)
Smaragd (m)	ba'reket	בָּרֶקֶת (נ)
Rubin (m)	'odem	אוֹדֶם (ז)
Saphir (m)	sapir	סַפִּיר (ז)
Perle (f)	pnina	פְּנִינָה (נ)
Bernstein (m)	inbar	עִנְבָּר (ז)

43. Armbanduhren Uhren

Armbanduhr (f)	ʃe'on yad	שְׁעוֹן יָד (ז)
Zifferblatt (n)	'luaχ ʃa'on	לוּחַ שָׁעוֹן (ז)
Zeiger (m)	maχog	מָחוֹג (ז)
Metallarmband (n)	tsamid	צָמִיד (ז)
Uhrenarmband (n)	retsu'a leʃa'on	רְצוּעָה לְשָׁעוֹן (נ)

Batterie (f)	solela	סוֹלְלָה (נ)
verbraucht sein	lehitroken	לְהִתְרוֹקֵן
die Batterie wechseln	lehaχlif	לְהַחֲלִיף
vorgehen (vi)	lemaher	לְמַהֵר
nachgehen (vi)	lefager	לְפַגֵּר

Wanduhr (f)	ʃe'on kir	שְׁעוֹן קִיר (ז)
Sanduhr (f)	ʃe'on χol	שְׁעוֹן חוֹל (ז)
Sonnenuhr (f)	ʃe'on 'ʃemeʃ	שְׁעוֹן שֶׁמֶשׁ (ז)
Wecker (m)	ʃa'on me'orer	שְׁעוֹן מְעוֹרֵר (ז)
Uhrmacher (m)	ʃa'an	שָׁעָן (ז)
reparieren (vt)	letaken	לְתַקֵּן

Essen. Ernährung

44. Essen

Fleisch (n)	basar	בָּשָׂר (ז)
Hühnerfleisch (n)	of	עוֹף (ז)
Küken (n)	pargit	פַּרְגִּית (נ)
Ente (f)	barvaz	בַּרְוָז (ז)
Gans (f)	avaz	אַוָּז (ז)
Wild (n)	'tsayid	צַיִד (ז)
Pute (f)	'hodu	הוֹדוּ (ז)

Schweinefleisch (n)	basar χazir	בְּשַׂר חֲזִיר (ז)
Kalbfleisch (n)	basar 'egel	בְּשַׂר עֵגֶל (ז)
Hammelfleisch (n)	basar 'keves	בְּשַׂר כֶּבֶשׂ (ז)
Rindfleisch (n)	bakar	בָּקָר (ז)
Kaninchenfleisch (n)	arnav	אַרְנָב (ז)

Wurst (f)	naknik	נַקְנִיק (ז)
Würstchen (n)	naknikiya	נַקְנִיקִיָּה (נ)
Schinkenspeck (m)	'kotel χazir	קוֹתֶל חֲזִיר (ז)
Schinken (m)	basar χazir me'uʃan	בְּשַׂר חֲזִיר מְעוּשָׁן (ז)
Räucherschinken (m)	'kotel χazir me'uʃan	קוֹתֶל חֲזִיר מְעוּשָׁן (ז)

Pastete (f)	pate	פָּטֶה (ז)
Leber (f)	kaved	כָּבֵד (ז)
Hackfleisch (n)	basar taχun	בָּשָׂר טָחוּן (ז)
Zunge (f)	laʃon	לָשׁוֹן (נ)

Ei (n)	beitsa	בֵּיצָה (נ)
Eier (pl)	beitsim	בֵּיצִים (נ"ר)
Eiweiß (n)	χelbon	חֶלְבּוֹן (ז)
Eigelb (n)	χelmon	חֶלְמוֹן (ז)

Fisch (m)	dag	דָּג (ז)
Meeresfrüchte (pl)	perot yam	פֵּירוֹת יָם (ז"ר)
Krebstiere (pl)	sartana'im	סַרְטָנָאִים (ז"ר)
Kaviar (m)	kavyar	קָווִיאָר (ז)

Krabbe (f)	sartan yam	סַרְטָן יָם (ז)
Garnele (f)	ʃrimps	שְׁרִימְפְּס (ז"ר)
Auster (f)	tsidpat ma'aχal	צִדְפַּת מַאֲכָל (נ)
Languste (f)	'lobster kotsani	לוֹבְּסְטֶר קוֹצָנִי (ז)
Krake (m)	tamnun	תַּמְנוּן (ז)
Kalmar (m)	kala'mari	קָלָמָארִי (ז)

Störfleisch (n)	basar haχidkan	בְּשַׂר הֶחִדְקָן (ז)
Lachs (m)	'salmon	סַלְמוֹן (ז)
Heilbutt (m)	putit	פּוּטִית (נ)
Dorsch (m)	ʃibut	שִׁיבּוּט (ז)

Makrele (f)	kolyas	קוֹלְיָיס (ז)
Tunfisch (m)	'tuna	טוּנָה (נ)
Aal (m)	tslofaχ	צְלוֹפָח (ז)

Forelle (f)	forel	פּוֹרֶל (ז)
Sardine (f)	sardin	סַרְדִּין (ז)
Hecht (m)	ze'ev 'mayim	זְאַב מַיִם (ז)
Hering (m)	ma'liaχ	מָלִיחַ (ז)

Brot (n)	'leχem	לֶחֶם (ז)
Käse (m)	gvina	גְבִינָה (נ)
Zucker (m)	sukar	סוּכָּר (ז)
Salz (n)	'melaχ	מֶלַח (ז)

Reis (m)	'orez	אוֹרֶז (ז)
Teigwaren (pl)	'pasta	פַּסְטָה (נ)
Nudeln (pl)	irtiyot	אָטְרִיּוֹת (נ"ר)

Butter (f)	χem'a	חֶמְאָה (נ)
Pflanzenöl (n)	'ʃemen tsimχi	שֶׁמֶן צִמְחִי (ז)
Sonnenblumenöl (n)	'ʃemen χamaniyot	שֶׁמֶן חַמָּנִיּוֹת (ז)
Margarine (f)	marga'rina	מַרְגָּרִינָה (נ)

Oliven (pl)	zeitim	זֵיתִים (ז"ר)
Olivenöl (n)	'ʃemen 'zayit	שֶׁמֶן זַיִת (ז)

Milch (f)	χalav	חָלָב (ז)
Kondensmilch (f)	χalav merukaz	חָלָב מְרֻכָּז (ז)
Joghurt (m)	'yogurt	יוֹגוּרְט (ז)
saure Sahne (f)	ʃa'menet	שַׁמֶּנֶת (נ)
Sahne (f)	ʃa'menet	שַׁמֶּנֶת (נ)

Mayonnaise (f)	mayonez	מָיוֹנֶז (ז)
Buttercreme (f)	ka'tsefet χem'a	קַצֶּפֶת חֶמְאָה (נ)

Grütze (f)	grisim	גְרִיסִים (ז"ר)
Mehl (n)	'kemaχ	קֶמַח (ז)
Konserven (pl)	ʃimurim	שִׁימּוּרִים (ז"ר)

Maisflocken (pl)	ptitei 'tiras	פְּתִיתֵי תִּירָס (ז"ר)
Honig (m)	dvaʃ	דְּבַשׁ (ז)
Marmelade (f)	riba	רִיבָּה (נ)
Kaugummi (m, n)	'mastik	מַסְטִיק (ז)

45. Getränke

Wasser (n)	'mayim	מַיִם (ז"ר)
Trinkwasser (n)	mei ʃtiya	מֵי שְׁתִיָּיה (ז"ר)
Mineralwasser (n)	'mayim mine'raliyim	מַיִם מִינֶרָלִיִּים (ז"ר)

still	lo mugaz	לֹא מוּגָז
mit Kohlensäure	mugaz	מוּגָז
mit Gas	mugaz	מוּגָז
Eis (n)	'keraχ	קֶרַח (ז)

mit Eis	im 'keraχ	עִם קֶרַח
alkoholfrei (Adj)	natul alkohol	נָטוּל אַלְכּוֹהוֹל
alkoholfreies Getränk (n)	maʃke kal	מַשְׁקֶה קַל (ז)
Erfrischungsgetränk (n)	maʃke mera'anen	מַשְׁקֶה מְרַעֲנֵן (ז)
Limonade (f)	limo'nada	לִימוֹנָדָה (נ)

Spirituosen (pl)	maʃka'ot χarifim	מַשְׁקָאוֹת חָרִיפִים (ז"ר)
Wein (m)	'yayin	יַיִן (ז)
Weißwein (m)	'yayin lavan	יַיִן לָבָן (ז)
Rotwein (m)	'yayin adom	יַיִן אָדוֹם (ז)

Likör (m)	liker	לִיקֶר (ז)
Champagner (m)	ʃam'panya	שַׁמְפַּנְיָה (נ)
Wermut (m)	'vermut	וֶרְמוּט (ז)

Whisky (m)	'viski	וִיסְקִי (ז)
Wodka (m)	'vodka	וֹדְקָה (נ)
Gin (m)	dʒin	גִ'ין (ז)
Kognak (m)	'konyak	קוֹנְיָאק (ז)
Rum (m)	rom	רוֹם (ז)

Kaffee (m)	kafe	קָפֶה (ז)
schwarzer Kaffee (m)	kafe ʃaχor	קָפֶה שָׁחוֹר (ז)
Milchkaffee (m)	kafe hafuχ	קָפֶה הָפוּךְ (ז)
Cappuccino (m)	kapu'tʃino	קָפּוּצִ'ינוֹ (ז)
Pulverkaffee (m)	kafe names	קָפֶה נָמֵס (ז)

Milch (f)	χalav	חָלָב (ז)
Cocktail (m)	kokteil	קוֹקְטֵיל (ז)
Milchcocktail (m)	'milkʃeik	מִילְקְשֵׁייק (ז)

Saft (m)	mits	מִיץ (ז)
Tomatensaft (m)	mits agvaniyot	מִיץ עַגְבָנִיוֹת (ז)
Orangensaft (m)	mits tapuzim	מִיץ תַּפּוּזִים (ז)
frisch gepresster Saft (m)	mits saχut	מִיץ סָחוּט (ז)

Bier (n)	'bira	בִּירָה (נ)
Helles (n)	'bira bahira	בִּירָה בָּהִירָה (נ)
Dunkelbier (n)	'bira keha	בִּירָה כֵּהָה (נ)

Tee (m)	te	תֵּה (ז)
schwarzer Tee (m)	te ʃaχor	תֵּה שָׁחוֹר (ז)
grüner Tee (m)	te yarok	תֵּה יָרוֹק (ז)

46. Gemüse

| Gemüse (n) | yerakot | יְרָקוֹת (ז"ר) |
| grünes Gemüse (pl) | 'yerek | יָרָק (ז) |

Tomate (f)	agvaniya	עַגְבָנִיָּה (נ)
Gurke (f)	melafefon	מְלָפְפוֹן (ז)
Karotte (f)	'gezer	גֶּזֶר (ז)
Kartoffel (f)	ta'puaχ adama	תַּפּוּחַ אֲדָמָה (ז)
Zwiebel (f)	batsal	בָּצָל (ז)

Knoblauch (m)	ʃum	שׁוּם (ז)
Kohl (m)	kruv	כְּרוּב (ז)
Blumenkohl (m)	kruvit	כְּרוּבִית (נ)
Rosenkohl (m)	kruv niʦanim	כְּרוּב נִצָּנִים (ז)
Brokkoli (m)	'brokoli	בְּרוֹקוֹלִי (ז)

Rote Bete (f)	'selek	סֶלֶק (ז)
Aubergine (f)	χaʦil	חָצִיל (ז)
Zucchini (f)	kiʃu	קִישׁוּא (ז)
Kürbis (m)	'dla'at	דְּלַעַת (נ)
Rübe (f)	'lefet	לֶפֶת (נ)

Petersilie (f)	petro'zilya	פֶּטְרוֹזִילְיָה (נ)
Dill (m)	ʃamir	שָׁמִיר (ז)
Kopf Salat (m)	'χasa	חַסָּה (נ)
Sellerie (m)	'seleri	סֶלֶרִי (ז)
Spargel (m)	aspa'ragos	אַסְפָּרָגוֹס (ז)
Spinat (m)	'tered	תֶּרֶד (ז)

Erbse (f)	afuna	אֲפוּנָה (נ)
Bohnen (pl)	pol	פּוֹל (ז)
Mais (m)	'tiras	תִּירָס (ז)
weiße Bohne (f)	ʃu'it	שְׁעוּעִית (נ)

Paprika (m)	'pilpel	פִּלְפֵּל (ז)
Radieschen (n)	ʦnonit	צְנוֹנִית (נ)
Artischocke (f)	artiʃok	אַרְטִישׁוֹק (ז)

47. Obst. Nüsse

Frucht (f)	pri	פְּרִי (ז)
Apfel (m)	ta'puaχ	תַּפּוּחַ (ז)
Birne (f)	agas	אַגָּס (ז)
Zitrone (f)	limon	לִימוֹן (ז)
Apfelsine (f)	tapuz	תַּפּוּז (ז)
Erdbeere (f)	tut sade	תּוּת שָׂדֶה (ז)

Mandarine (f)	klemen'tina	קְלֶמֶנְטִינָה (נ)
Pflaume (f)	ʃezif	שְׁזִיף (ז)
Pfirsich (m)	afarsek	אֲפַרְסֵק (ז)
Aprikose (f)	'miʃmeʃ	מִשְׁמֵשׁ (ז)
Himbeere (f)	'petel	פֶּטֶל (ז)
Ananas (f)	'ananas	אָנָנָס (ז)

Banane (f)	ba'nana	בָּנָנָה (נ)
Wassermelone (f)	ava'tiaχ	אֲבַטִּיחַ (ז)
Weintrauben (pl)	anavim	עֲנָבִים (ז"ר)
Sauerkirsche (f)	duvdevan	דּוּבְדְּבָן (ז)
Süßkirsche (f)	gudgedan	גּוּדְגְּדָן (ז)
Melone (f)	melon	מֶלוֹן (ז)

Grapefruit (f)	eʃkolit	אֶשְׁכּוֹלִית (נ)
Avocado (f)	avo'kado	אָבוֹקָדוֹ (ז)
Papaya (f)	pa'paya	פַּפָּאיָה (נ)

Mango (f)	'mango	מַנְגּוֹ (ז)
Granatapfel (m)	rimon	רִימוֹן (ז)

rote Johannisbeere (f)	dumdemanit aduma	דּוּמְדְּמָנִית אֲדוּמָה (נ)
schwarze Johannisbeere (f)	dumdemanit ʃxora	דּוּמְדְּמָנִית שְׁחוֹרָה (נ)
Stachelbeere (f)	xazarzar	חֲזַרְזַר (ז)
Heidelbeere (f)	uxmanit	אוּכְמָנִית (נ)
Brombeere (f)	'petel ʃaxor	פֶּטֶל שָׁחוֹר (ז)

Rosinen (pl)	tsimukim	צִימוּקִים (ז"ר)
Feige (f)	te'ena	תְּאֵנָה (נ)
Dattel (f)	tamar	תָּמָר (ז)

Erdnuss (f)	botnim	בּוֹטְנִים (ז"ר)
Mandel (f)	ʃaked	שָׁקֵד (ז)
Walnuss (f)	egoz 'melex	אֱגוֹז מֶלֶךְ (ז)
Haselnuss (f)	egoz ilsar	אֱגוֹז אִלְסָר (ז)
Kokosnuss (f)	'kokus	קוֹקוּס (ז)
Pistazien (pl)	'fistuk	פִיסְטוּק (ז)

48. Brot. Süßigkeiten

Konditorwaren (pl)	mutsrei kondi'torya	מוּצְרֵי קוֹנְדִּיטוֹרְיָה (ז"ר)
Brot (n)	'lexem	לֶחֶם (ז)
Keks (m, n)	ugiya	עוּגִיָּה (נ)

Schokolade (f)	'ʃokolad	שׁוֹקוֹלָד (ז)
Schokoladen-	mi'ʃokolad	מְשׁוֹקוֹלָד
Bonbon (m, n)	sukariya	סוּכָּרְיָּה (נ)
Kuchen (m)	uga	עוּגָה (נ)
Torte (f)	uga	עוּגָה (נ)

Kuchen (Apfel-)	pai	פַּאי (ז)
Füllung (f)	milui	מִילוּי (ז)

Konfitüre (f)	riba	רִיבָּה (נ)
Marmelade (f)	marme'lada	מַרְמֶלָדָה (נ)
Waffeln (pl)	'vaflim	וָפְלִים (ז"ר)
Eis (n)	'glida	גְלִידָה (נ)
Pudding (m)	'puding	פּוּדִינְג (ז)

49. Gerichte

Gericht (n)	mana	מָנָה (נ)
Küche (f)	mitbax	מִטְבָּח (ז)
Rezept (n)	matkon	מַתְכּוֹן (ז)
Portion (f)	mana	מָנָה (נ)

Salat (m)	salat	סָלָט (ז)
Suppe (f)	marak	מָרָק (ז)
Brühe (f), Bouillon (f)	marak tsax, tsir	מָרָק צַח, צִיר (ז)
belegtes Brot (n)	karix	כָּרִיךְ (ז)

Spiegelei (n)	beitsat ain	בֵּיצַת עַיִן (נ)
Hamburger (m)	'hamburger	הַמְבּוּרְגֶר (ז)
Beefsteak (n)	umtsa, steik	אוּמְצָה (נ), סְטֵייק (ז)

Beilage (f)	to'sefet	תּוֹסֶפֶת (נ)
Spaghetti (pl)	spa'geti	סְפָּגֶטִי (ז)
Kartoffelpüree (n)	meχit tapuχei adama	מְחִית תַּפּוּחֵי אֲדָמָה (נ)
Pizza (f)	'pitsa	פִּיצָה (נ)
Brei (m)	daysa	דַּייְסָה (נ)
Omelett (n)	χavita	חֲבִיתָה (נ)

gekocht	mevuʃal	מְבוּשָׁל
geräuchert	me'uʃan	מְעוּשָׁן
gebraten	metugan	מְטוּגָּן
getrocknet	meyubaʃ	מְיוּבָּשׁ
tiefgekühlt	kafu	קָפוּא
mariniert	kavuʃ	כָּבוּשׁ

süß	matok	מָתוֹק
salzig	ma'luaχ	מָלוּחַ
kalt	kar	קַר
heiß	χam	חַם
bitter	marir	מָרִיר
lecker	ta'im	טָעִים

kochen (vt)	levaʃel be'mayim rotχim	לְבַשֵּׁל בְּמַיִם רוֹתְחִים
zubereiten (vt)	levaʃel	לְבַשֵּׁל
braten (vt)	letagen	לְטַגֵּן
aufwärmen (vt)	leχamem	לְחַמֵּם

salzen (vt)	leham'liaχ	לְהַמְלִיחַ
pfeffern (vt)	lefalpel	לְפַלְפֵּל
reiben (vt)	lerasek	לְרַסֵּק
Schale (f)	klipa	קְלִיפָּה (נ)
schälen (vt)	lekalef	לְקַלֵּף

50. Gewürze

Salz (n)	'melaχ	מֶלַח (ז)
salzig (Adj)	ma'luaχ	מָלוּחַ
salzen (vt)	leham'liaχ	לְהַמְלִיחַ

schwarzer Pfeffer (m)	'pilpel ʃaχor	פִּלְפֵּל שָׁחוֹר (ז)
roter Pfeffer (m)	'pilpel adom	פִּלְפֵּל אָדֹם (ז)
Senf (m)	χardal	חַרְדָּל (ז)
Meerrettich (m)	χa'zeret	חֲזֶרֶת (נ)

Gewürz (n)	'rotev	רוֹטֶב (ז)
Gewürz (n)	tavlin	תַּבְלִין (ז)
Soße (f)	'rotev	רוֹטֶב (ז)
Essig (m)	'χomets	חוֹמֶץ (ז)

| Anis (m) | kamnon | כַּמְנוֹן (ז) |
| Basilikum (n) | reχan | רֵיחָן (ז) |

Nelke (f)	tsi'poren	צִיפּוֹרֶן (ז)
Ingwer (m)	'dʒindʒer	גִ'ינגִ'ר (ז)
Koriander (m)	'kusbara	כֻּוּסְבָּרָה (נ)
Zimt (m)	kinamon	קִינָמוֹן (ז)

Sesam (m)	'ʃumʃum	שׁוּמְשׁוֹם (ז)
Lorbeerblatt (n)	ale dafna	עָלֶה דַפְנָה (ז)
Paprika (m)	'paprika	פַּפְרִיקָה (נ)
Kümmel (m)	'kimel	קִימֶל (ז)
Safran (m)	ze'afran	זַעֲפְרָן (ז)

51. Mahlzeiten

| Essen (n) | 'oχel | אוֹכֶל (ז) |
| essen (vi, vt) | le'eχol | לֶאֱכוֹל |

Frühstück (n)	aruχat 'boker	אֲרוּחַת בּוֹקֶר (נ)
frühstücken (vi)	le'eχol aruχat 'boker	לֶאֱכוֹל אֲרוּחַת בּוֹקֶר
Mittagessen (n)	aruχat tsaha'rayim	אֲרוּחַת צָהֳרַיִים (נ)
zu Mittag essen	le'eχol aruχat tsaha'rayim	לֶאֱכוֹל אֲרוּחַת צָהֳרַיִים
Abendessen (n)	aruχat 'erev	אֲרוּחַת עֶרֶב (נ)
zu Abend essen	le'eχol aruχat 'erev	לֶאֱכוֹל אֲרוּחַת עֶרֶב

| Appetit (m) | te'avon | תֵּיאָבוֹן (ז) |
| Guten Appetit! | betei'avon! | בְּתֵיאָבוֹן! |

öffnen (vt)	lif'toaχ	לִפְתּוֹחַ
verschütten (vt)	liʃpoχ	לִשְׁפּוֹךְ
verschüttet werden	lehiʃapeχ	לְהִישָׁפֵּךְ

kochen (vi)	lir'toaχ	לִרְתּוֹחַ
kochen (Wasser ~)	lehar'tiaχ	לְהַרְתִּיחַ
gekocht (Adj)	ra'tuaχ	רָתוּחַ

| kühlen (vt) | lekarer | לְקָרֵר |
| abkühlen (vi) | lehitkarer | לְהִתְקָרֵר |

| Geschmack (m) | 'ta'am | טַעַם (ז) |
| Beigeschmack (m) | 'ta'am levai | טַעַם לְוַאי (ז) |

auf Diät sein	lirzot	לִרְזוֹת
Diät (f)	di''eta	דִיאֶטָה (נ)
Vitamin (n)	vitamin	וִיטָמִין (ז)
Kalorie (f)	ka'lorya	קָלוֹרְיָה (נ)

| Vegetarier (m) | tsimχoni | צִמְחוֹנִי (ז) |
| vegetarisch (Adj) | tsimχoni | צִמְחוֹנִי |

Fett (n)	ʃumanim	שׁוּמָנִים (ז"ר)
Protein (n)	χelbonim	חֶלְבּוֹנִים (ז"ר)
Kohlenhydrat (n)	paχmema	פַּחְמֵימָה (נ)
Scheibchen (n)	prusa	פְּרוּסָה (נ)
Stück (ein ~ Kuchen)	χatiχa	חֲתִיכָה (נ)
Krümel (m)	perur	פֵּירוּר (ז)

52. Gedeck

Löffel (m)	kaf	כַּף (ז)
Messer (n)	sakin	סַכִּין (ז, נ)
Gabel (f)	mazleg	מַזְלֵג (ז)

Tasse (eine ~ Tee)	'sefel	סֵפֶל (ז)
Teller (m)	tsa'laxat	צַלַּחַת (נ)
Untertasse (f)	taxtit	תַּחְתִּית (נ)
Serviette (f)	mapit	מַפִּית (נ)
Zahnstocher (m)	keisam ʃi'nayim	קֵיסָם שִׁינַּיִים (ז)

53. Restaurant

Restaurant (n)	mis'ada	מִסְעָדָה (נ)
Kaffeehaus (n)	beit kafe	בֵּית קָפֶה (ז)
Bar (f)	bar, pab	בָּר, פָּאב (ז)
Teesalon (m)	beit te	בֵּית תֵּה (ז)

Kellner (m)	meltsar	מֶלְצָר (ז)
Kellnerin (f)	meltsarit	מֶלְצָרִית (נ)
Barmixer (m)	'barmen	בַּרְמֶן (ז)

Speisekarte (f)	tafrit	תַּפְרִיט (ז)
Weinkarte (f)	reʃimat yeynot	רְשִׁימַת יֵינוֹת (נ)
einen Tisch reservieren	lehazmin ʃulxan	לְהַזְמִין שׁוּלְחָן

Gericht (n)	mana	מָנָה (נ)
bestellen (vt)	lehazmin	לְהַזְמִין
eine Bestellung aufgeben	lehazmin	לְהַזְמִין

Aperitif (m)	maʃke meta'aven	מַשְׁקֶה מְתַאֲבֵן (ז)
Vorspeise (f)	meta'aven	מְתַאֲבֵן (ז)
Nachtisch (m)	ki'nuax	קִינּוּחַ (ז)

Rechnung (f)	xeʃbon	חֶשְׁבּוֹן (ז)
Rechnung bezahlen	leʃalem	לְשַׁלֵּם
das Wechselgeld geben	latet 'odef	לָתֵת עוֹדֶף
Trinkgeld (n)	tip	טִיפ (ז)

Familie, Verwandte und Freunde

54. Persönliche Informationen. Formulare

Vorname (m)	ʃem	שֵׁם (ז)
Name (m)	ʃem miʃpaχa	שֵׁם מִשְׁפָּחָה (ז)
Geburtsdatum (n)	ta'ariχ leda	תַּאֲרִיךְ לֵידָה (ז)
Geburtsort (m)	mekom leda	מְקוֹם לֵידָה (ז)
Nationalität (f)	le'om	לְאוֹם (ז)
Wohnort (m)	mekom megurim	מְקוֹם מְגוּרִים (ז)
Land (n)	medina	מְדִינָה (נ)
Beruf (m)	mik'tso'a	מִקְצוֹעַ (ז)
Geschlecht (n)	min	מִין (ז)
Größe (f)	'gova	גּוֹבַה (ז)
Gewicht (n)	miʃkal	מִשְׁקָל (ז)

55. Familienmitglieder. Verwandte

Mutter (f)	em	אֵם (נ)
Vater (m)	av	אָב (ז)
Sohn (m)	ben	בֵּן (ז)
Tochter (f)	bat	בַּת (נ)
jüngste Tochter (f)	habat haktana	הַבַּת הַקְּטַנָּה (נ)
jüngste Sohn (m)	haben hakatan	הַבֵּן הַקָּטָן (ז)
ältere Tochter (f)	habat habχora	הַבַּת הַבְּכוֹרָה (נ)
älterer Sohn (m)	haben habχor	הַבֵּן הַבְּכוֹר (ז)
Bruder (m)	aχ	אָח (ז)
älterer Bruder (m)	aχ gadol	אָח גָּדוֹל (ז)
jüngerer Bruder (m)	aχ katan	אָח קָטָן (ז)
Schwester (f)	aχot	אָחוֹת (נ)
ältere Schwester (f)	aχot gdola	אָחוֹת גְדוֹלָה (נ)
jüngere Schwester (f)	aχot ktana	אָחוֹת קְטַנָּה (נ)
Cousin (m)	ben dod	בֵּן דּוֹד (ז)
Cousine (f)	bat 'doda	בַּת דּוֹדָה (נ)
Mama (f)	'ima	אִמָּא (נ)
Papa (m)	'aba	אַבָּא (ז)
Eltern (pl)	horim	הוֹרִים (ז"ר)
Kind (n)	'yeled	יֶלֶד (ז)
Kinder (pl)	yeladim	יְלָדִים (ז"ר)
Großmutter (f)	'savta	סַבְתָּא (נ)
Großvater (m)	'saba	סַבָּא (ז)
Enkel (m)	'neχed	נֶכֶד (ז)

Enkelin (f)	neχda	נֶכְדָּה (נ)
Enkelkinder (pl)	neχadim	נְכָדִים (ז"ר)

Onkel (m)	dod	דּוֹד (ז)
Tante (f)	'doda	דּוֹדָה (נ)
Neffe (m)	aχyan	אַחְיָן (ז)
Nichte (f)	aχyanit	אַחְיָנִית (נ)

Schwiegermutter (f)	χamot	חָמוֹת (נ)
Schwiegervater (m)	χam	חָם (ז)
Schwiegersohn (m)	χatan	חָתָן (ז)
Stiefmutter (f)	em χoreget	אֵם חוֹרֶגֶת (נ)
Stiefvater (m)	av χoreg	אָב חוֹרֵג (ז)

Säugling (m)	tinok	תִּינוֹק (ז)
Kleinkind (n)	tinok	תִּינוֹק (ז)
Kleine (m)	pa'ot	פָּעוֹט (ז)

Frau (f)	iʃa	אִשָּׁה (נ)
Mann (m)	'ba'al	בַּעַל (ז)
Ehemann (m)	ben zug	בֶּן זוּג (ז)
Gemahlin (f)	bat zug	בַּת זוּג (נ)

verheiratet (Ehemann)	nasui	נָשׂוּי
verheiratet (Ehefrau)	nesu'a	נְשׂוּאָה
ledig	ravak	רַוָּק
Junggeselle (m)	ravak	רַוָּק (ז)
geschieden (Adj)	garuʃ	גָּרוּשׁ
Witwe (f)	almana	אַלְמָנָה (נ)
Witwer (m)	alman	אַלְמָן (ז)

Verwandte (m)	karov miʃpaχa	קָרוֹב מִשְׁפָּחָה (ז)
naher Verwandter (m)	karov miʃpaχa	קָרוֹב מִשְׁפָּחָה (ז)
entfernter Verwandter (m)	karov raχok	קָרוֹב רָחוֹק (ז)
Verwandte (pl)	krovei miʃpaχa	קְרוֹבֵי מִשְׁפָּחָה (ז"ר)

Waise (m, f)	yatom	יָתוֹם (ז)
Waisenjunge (m)	yatom	יָתוֹם (ז)
Waisenmädchen (f)	yetoma	יְתוֹמָה (נ)
Vormund (m)	apo'tropos	אַפּוֹטְרוֹפּוֹס (ז)
adoptieren (einen Jungen)	le'amets	לְאַמֵּץ
adoptieren (ein Mädchen)	le'amets	לְאַמֵּץ

56. Freunde. Arbeitskollegen

Freund (m)	χaver	חָבֵר (ז)
Freundin (f)	χavera	חֲבֵרָה (נ)
Freundschaft (f)	yedidut	יְדִידוּת (נ)
befreundet sein	lihyot yadidim	לִהְיוֹת יְדִידִים

Freund (m)	χaver	חָבֵר (ז)
Freundin (f)	χavera	חֲבֵרָה (נ)
Partner (m)	ʃutaf	שׁוּתָף (ז)
Chef (m)	menahel, roʃ	מְנַהֵל (ז), רֹאשׁ (ז)

Vorgesetzte (m)	memune	מְמוּנֶה (ז)
Besitzer (m)	be'alim	בְּעָלִים (ז)
Untergeordnete (m)	kafuf le	כָּפוּף לְ (ז)
Kollege (m), Kollegin (f)	amit	עָמִית (ז)

Bekannte (m)	makar	מַכָּר (ז)
Reisegefährte (m)	ben levaya	בֶּן לְוָיָה (ז)
Mitschüler (m)	xaver lekita	חָבֵר לְכִּיתָה (ז)

Nachbar (m)	ʃaxen	שָׁכֵן (ז)
Nachbarin (f)	ʃxena	שְׁכֵנָה (נ)
Nachbarn (pl)	ʃxenim	שְׁכֵנִים (ז"ר)

57. Mann. Frau

Frau (f)	iʃa	אִשָּׁה (נ)
Mädchen (n)	baxura	בַּחוּרָה (נ)
Braut (f)	kala	כַּלָּה (נ)

schöne	yafa	יָפָה
große	gvoha	גְּבוֹהָה
schlanke	tmira	תְּמִירָה
kleine (~ Frau)	namux	נָמוּך

| Blondine (f) | blon'dinit | בְּלוֹנְדִּינִית (נ) |
| Brünette (f) | bru'netit | בְּרוּנֶטִית (נ) |

Damen-	ʃel naʃim	שֶׁל נָשִׁים
Jungfrau (f)	betula	בְּתוּלָה (נ)
schwangere	hara	הָרָה

Mann (m)	'gever	גֶּבֶר (ז)
Blonde (m)	blon'dini	בְּלוֹנְדִּינִי (ז)
Brünette (m)	ʃxarxar	שְׁחַרְחַר
hoch	ga'voha	גָּבוֹהַּ
klein	namux	נָמוּך

grob	gas	גַּס
untersetzt	guʦ	גּוּץ
robust	xason	חָסוֹן
stark	xazak	חָזָק
Kraft (f)	'koax	כּוֹחַ (ז)

dick	ʃamen	שָׁמֵן
dunkelhäutig	ʃaxum	שָׁחוּם
schlank	tamir	תָּמִיר
elegant	ele'ganti	אֶלֶגַנְטִי

58. Alter

| Alter (n) | gil | גִּיל (ז) |
| Jugend (f) | ne'urim | נְעוּרִים (ז"ר) |

jung	tsa'ir	צָעִיר
jünger (~ als Sie)	tsa'ir yoter	צָעִיר יוֹתֵר
älter (~ als ich)	mevugar yoter	מְבוּגָר יוֹתֵר

Junge (m)	baxur	בָּחוּר (ז)
Teenager (m)	'na'ar	נַעַר (ז)
Bursche (m)	baxur	בָּחוּר (ז)

| Greis (m) | zaken | זָקֵן (ז) |
| alte Frau (f) | zkena | זְקֵנָה (נ) |

Erwachsene (m)	mevugar	מְבוּגָר (ז)
in mittleren Jahren	bagil ha'amida	בְּגִיל הָעֲמִידָה
älterer (Adj)	zaken	זָקֵן
alt (Adj)	zaken	זָקֵן

Ruhestand (m)	'pensya	פֶּנְסִיָה (נ)
in Rente gehen	latset legimla'ot	לָצֵאת לְגִימְלָאוֹת
Rentner (m)	pensyoner	פֶּנְסִיוֹנֶר (ז)

59. Kinder

Kind (n)	'yeled	יֶלֶד (ז)
Kinder (pl)	yeladim	יְלָדִים (ז"ר)
Zwillinge (pl)	te'omim	תְאוֹמִים (ז"ר)

Wiege (f)	arisa	עֲרִיסָה (נ)
Rassel (f)	ra'aʃan	רַעֲשָׁן (ז)
Windel (f)	xitul	חִיתוּל (ז)

Schnuller (m)	motsets	מוֹצֵץ (ז)
Kinderwagen (m)	agala	עֲגָלָה (נ)
Kindergarten (m)	gan yeladim	גַן יְלָדִים (ז)
Kinderfrau (f)	beibi'siter	בֵּיבִּיסִיטֶר (ז, נ)

Kindheit (f)	yaldut	יַלְדוּת (נ)
Puppe (f)	buba	בּוּבָּה (נ)
Spielzeug (n)	tsa'a'tsu'a	צַעֲצוּעַ (ז)
Baukasten (m)	misxak harkava	מִשְׂחַק הַרְכָּבָה (ז)
wohlerzogen	mexunax	מְחוּנָך
ungezogen	lo mexunax	לֹא מְחוּנָך
verwöhnt	mefunak	מְפוּנָק

unartig sein	lehiʃtovev	לְהִשְׁתּוֹבֵב
unartig	ʃovav	שׁוֹבָב
Unart (f)	ma'ase 'kundes	מַעֲשֵׂה קוּנְדָס (ז)
Schelm (m)	'yeled ʃovav	יֶלֶד שׁוֹבָב (ז)

| gehorsam | tsaytan | צַיְתָן |
| ungehorsam | lo memuʃma | לֹא מְמוּשְׁמָע |

fügsam	ka'nu'a	כָּנוּעַ
klug	xaxam	חָכָם
Wunderkind (n)	'yeled 'pele	יֶלֶד פֶּלֶא (ז)

60. Ehepaare. Familienleben

küssen (vt)	lenaʃek	לְנַשֵׁק
sich küssen	lehitnaʃek	לְהִתְנַשֵׁק
Familie (f)	miʃpaχa	מִשְׁפָּחָה (נ)
Familien-	miʃpaχti	מִשְׁפַּחְתִּי
Paar (n)	zug	זוּג (ז)
Ehe (f)	nisu'im	נִישׂוּאִים (ז"ר)
Heim (n)	aχ, ken	אָח, קֵן (ז)
Dynastie (f)	ʃo'ʃelet	שׁוֹשֶׁלֶת (נ)

Rendezvous (n)	deit	דֵּייט (ז)
Kuss (m)	neʃika	נְשִׁיקָה (נ)

Liebe (f)	ahava	אַהֲבָה (נ)
lieben (vt)	le'ehov	לֶאֱהוֹב
geliebt	ahuv	אָהוּב

Zärtlichkeit (f)	roχ	רוֹךְ (ז)
zärtlich	adin, raχ	עָדִין, רַךְ
Treue (f)	ne'emanut	נֶאֱמָנוּת (נ)
treu (Adj)	masur	מָסוּר
Fürsorge (f)	de'aga	דְּאָגָה (נ)
sorgsam	do'eg	דּוֹאֵג

Frischvermählte (pl)	zug tsa'ir	זוּג צָעִיר (ז)
Flitterwochen (pl)	ya'reaχ dvaʃ	יֶרַח דְּבַשׁ (ז)
heiraten (einen Mann ~)	lehitχaten	לְהִתְחַתֵּן
heiraten (ein Frau ~)	lehitχaten	לְהִתְחַתֵּן

Hochzeit (f)	χatuna	חֲתוּנָה (נ)
goldene Hochzeit (f)	χatunat hazahav	חֲתוּנַת הַזָּהָב (נ)
Jahrestag (m)	yom nisu'in	יוֹם נִישׂוּאִין (ז)

Geliebte (m)	me'ahev	מְאַהֵב (ז)
Geliebte (f)	mea'hevet	מְאַהֶבֶת (נ)

Ehebruch (m)	bgida	בְּגִידָה (נ)
Ehebruch begehen	livgod be...	לִבְגּוֹד בְּ...
eifersüchtig	kanai	קַנַּאי
eifersüchtig sein	lekane	לְקַנֵּא
Scheidung (f)	geruʃin	גֵּרוּשִׁין (ז"ר)
sich scheiden lassen	lehitgareʃ mi...	לְהִתְגָּרֵשׁ מֵ...

streiten (vi)	lariv	לָרִיב
sich versöhnen	lehitpayes	לְהִתְפַּייֵס
zusammen (Adv)	be'yaχad	בְּיַחַד
Sex (m)	min	מִין (ז)

Glück (n)	'oʃer	אוֹשֶׁר (ז)
glücklich	me'uʃar	מְאוּשָׁר
Unglück (n)	ason	אָסוֹן (ז)
unglücklich	umlal	אוּמְלָל

Charakter. Empfindungen. Gefühle

61. Empfindungen. Gefühle

Gefühl (n)	'regeſ	רֶגֶשׁ (ז)
Gefühle (pl)	regaſot	רְגָשׁוֹת (ז"ר)
fühlen (vt)	lehargiſ	לְהַרְגִּישׁ

Hunger (m)	'ra'av	רָעָב (ז)
hungrig sein	lihyot ra'ev	לִהְיוֹת רָעֵב
Durst (m)	tsima'on	צִמָּאוֹן (ז)
Durst haben	lihyot tsame	לִהְיוֹת צָמֵא
Schläfrigkeit (f)	yaſ'nuniyut	יַשְׁנוּנִיּוּת (נ)
schlafen wollen	lirtsot liſon	לִרְצוֹת לִישׁוֹן

Müdigkeit (f)	ayefut	עֲיֵפוּת (נ)
müde	ayef	עָיֵף
müde werden	lehit'ayef	לְהִתְעַיֵּף

Laune (f)	matsav 'ruax	מַצַּב רוּחַ (ז)
Langeweile (f)	ſi'amum	שִׁעֲמוּם (ז)
sich langweilen	lehiſta'amem	לְהִשְׁתַּעֲמֵם
Zurückgezogenheit (n)	hitbodedut	הִתְבּוֹדְדוּת (נ)
sich zurückziehen	lehitboded	לְהִתְבּוֹדֵד

beunruhigen (vt)	lehad'ig	לְהַדְאִיג
sorgen (vi)	lid'og	לִדְאוֹג
Besorgnis (f)	de'aga	דְּאָגָה (נ)
Angst (~ um …)	xarada	חֲרָדָה (נ)
besorgt (Adj)	mutrad	מוּטְרָד
nervös sein	lihyot atsbani	לִהְיוֹת עַצְבָּנִי
in Panik verfallen (vi)	lehibahel	לְהִיבָּהֵל

| Hoffnung (f) | tikva | תִּקְוָה (נ) |
| hoffen (vi) | lekavot | לְקַווֹת |

Sicherheit (f)	vada'ut	וַדָּאוּת (נ)
sicher	vada'i	וַדָּאִי
Unsicherheit (f)	i vada'ut	אִי וַדָּאוּת (נ)
unsicher	lo ba'tuax	לֹא בָּטוּחַ

betrunken	ſikor	שִׁיכּוֹר
nüchtern	pi'keax	פִּיכֵּחַ
schwach	xalaſ	חַלָּשׁ
glücklich	me'uſar	מְאוּשָׁר
erschrecken (vt)	lehafxid	לְהַפְחִיד
Wut (f)	teruf	טֵירוּף
Rage (f)	'za'am	זַעַם (ז)
Depression (f)	dika'on	דִּיכָּאוֹן (ז)
Unbehagen (n)	i noxut	אִי נוֹחוּת (נ)

Komfort (m)	noχut	נוֹחוּת (נ)
bedauern (vt)	lehitsta'er	לְהִצְטַעֵר
Bedauern (n)	χarata	חֲרָטָה (נ)
Missgeschick (n)	'χoser mazal	חוֹסֶר מָזָל (ז)
Kummer (m)	'etsev	עֶצֶב (ז)

Scham (f)	buʃa	בּוּשָׁה (נ)
Freude (f)	simχa	שִׂמְחָה (נ)
Begeisterung (f)	hitlahavut	הִתְלַהֲבוּת (נ)
Enthusiast (m)	mitlahev	מִתְלַהֵב
Begeisterung zeigen	lehitlahev	לְהִתְלַהֵב

62. Charakter. Persönlichkeit

Charakter (m)	'ofi	אוֹפִי (ז)
Charakterfehler (m)	pgam be''ofi	פְּגָם בָּאוֹפִי (ז)
Verstand (m)	'seχel	שֵׂכֶל (ז)
Vernunft (f)	bina	בִּינָה (נ)

Gewissen (n)	matspun	מַצְפּוּן (ז)
Gewohnheit (f)	hergel	הֶרְגֵּל (ז)
Fähigkeit (f)	ye'χolet	יְכוֹלֶת (נ)
können (v mod)	la'da'at	לָדַעַת

geduldig	savlan	סַבְלָן
ungeduldig	χasar savlanut	חֲסַר סַבְלָנוּת
neugierig	sakran	סַקְרָן
Neugier (f)	sakranut	סַקְרָנוּת (נ)

Bescheidenheit (f)	tsni'ut	צְנִיעוּת (נ)
bescheiden	tsa'nu'a	צָנוּעַ
unbescheiden	lo tsa'nu'a	לֹא צָנוּעַ

Faulheit (f)	atslut	עַצְלוּת (נ)
faul	atsel	עָצֵל
Faulenzer (m)	atslan	עַצְלָן (ז)

Listigkeit (f)	armumiyut	עַרְמוּמִיּוּת (נ)
listig	armumi	עַרְמוּמִי
Misstrauen (n)	'χoser emun	חוֹסֶר אֵמוּן (ז)
misstrauisch	χadʃani	חַדְשָׁנִי

Freigebigkeit (f)	nedivut	נְדִיבוּת (נ)
freigebig	nadiv	נָדִיב
talentiert	muχʃar	מוּכְשָׁר
Talent (n)	kiʃaron	כִּישָׁרוֹן (ז)

tapfer	amits	אַמִּיץ
Tapferkeit (f)	'omets	אוֹמֶץ (ז)
ehrlich	yaʃar	יָשָׁר
Ehrlichkeit (f)	'yoʃer	יוֹשֶׁר (ז)

| vorsichtig | zahir | זָהִיר |
| tapfer | amits | אַמִּיץ |

ernst	retsini	רְצִינִי
streng	χamur	חָמוּר

entschlossen	neχrats	נֶחֱרָץ
unentschlossen	hasesan	הַסַּסָן
schüchtern	baiʃan	בַּיְשָׁן
Schüchternheit (f)	baiʃanut	בַּיְשָׁנוּת (נ)

Vertrauen (n)	emun	אֵמוּן (ז)
vertrauen (vi)	leha'amin	לְהַאֲמִין
vertrauensvoll	tam	תָּם

aufrichtig (Adv)	beχenut	בְּכֵנוּת
aufrichtig (Adj)	ken	כֵּן
Aufrichtigkeit (f)	kenut	כֵּנוּת (נ)
offen	pa'tuaχ	פָּתוּחַ

still (Adj)	ʃalev	שָׁלֵו
freimütig	glui lev	גְּלוּי לֵב
naiv	na"ivi	נָאִיבִי
zerstreut	mefuzar	מְפֻזָּר
drollig, komisch	matsχik	מַצְחִיק

Gier (f)	ta'avat 'betsa	תַּאֲוַות בֶּצַע (נ)
habgierig	rodef 'betsa	רוֹדֵף בֶּצַע
geizig	kamtsan	קַמְצָן
böse	raʃa	רָשָׁע
hartnäckig	akʃan	עַקְשָׁן
unangenehm	lo na'im	לֹא נָעִים

Egoist (m)	ego'ist	אֶגוֹאִיסְט (ז)
egoistisch	anoχi	אֲנוֹכִי
Feigling (m)	paχdan	פַּחְדָן (ז)
feige	paχdani	פַּחְדָנִי

63. Schlaf. Träume

schlafen (vi)	liʃon	לִישׁוֹן
Schlaf (m)	ʃena	שֵׁינָה (נ)
Traum (m)	χalom	חֲלוֹם (ז)
träumen (im Schlaf)	laχalom	לַחֲלוֹם
verschlafen	radum	רָדוּם

Bett (n)	mita	מִיטָה (נ)
Matratze (f)	mizran	מִזְרָן (ז)
Decke (f)	smiχa	שְׂמִיכָה (נ)
Kissen (n)	karit	כָּרִית (נ)
Laken (n)	sadin	סָדִין (ז)

Schlaflosigkeit (f)	nedudei ʃena	נְדוּדֵי שֵׁינָה (ז"ר)
schlaflos	χasar ʃena	חֲסַר שֵׁינָה
Schlafmittel (n)	kadur ʃena	כַּדוּר שֵׁינָה (ז)
Schlafmittel nehmen	la'kaχat kadur ʃena	לָקַחַת כַּדוּר שֵׁינָה
schlafen wollen	lirtsot liʃon	לִרְצוֹת לִישׁוֹן

gähnen (vi)	lefahek	לְפַהֵק
schlafen gehen	la'leχet liʃon	לָלֶכֶת לִישׁוֹן
das Bett machen	leha'tsi'a mita	לְהַצִּיעַ מִיטָה
einschlafen (vi)	leheradem	לְהֵירָדֵם

Alptraum (m)	siyut	סִיוּט (ז)
Schnarchen (n)	neχira	נְחִירָה (נ)
schnarchen (vi)	linχor	לִנְחוֹר

Wecker (m)	ʃa'on me'orer	שְׁעוֹן מְעוֹרֵר (ז)
aufwecken (vt)	leha'ir	לְהָעִיר
erwachen (vi)	lehit'orer	לְהִתְעוֹרֵר
aufstehen (vi)	lakum	לָקוּם
sich waschen	lehitraχets	לְהִתְרַחֵץ

64. Humor. Lachen. Freude

Humor (m)	humor	הוּמוֹר (ז)
Sinn (m) für Humor	χuʃ humor	חוּשׁ הוּמוֹר (ז)
sich amüsieren	lehanot	לֵיהָנוֹת
froh (Adj)	sa'meaχ	שָׂמֵחַ
Fröhlichkeit (f)	alitsut	עֲלִיצוּת (נ)

Lächeln (n)	χiyuχ	חִיוּךְ (ז)
lächeln (vi)	leχayeχ	לְחַיֵּךְ
auflachen (vi)	lifrots bitsχok	לִפְרוֹץ בְּצְחוֹק
lachen (vi)	litsχok	לִצְחוֹק
Lachen (n)	tsχok	צְחוֹק (ז)

Anekdote, Witz (m)	anek'dota	אֲנֶקְדּוֹטָה (נ)
lächerlich	matsχik	מַצְחִיק
komisch	meʃa'a'ʃe'a	מְשַׁעֲשֵׁעַ

Witz machen	lehitba'deaχ	לְהִתְבַּדֵּחַ
Spaß (m)	bdiχa	בְּדִיחָה (נ)
Freude (f)	simχa	שִׂמְחָה (נ)
sich freuen	lis'moaχ	לִשְׂמוֹחַ
froh (Adj)	sa'meaχ	שָׂמֵחַ

65. Diskussion, Unterhaltung. Teil 1

| Kommunikation (f) | 'keʃer | קֶשֶׁר (ז) |
| kommunizieren (vi) | letakʃer | לְתַקְשֵׁר |

Konversation (f)	siχa	שִׂיחָה (נ)
Dialog (m)	du 'siaχ	דּוּ-שִׂיחַ (ז)
Diskussion (f)	diyun	דִּיּוּן (ז)
Streitgespräch (n)	vi'kuaχ	וִיכּוּחַ (ז)
streiten (vi)	lehitva'keaχ	לְהִתְוַוכֵּחַ

| Gesprächspartner (m) | ben 'siaχ | בֶּן שִׂיחַ (ז) |
| Thema (n) | nose | נוֹשֵׂא (ז) |

Gesichtspunkt (m)	nekudat mabat	נְקוּדַת מַבָּט (נ)
Meinung (f)	de'a	דֵּעָה (נ)
Rede (f)	ne'um	נְאוּם (ז)

Besprechung (f)	diyun	דִּיוּן (ז)
besprechen (vt)	ladun	לָדוּן
Gespräch (n)	siχa	שִׂיחָה (נ)
Gespräche führen	leso'χeaχ	לְשׂוֹחֵחַ
Treffen (n)	pgiʃa	פְּגִישָׁה (נ)
sich treffen	lehipageʃ	לְהִיפָּגֵשׁ

Sprichwort (n)	pitgam	פִּתְגָּם (ז)
Redensart (f)	pitgam	פִּתְגָּם (ז)
Rätsel (n)	χida	חִידָה (נ)
ein Rätsel aufgeben	laχud χida	לָחוּד חִידָה
Parole (f)	sisma	סִיסְמָה (נ)
Geheimnis (n)	sod	סוֹד (ז)

Eid (m), Schwur (m)	ʃvu'a	שְׁבוּעָה (נ)
schwören (vi, vt)	lehiʃava	לְהִישָׁבַע
Versprechen (n)	havtaχa	הַבְטָחָה (נ)
versprechen (vt)	lehav'tiaχ	לְהַבְטִיחַ

Rat (m)	etsa	עֵצָה (נ)
raten (vt)	leya'ets	לְייַעֵץ
einen Rat befolgen	lif'ol lefi ha'etsa	לִפְעוֹל לְפִי הָעֵצָה
gehorchen (jemandem ~)	lehiʃama	לְהִישָׁמַע

Neuigkeit (f)	χadaʃot	חֲדָשׁוֹת (נ"ר)
Sensation (f)	sen'satsya	סֶנְסַצְיָה (נ)
Informationen (pl)	meida	מֵידָע (ז)
Schlussfolgerung (f)	maskana	מַסְקָנָה (נ)
Stimme (f)	kol	קוֹל (ז)
Kompliment (n)	maχma'a	מַחְמָאָה (נ)
freundlich	adiv	אָדִיב

Wort (n)	mila	מִילָה (נ)
Phrase (f)	miʃpat	מִשְׁפָּט (ז)
Antwort (f)	tʃuva	תְּשׁוּבָה (נ)

| Wahrheit (f) | emet | אֱמֶת (נ) |
| Lüge (f) | 'ʃeker | שֶׁקֶר (ז) |

Gedanke (m)	maχʃava	מַחֲשָׁבָה (נ)
Idee (f)	ra'ayon	רַעְיוֹן (ז)
Phantasie (f)	fan'tazya	פַנְטַזְיָה (נ)

66. Diskussion, Unterhaltung. Teil 2

angesehen (Adj)	meχubad	מְכוּבָּד
respektieren (vt)	leχabed	לְכַבֵּד
Respekt (m)	kavod	כָּבוֹד (ז)
Sehr geehrter …	hayakar …	הַיָּקָר ...
bekannt machen	la'asot hekerut	לַעֲשׂוֹת הֶיכֵּרוּת

kennenlernen (vt)	lehakir	לְהַכִּיר
Absicht (f)	kavana	כַּוָּנָה (נ)
beabsichtigen (vt)	lehitkaven	לְהִתְכַּוֵּון
Wunsch (m)	iχul	אִיחוּל (ז)
wünschen (vt)	le'aχel	לְאַחֵל

Staunen (n)	hafta'a	הַפְתָּעָה (נ)
erstaunen (vt)	lehafti'a	לְהַפְתִּיעַ
staunen (vi)	lehitpale	לְהִתְפַּלֵּא

geben (vt)	latet	לָתֵת
nehmen (vt)	la'kaχat	לָקַחַת
herausgeben (vt)	lehaχzir	לְהַחְזִיר
zurückgeben (vt)	lehaʃiv	לְהָשִׁיב

sich entschuldigen	lehitnatsel	לְהִתְנַצֵּל
Entschuldigung (f)	hitnatslut	הִתְנַצְּלוּת (נ)
verzeihen (vt)	lis'loaχ	לִסְלוֹחַ

sprechen (vi)	ledaber	לְדַבֵּר
hören (vt), zuhören (vi)	lehakʃiv	לְהַקְשִׁיב
sich anhören	liʃmo'a	לִשְׁמוֹעַ
verstehen (vt)	lehavin	לְהָבִין

zeigen (vt)	lehar'ot	לְהַרְאוֹת
ansehen (vt)	lehistakel	לְהִסְתַּכֵּל
rufen (vt)	likro le...	לִקְרוֹא לְ...
belästigen (vt)	lehafri'a	לְהַפְרִיעַ
stören (vt)	lehafri'a	לְהַפְרִיעַ
übergeben (vt)	limsor	לִמְסוֹר

Bitte (f)	bakaʃa	בַּקָּשָׁה (נ)
bitten (vt)	levakeʃ	לְבַקֵּשׁ
Verlangen (n)	driʃa	דְּרִישָׁה (נ)
verlangen (vt)	lidroʃ	לִדְרוֹשׁ

necken (vt)	lehitgarot	לְהִתְגָּרוֹת
spotten (vi)	lil'og	לִלְעוֹג
Spott (m)	'la'ag	לַעַג (ז)
Spitzname (m)	kinui	כִּינוּי (ז)

Andeutung (f)	'remez	רֶמֶז (ז)
andeuten (vt)	lirmoz	לִרְמוֹז
meinen (vt)	lehitkaven le...	לְהִתְכַּוֵּון לְ...

Beschreibung (f)	te'ur	תֵּיאוּר (ז)
beschreiben (vt)	leta'er	לְתָאֵר
Lob (n)	'ʃevaχ	שֶׁבַח (ז)
loben (vt)	leʃa'beaχ	לְשַׁבֵּחַ

Enttäuschung (f)	aχzava	אַכְזָבָה (נ)
enttäuschen (vt)	le'aχzev	לְאַכְזֵב
enttäuscht sein	lehit'aχzev	לְהִתְאַכְזֵב

Vermutung (f)	hanaχa	הַנָּחָה (נ)
vermuten (vt)	leʃa'er	לְשַׁעֵר

| Warnung (f) | azhara | אַזהָרָה (נ) |
| warnen (vt) | lehazhir | לְהַזהִיר |

67. Diskussion, Unterhaltung. Teil 3

| überreden (vt) | leʃaχ'ne'a | לְשַׁכנֵעַ |
| beruhigen (vt) | lehar'gi'a | לְהַרגִיעַ |

Schweigen (n)	ʃtika	שׁתִיקָה (נ)
schweigen (vi)	liʃtok	לִשׁתוֹק
flüstern (vt)	lilχoʃ	לִלחוֹש
Flüstern (n)	leχiʃa	לְחִישָׁה (נ)

| offen (Adv) | beχenut | בְּכֵנוּת |
| meiner Meinung nach ... | leda'ati ... | לְדַעֲתִי ... |

Detail (n)	prat	פּרָט (ז)
ausführlich (Adj)	meforat	מְפוֹרָט
ausführlich (Adv)	bimfurat	בִּמפוֹרָט

| Tipp (m) | 'remez | רֶמֶז (ז) |
| einen Tipp geben | lirmoz | לִרמוֹז |

Blick (m)	mabat	מַבָּט (ז)
anblicken (vt)	lehabit	לְהַבִּיט
starr (z.B. -en Blick)	kafu	קָפוּא
blinzeln (mit den Augen)	lematsmets	לְמַצמֵץ
zwinkern (mit den Augen)	likrots	לִקרוֹץ
nicken (vi)	lehanhen	לְהַנהֵן

Seufzer (m)	anaχa	אֲנָחָה (נ)
aufseufzen (vi)	lehe'anaχ	לְהֵיאָנַח
zusammenzucken (vi)	lir'od	לִרעוֹד
Geste (f)	meχva	מֶחוָה (נ)
berühren (vt)	la'ga'at be...	לָגַעַת בְּ...
ergreifen (vt)	litfos	לִתפוֹס
klopfen (vt)	lit'poaχ	לִטפּוֹחַ

Vorsicht!	zehirut!	זְהִירוּת!
Wirklich?	be'emet?	בֶּאֱמֶת?
Sind Sie sicher?	ata ba'tuaχ?	אַתָה בָּטוּחַ?
Viel Glück!	behatslaχa!	בְּהַצלָחָה!
Klar!	muvan!	מוּבָן!
Schade!	χaval!	חֲבָל!

68. Zustimmung. Ablehnung

Einverständnis (n)	haskama	הַסכָּמָה (נ)
zustimmen (vi)	lehaskim	לְהַסכִּים
Billigung (f)	iʃur	אִישׁוּר (ז)
billigen (vt)	le'aʃer	לְאַשֵׁר
Absage (f)	siruv	סֵירוּב (ז)

sich weigern	lesarev	לְסָרֵב
Ausgezeichnet!	metsuyan!	מְצוּיָן!
Ganz recht!	tov!	טוֹב!
Gut! Okay!	be'seder!	בְּסֵדֶר!

verboten (Adj)	asur	אָסוּר
Es ist verboten	asur	אָסוּר
Es ist unmöglich	'bilti eʃʃari	בִּלְתִּי אֶפְשָׁרִי
falsch	ʃagui	שָׁגוּי

ablehnen (vt)	lidχot	לִדְחוֹת
unterstützen (vt)	litmoχ be…	לִתְמוֹךְ בְּ…
akzeptieren (vt)	lekabel	לְקַבֵּל

bestätigen (vt)	le'aʃer	לְאַשֵׁר
Bestätigung (f)	iʃur	אִישׁוּר (ז)
Erlaubnis (f)	reʃut	רְשׁוּת (נ)
erlauben (vt)	leharʃot	לְהַרְשׁוֹת
Entscheidung (f)	haχlata	הַחְלָטָה (נ)
schweigen (nicht antworten)	liʃtok	לִשְׁתּוֹק

Bedingung (f)	tnai	תְּנַאי (ז)
Ausrede (f)	teruts	תֵּירוּץ (ז)
Lob (n)	'ʃevaχ	שֶׁבַח (ז)
loben (vt)	leʃa'beaχ	לְשַׁבֵּחַ

69. Erfolg. Alles Gute. Misserfolg

Erfolg (m)	hatsala	הַצְלָחָה (נ)
erfolgreich (Adv)	behatslaχa	בְּהַצְלָחָה
erfolgreich (Adj)	mutslaχ	מוּצְלָח

Glück (Glücksfall)	mazal	מַזָּל (ז)
Viel Glück!	behatslaχa!	בְּהַצְלָחָה!
Glücks- (z.B. -tag)	mutslaχ	מוּצְלָח
glücklich (Adj)	bar mazal	בַּר מַזָּל

Misserfolg (m)	kiʃalon	כִּישָׁלוֹן (ז)
Missgeschick (n)	'χoser mazal	חוֹסֶר מַזָּל (ז)
Unglück (n)	'χoser mazal	חוֹסֶר מַזָּל (ז)

missglückt (Adj)	lo mutslaχ	לֹא מוּצְלָח
Katastrophe (f)	ason	אָסוֹן (ז)

Stolz (m)	ga'ava	גָּאֲוָה (נ)
stolz	ge'e	גֵּאֶה
stolz sein	lehitga'ot	לְהִתְגָּאוֹת

Sieger (m)	zoχe	זוֹכֶה (ז)
siegen (vi)	lena'tseaχ	לְנַצֵּחַ
verlieren (Spiel usw.)	lehafsid	לְהַפְסִיד
Versuch (m)	nisayon	נִיסָיוֹן (ז)
versuchen (vt)	lenasot	לְנַסּוֹת
Chance (f)	hizdamnut	הִזְדַּמְנוּת (נ)

70. Streit. Negative Gefühle

Schrei (m)	tseʻaka	צְעָקָה (נ)
schreien (vi)	litsʻok	לִצְעוֹק
beginnen zu schreien	lehatχil litsʻok	לְהַתְחִיל לִצְעוֹק

Zank (m)	riv	רִיב (ז)
sich zanken	lariv	לָרִיב
Riesenkrach (m)	riv	רִיב (ז)
Krach haben	lariv	לָרִיב
Konflikt (m)	siχsuχ	סִכְסוּךְ (ז)
Missverständnis (n)	i havana	אִי הֲבָנָה (נ)

Kränkung (f)	elbon	עֶלְבּוֹן (ז)
kränken (vt)	lehaʻaliv	לְהַעֲלִיב
gekränkt (Adj)	neʻelav	נֶעֱלָב
Beleidigung (f)	tina	טִינָה (נ)
beleidigen (vt)	lifgoʻa	לִפְגּוֹעַ
sich beleidigt fühlen	lehipaga	לְהִיפָּגַע

Empörung (f)	hitmarmerut	הִתְמַרְמְרוּת (נ)
sich empören	lehitraʻem	לְהִתְרַעֵם
Klage (f)	tluna	תְּלוּנָה (נ)
klagen (vi)	lehitlonen	לְהִתְלוֹנֵן

Entschuldigung (f)	hitnatslut	הִתְנַצְּלוּת (נ)
sich entschuldigen	lehitnatsel	לְהִתְנַצֵּל
um Entschuldigung bitten	levakeʃ sliχa	לְבַקֵּשׁ סְלִיחָה

Kritik (f)	bi'koret	בִּיקּוֹרֶת (נ)
kritisieren (vt)	levaker	לְבַקֵּר
Anklage (f)	ha'aʃama	הַאֲשָׁמָה (נ)
anklagen (vt)	leha'aʃim	לְהַאֲשִׁים

Rache (f)	nekama	נְקָמָה (נ)
rächen (vt)	linkom	לִנְקוֹם
sich rächen	lehaχzir	לְהַחְזִיר

Verachtung (f)	zilzul	זִלְזוּל (ז)
verachten (vt)	lezalzel be…	לְזַלְזֵל בְּ…
Hass (m)	sin'a	שִׂנְאָה (נ)
hassen (vt)	lisno	לִשְׂנוֹא

nervös	atsbani	עַצְבָּנִי
nervös sein	lihyot atsbani	לִהְיוֹת עַצְבָּנִי
verärgert	ka'us	כָּעוּס
ärgern (vt)	lehargiz	לְהַרְגִּיז

Erniedrigung (f)	haʃpala	הַשְׁפָּלָה (נ)
erniedrigen (vt)	lehaʃpil	לְהַשְׁפִּיל
sich erniedrigen	lehaʃpil et atsmo	לְהַשְׁפִּיל אֶת עַצְמוֹ

Schock (m)	'helem	הֶלֶם (ז)
schockieren (vt)	leza'a'ze'a	לְזַעְזֵעַ
Ärger (m)	tsara	צָרָה (נ)

unangenehm	lo na'im	לֹא נָעִים
Angst (f)	'paxad	פַּחַד (ז)
furchtbar (z.B. -e Sturm)	nora	נוֹרָא
schrecklich	mafxid	מַפְחִיד
Entsetzen (n)	zva'a	זְוָעָה (נ)
entsetzlich	ayom	אָיוֹם

zittern (vi)	lehera'ed	לְהֵירָעֵד
weinen (vi)	livkot	לִבְכּוֹת
anfangen zu weinen	lehatxil livkot	לְהַתְחִיל לִבְכּוֹת
Träne (f)	dim'a	דִמְעָה (נ)

Schuld (f)	aʃma	אַשְׁמָה (נ)
Schuldgefühl (n)	rigʃei aʃam	רִגְשֵׁי אָשָׁם (ז"ר)
Schmach (f)	xerpa	חֶרְפָּה (נ)
Protest (m)	mexa'a	מֶחָאָה (נ)
Stress (m)	'laxats	לַחַץ (ז)

stören (vt)	lehaf'ri'a	לְהַפְרִיעַ
sich ärgern	lix'os	לִכְעוֹס
ärgerlich	zo'em	זוֹעֵם
abbrechen (vi)	lesayem	לְסַיֵּים
schelten (vi)	lekalel	לְקַלֵּל

erschrecken (vi)	lehibahel	לְהִיבָּהֵל
schlagen (vt)	lehakot	לְהַכּוֹת
sich prügeln	lehitkotet	לְהִתְקוֹטֵט

beilegen (Konflikt usw.)	lehasdir	לְהַסְדִיר
unzufrieden	lo merutse	לֹא מְרוּצֶה
wütend	metoraf	מְטוֹרָף

Das ist nicht gut!	ze lo tov!	זֶה לֹא טוֹב!
Das ist schlecht!	ze ra!	זֶה רַע!

Medizin

71. Krankheiten

Krankheit (f)	maχala	מַחֲלָה (נ)
krank sein	lihyot χole	לִהְיוֹת חוֹלֶה
Gesundheit (f)	bri'ut	בְּרִיאוּת (נ)

Schnupfen (m)	na'zelet	נַזֶּלֶת (נ)
Angina (f)	da'leket ʃkedim	דַּלֶּקֶת שְׁקֵדִים (נ)
Erkältung (f)	hitstanenut	הִצְטַנְּנוּת (נ)
sich erkälten	lehitstanen	לְהִצְטַנֵּן

Bronchitis (f)	bron'χitis	בְּרוֹנְכִיטִיס (ז)
Lungenentzündung (f)	da'leket re'ot	דַּלֶּקֶת רֵיאוֹת (נ)
Grippe (f)	ʃa'pa'at	שַׁפַּעַת (נ)

kurzsichtig	ktsar re'iya	קְצַר רְאִיָּה
weitsichtig	reχok re'iya	רְחוֹק-רְאִיָּה
Schielen (n)	pzila	פְּזִילָה (נ)
schielend (Adj)	pozel	פּוֹזֵל
grauer Star (m)	katarakt	קָטָרַקְט (ז)
Glaukom (n)	gla'u'koma	גְּלָאוּקוֹמָה (נ)

Schlaganfall (m)	ʃavats moχi	שָׁבָץ מוֹחִי (ז)
Infarkt (m)	hetkef lev	הֶתְקֵף לֵב (ז)
Herzinfarkt (m)	'otem ʃrir halev	אוֹטֶם שְׁרִיר הַלֵּב (ז)
Lähmung (f)	ʃituk	שִׁיתּוּק (ז)
lähmen (vt)	leʃatek	לְשַׁתֵּק

Allergie (f)	a'lergya	אַלֶּרְגְיָה (נ)
Asthma (n)	'astma, ka'tseret	אַסְתְמָה, קַצֶּרֶת (נ)
Diabetes (m)	su'keret	סוּכֶּרֶת (נ)

| Zahnschmerz (m) | ke'ev ʃi'nayim | כְּאֵב שִׁינַּיִם (ז) |
| Karies (f) | a'ʃeʃet | עַשֶּׁשֶׁת (נ) |

Durchfall (m)	ʃilʃul	שִׁלְשׁוּל (ז)
Verstopfung (f)	atsirut	עֲצִירוּת (נ)
Magenverstimmung (f)	kilkul keiva	קִלְקוּל קֵיבָה (ז)
Vergiftung (f)	har'alat mazon	הַרְעָלַת מָזוֹן (נ)
Vergiftung bekommen	laχatof har'alat mazon	לַחֲטוֹף הַרְעָלַת מָזוֹן

Arthritis (f)	da'leket mifrakim	דַּלֶּקֶת מִפְרָקִים (נ)
Rachitis (f)	ra'keχet	רַכֶּכֶת (נ)
Rheumatismus (m)	ʃigaron	שִׁיגָּרוֹן (ז)
Atherosklerose (f)	ar'teryo skle'rosis	אַרְטֶרְיוֹ-סְקְלֶרוֹסִיס (ז)

| Gastritis (f) | da'leket keiva | דַּלֶּקֶת קֵיבָה (נ) |
| Blinddarmentzündung (f) | da'leket toseftan | דַּלֶּקֶת תּוֹסֶפְתָן (נ) |

| Cholezystitis (f) | da'leket kis hamara | דַּלֶּקֶת כִּיס הַמָּרָה (נ) |
| Geschwür (n) | 'ulkus, kiv | אוּלְקוּס, כִּיב (ז) |

Masern (pl)	ҳa'tsevet	חַצֶּבֶת (נ)
Röteln (pl)	a'demet	אֲדֶמֶת (נ)
Gelbsucht (f)	tsa'hevet	צַהֶבֶת (נ)
Hepatitis (f)	da'leket kaved	דַּלֶּקֶת כָּבֵד (נ)

Schizophrenie (f)	sҳizo'frenya	סְכִיזוֹפְרֶנְיָה (נ)
Tollwut (f)	ka'levet	כַּלֶּבֶת (נ)
Neurose (f)	noi'roza	נוֹירוֹזָה (נ)
Gehirnerschütterung (f)	za'a'zu'a 'moaҳ	זַעֲזוּעַ מוֹחַ (ז)

Krebs (m)	sartan	סַרְטָן (ז)
Sklerose (f)	ta'refet	טָרֶשֶׁת (נ)
multiple Sklerose (f)	ta'refet nefotsa	טָרֶשֶׁת נְפוֹצָה (נ)

Alkoholismus (m)	alkoholizm	אַלְכּוֹהוֹלִיזְם (ז)
Alkoholiker (m)	alkoholist	אַלְכּוֹהוֹלִיסְט (ז)
Syphilis (f)	a'gevet	עַגֶּבֶת (נ)
AIDS	eids	אַיְידְס (ז)

Tumor (m)	gidul	גִּידוּל (ז)
bösartig	mam'ir	מַמְאִיר
gutartig	ʃapir	שָׁפִיר

Fieber (n)	ka'daҳat	קַדַּחַת (נ)
Malaria (f)	ma'larya	מָלַרְיָה (נ)
Gangrän (f, n)	gan'grena	גַּנְגְּרֶנָה (נ)
Seekrankheit (f)	maҳalat yam	מַחֲלַת יָם (נ)
Epilepsie (f)	maҳalat hanefila	מַחֲלַת הַנְּפִילָה (נ)

Epidemie (f)	magefa	מַגֵּיפָה (נ)
Typhus (m)	'tifus	טִיפוּס (ז)
Tuberkulose (f)	ʃa'ҳefet	שַׁחֶפֶת (נ)
Cholera (f)	ko'lera	כּוֹלֵרָה (נ)
Pest (f)	davar	דֶּבֶר (ז)

72. Symptome. Behandlungen. Teil 1

Symptom (n)	simptom	סִימְפְּטוֹם (ז)
Temperatur (f)	ҳom	חוֹם (ז)
Fieber (n)	ҳom ga'voha	חוֹם גָּבוֹהַּ (ז)
Puls (m)	'dofek	דּוֹפֶק (ז)

Schwindel (m)	sҳar'ҳoret	סְחַרְחוֹרֶת (נ)
heiß (Stirne usw.)	ҳam	חַם
Schüttelfrost (m)	tsmar'moret	צְמַרְמוֹרֶת (נ)
blass (z.B. -es Gesicht)	ҳiver	חִיוֵּר

Husten (m)	ʃi'ul	שִׁיעוּל (ז)
husten (vi)	lehiʃta'el	לְהִשְׁתַּעֵל
niesen (vi)	lehit'ateʃ	לְהִתְעַטֵּשׁ
Ohnmacht (f)	ilafon	עִילָפוֹן (ז)

ohnmächtig werden	lehit'alef	לְהִתְעַלֵף
blauer Fleck (m)	χabura	חַבּוּרָה (נ)
Beule (f)	blita	בְּלִיטָה (נ)
sich stoßen	lekabel maka	לְקַבֵּל מַכָּה
Prellung (f)	maka	מַכָּה (נ)
sich stoßen	lekabel maka	לְקַבֵּל מַכָּה

hinken (vi)	lits'lo'a	לְצְלוֹעַ
Verrenkung (f)	'neka	נֶקַע (ז)
ausrenken (vt)	lin'ko'a	לְנְקוֹעַ
Fraktur (f)	'fever	שֶׁבֶר (ז)
brechen (Arm usw.)	lifbor	לְשְׁבּוֹר

Schnittwunde (f)	χataχ	חָתָךְ (ז)
sich schneiden	lehiχateχ	לְהֵיחָתֵךְ
Blutung (f)	dimum	דִימוּם (ז)

Verbrennung (f)	kviya	כְּוִוייָה (נ)
sich verbrennen	laχatof kviya	לַחֲטוֹף כְּוִוייָה

stechen (vt)	lidkor	לִדְקוֹר
sich stechen	lehidaker	לְהִידָקֵר
verletzen (vt)	lif'tso'a	לְפְצוֹעַ
Verletzung (f)	ptsi'a	פְּצִיעָה (נ)
Wunde (f)	'petsa	פֶּצַע (ז)
Trauma (n)	'tra'uma	טְרָאוּמָה (נ)

irrereden (vi)	lahazot	לְהָזוֹת
stottern (vi)	legamgem	לְגַמְגֵם
Sonnenstich (m)	makat 'femef	מַכַּת שֶׁמֶשׁ (נ)

73. Symptome. Behandlungen. Teil 2

Schmerz (m)	ke'ev	כְּאֵב (ז)
Splitter (m)	kots	קוֹץ (ז)

Schweiß (m)	ze'a	זֵיעָה (נ)
schwitzen (vi)	leha'zi'a	לְהַזִיעַ
Erbrechen (n)	haka'a	הָקָאָה (נ)
Krämpfe (pl)	pirkusim	פִּירְכּוּסִים (ז"ר)

schwanger	hara	הָרָה
geboren sein	lehivaled	לְהִיווָלֵד
Geburt (f)	leda	לֵידָה (נ)
gebären (vt)	la'ledet	לָלֶדֶת
Abtreibung (f)	hapala	הַפָּלָה (נ)

Atem (m)	nefima	נְשִׁימָה (נ)
Atemzug (m)	fe'ifa	שְׁאִיפָה (נ)
Ausatmung (f)	nefifa	נְשִׁיפָה (נ)
ausatmen (vt)	linfof	לְנְשׁוֹף
einatmen (vt)	lif'of	לְשְׁאוֹף
Invalide (m)	naχe	נָכֶה (ז)
Krüppel (m)	naχe	נָכֶה (ז)

Drogenabhängiger (m)	narkoman	נַרְקוֹמָן (ז)
taub	χereʃ	חֵירֵשׁ
stumm	ilem	אִילֵם
taubstumm	χereʃ-ilem	חֵירֵשׁ-אִילֵם

verrückt (Adj)	meʃuga	מְשׁוּגָע
Irre (m)	meʃuga	מְשׁוּגָע (ז)
Irre (f)	meʃu'ga'at	מְשׁוּגַעַת (נ)
den Verstand verlieren	lehiʃta'ge'a	לְהִשְׁתַּגֵּעַ

Gen (n)	gen	גֵּן (ז)
Immunität (f)	χasinut	חֲסִינוּת (נ)
erblich	toraʃti	תּוֹרַשְׁתִּי
angeboren	mulad	מוּלָד

Virus (m, n)	'virus	וִירוּס (ז)
Mikrobe (f)	χaidak	חַיְּדַק (ז)
Bakterie (f)	bak'terya	בַּקְטֶרְיָה (נ)
Infektion (f)	zihum	זִיהוּם (ז)

74. Symptome. Behandlungen. Teil 3

| Krankenhaus (n) | beit χolim | בֵּית חוֹלִים (ז) |
| Patient (m) | metupal | מְטוּפָּל (ז) |

Diagnose (f)	avχana	אַבְחָנָה (נ)
Heilung (f)	ripui	רִיפּוּי (ז)
Behandlung (f)	tipul refu'i	טִיפּוּל רְפוּאִי (ז)
Behandlung bekommen	lekabel tipul	לְקַבֵּל טִיפּוּל
behandeln (vt)	letapel be...	לְטַפֵּל בְּ...
pflegen (Kranke)	letapel be...	לְטַפֵּל בְּ...
Pflege (f)	tipul	טִיפּוּל (ז)

Operation (f)	ni'tuaχ	נִיתּוּחַ (ז)
verbinden (vt)	laχboʃ	לַחְבּוֹשׁ
Verband (m)	χaviʃa	חֲבִישָׁה (נ)

Impfung (f)	χisun	חִיסּוּן (ז)
impfen (vt)	leχasen	לְחַסֵּן
Spritze (f)	zrika	זְרִיקָה (נ)
eine Spritze geben	lehazrik	לְהַזְרִיק

Anfall (m)	hetkef	הֶתְקֵף (ז)
Amputation (f)	kti'a	קְטִיעָה (נ)
amputieren (vt)	lik'to'a	לִקְטוֹעַ
Koma (n)	tar'demet	תַּרְדֶּמֶת (נ)
im Koma liegen	lihyot betar'demet	לִהְיוֹת בְּתַרְדֶּמֶת
Reanimation (f)	tipul nimrats	טִיפּוּל נִמְרָץ (ז)

genesen von ... (vi)	lehaχlim	לְהַחְלִים
Zustand (m)	matsav	מַצָּב (ז)
Bewusstsein (n)	hakara	הַכָּרָה (נ)
Gedächtnis (n)	zikaron	זִיכָּרוֹן (ז)
ziehen (einen Zahn ~)	la'akor	לַעֲקוֹר

| Plombe (f) | stima | סְתִימָה (נ) |
| plombieren (vt) | la'asot stima | לַעֲשׂוֹת סְתִימָה |

| Hypnose (f) | hip'noza | הִיפְּנוֹזָה (נ) |
| hypnotisieren (vt) | lehapnet | לְהַפְנֵט |

75. Ärzte

Arzt (m)	rofe	רוֹפֵא (ז)
Krankenschwester (f)	aχot	אָחוֹת (נ)
Privatarzt (m)	rofe iʃi	רוֹפֵא אִישִׁי (ז)

Zahnarzt (m)	rofe ʃi'nayim	רוֹפֵא שִׁינַיִים (ז)
Augenarzt (m)	rofe ei'nayim	רוֹפֵא עֵינַיִים (ז)
Internist (m)	rofe pnimi	רוֹפֵא פְּנִימִי (ז)
Chirurg (m)	kirurg	כִּירוּרג (ז)

Psychiater (m)	psiχi"ater	פְּסִיכְיָאטֶר (ז)
Kinderarzt (m)	rofe yeladim	רוֹפֵא יְלָדִים (ז)
Psychologe (m)	psiχolog	פְּסִיכוֹלוֹג (ז)
Frauenarzt (m)	rofe naʃim	רוֹפֵא נָשִׁים (ז)
Kardiologe (m)	kardyolog	קַרְדִיוֹלוֹג (ז)

76. Medizin. Medikamente. Accessoires

Arznei (f)	trufa	תְּרוּפָה (נ)
Heilmittel (n)	trufa	תְּרוּפָה (נ)
verschreiben (vt)	lirʃom	לִרְשׁוֹם
Rezept (n)	mirʃam	מִרְשָׁם (ז)

Tablette (f)	kadur	כַּדּוּר (ז)
Salbe (f)	miʃχa	מִשְׁחָה (נ)
Ampulle (f)	'ampula	אַמְפּוּלָה (נ)
Mixtur (f)	ta'a'rovet	תַּעֲרוֹבֶת (נ)
Sirup (m)	sirop	סִירוֹפּ (ז)
Pille (f)	gluya	גְלוּיָה (נ)
Pulver (n)	avka	אַבְקָה (נ)

Verband (m)	taχ'boʃet 'gaza	תַּחְבּוֹשֶׁת גָּאזָה (ז)
Watte (f)	'tsemer 'gefen	צֶמֶר גֶּפֶן (ז)
Jod (n)	yod	יוֹד (ז)

Pflaster (n)	'plaster	פְּלַסְטֶר (ז)
Pipette (f)	taf'tefet	טַפְטֶפֶת (נ)
Thermometer (n)	madχom	מַדְחוֹם (ז)
Spritze (f)	mazrek	מַזְרֵק (ז)

| Rollstuhl (m) | kise galgalim | כִּיסֵא גַלְגַלִּים (ז) |
| Krücken (pl) | ka'bayim | קַבַּיִים (ז"ר) |

| Betäubungsmittel (n) | meʃakeχ ke'evim | מְשַׁכֵּךְ כְּאֵבִים (ז) |
| Abführmittel (n) | trufa meʃal'ʃelet | תְּרוּפָה מְשַׁלְשֶׁלֶת (נ) |

Spiritus (m)	'kohal	כֹּהַל (ז)
Heilkraut (n)	isvei marpe	עִשְׂבֵי מַרְפֵּא (ז"ר)
Kräuter- (z.B. Kräutertee)	ʃel asavim	שֶׁל עֲשָׂבִים

77. Rauchen. Tabakwaren

Tabak (m)	'tabak	טַבָּק (ז)
Zigarette (f)	si'garya	סִיגַרְיָה (נ)
Zigarre (f)	sigar	סִיגָר (ז)
Pfeife (f)	mik'teret	מִקְטֶרֶת (נ)
Packung (f)	χafisa	חֲפִיסָה (נ)

Streichhölzer (pl)	gafrurim	גַּפְרוּרִים (ז"ר)
Streichholzschachtel (f)	kufsat gafrurim	קֻפְסַת גַּפְרוּרִים (נ)
Feuerzeug (n)	matsit	מַצִּית (ז)
Aschenbecher (m)	ma'afera	מַאֲפֵרָה (נ)
Zigarettenetui (n)	nartik lesi'garyot	נַרְתִּיק לְסִיגַרְיוֹת (ז)

| Mundstück (n) | piya | פִּיָּה (נ) |
| Filter (n) | 'filter | פִילְטֶר (ז) |

rauchen (vi, vt)	le'aʃen	לְעַשֵּׁן
anrauchen (vt)	lehadlik si'garya	לְהַדְלִיק סִיגַרְיָה
Rauchen (n)	iʃun	עִישׁוּן (ז)
Raucher (m)	me'aʃen	מְעַשֵּׁן (ז)

Stummel (m)	bdal si'garya	בְּדַל סִיגַרְיָה (ז)
Rauch (m)	aʃan	עָשָׁן (ז)
Asche (f)	'efer	אֵפֶר (ז)

LEBENSRAUM DES MENSCHEN

Stadt

78. Stadt. Leben in der Stadt

Stadt (f)	ir	עִיר (נ)
Hauptstadt (f)	ir bira	עִיר בִּירָה (נ)
Dorf (n)	kfar	כְּפָר (ז)
Stadtplan (m)	mapat ha'ir	מַפַּת הָעִיר (נ)
Stadtzentrum (n)	merkaz ha'ir	מֶרְכַּז הָעִיר (ז)
Vorort (m)	parvar	פַּרְוָר (ז)
Vorort-	parvari	פַּרְוָרִי
Stadtrand (m)	parvar	פַּרְוָר (ז)
Umgebung (f)	svivot	סְבִיבוֹת (נ"ר)
Stadtviertel (n)	ʃχuna	שְׁכוּנָה (נ)
Wohnblock (m)	ʃχunat megurim	שְׁכוּנַת מְגוּרִים (נ)
Straßenverkehr (m)	tnu'a	תְּנוּעָה (נ)
Ampel (f)	ramzor	רַמְזוֹר (ז)
Stadtverkehr (m)	taχbura tsiburit	תַּחְבּוּרָה צִיבּוּרִית (נ)
Straßenkreuzung (f)	'tsomet	צוֹמֶת (ז)
Übergang (m)	ma'avar χatsaya	מַעֲבַר חֲצָיָה (ז)
Fußgängerunterführung (f)	ma'avar tat karka'i	מַעֲבַר תַּת־קַרְקָעִי (ז)
überqueren (vt)	laχatsot	לַחֲצוֹת
Fußgänger (m)	holeχ 'regel	הוֹלֵךְ רֶגֶל (ז)
Gehweg (m)	midraχa	מִדְרָכָה (נ)
Brücke (f)	'geʃer	גֶּשֶׁר (ז)
Kai (m)	ta'yelet	טַיֶּלֶת (נ)
Springbrunnen (m)	mizraka	מִזְרָקָה (נ)
Allee (f)	sdera	שְׂדֵרָה (נ)
Park (m)	park	פַּארְק (ז)
Boulevard (m)	sdera	שְׂדֵרָה (נ)
Platz (m)	kikar	כִּיכָּר (נ)
Avenue (f)	reχov raʃi	רְחוֹב רָאשִׁי (ז)
Straße (f)	reχov	רְחוֹב (ז)
Gasse (f)	simta	סִמְטָה (נ)
Sackgasse (f)	mavoi satum	מָבוֹי סָתוּם (ז)
Haus (n)	'bayit	בַּיִת (ז)
Gebäude (n)	binyan	בִּנְיָן (ז)
Wolkenkratzer (m)	gored ʃχakim	גּוֹרֵד שְׁחָקִים (ז)
Fassade (f)	χazit	חָזִית (נ)
Dach (n)	gag	גַּג (ז)

Fenster (n)	χalon	חַלוֹן (ז)
Bogen (m)	'keſet	קֶשֶׁת (נ)
Säule (f)	amud	עַמּוּד (ז)
Ecke (f)	pina	פִּינָה (נ)

Schaufenster (n)	χalon ra'ava	חַלוֹן רַאֲוָה (ז)
Firmenschild (n)	'ſelet	שֶׁלֶט (ז)
Anschlag (m)	kraza	כְּרָזָה (נ)
Werbeposter (m)	'poster	פּוֹסְטֶר (ז)
Werbeschild (n)	'luaχ pirsum	לוּחַ פִּרְסוּם (ז)

Müll (m)	'zevel	זֶבֶל (ז)
Mülleimer (m)	paχ aſpa	פַּח אַשְׁפָּה (ז)
Abfall wegwerfen	lelaχleχ	לְלַכְלֵךְ
Mülldeponie (f)	mizbala	מִזְבָּלָה (נ)

Telefonzelle (f)	ta 'telefon	תָּא טֶלֶפוֹן (ז)
Straßenlaterne (f)	amud panas	עַמּוּד פָּנָס (ז)
Bank (Park-)	safsal	סַפְסָל (ז)

Polizist (m)	ſoter	שׁוֹטֵר (ז)
Polizei (f)	miſtara	מִשְׁטָרָה (נ)
Bettler (m)	kabtsan	קַבְּצָן (ז)
Obdachlose (m)	χasar 'bayit	חֲסַר בַּיִת (ז)

79. Innerstädtische Einrichtungen

Laden (m)	χanut	חֲנוּת (נ)
Apotheke (f)	beit mir'kaχat	בֵּית מִרְקַחַת (ז)
Optik (f)	χanut miſka'fayim	חֲנוּת מִשְׁקָפַיִם (נ)
Einkaufszentrum (n)	kanyon	קַנְיוֹן (ז)
Supermarkt (m)	super'market	סוּפֶּרְמַרְקֶט (ז)

Bäckerei (f)	ma'afiya	מַאֲפִייָה (נ)
Bäcker (m)	ofe	אוֹפֶה (ז)
Konditorei (f)	χanut mamtakim	חֲנוּת מַמְתַּקִּים (נ)
Lebensmittelladen (m)	ma'kolet	מַכּוֹלֶת (נ)
Metzgerei (f)	itliz	אִטְלִיז (ז)

| Gemüseladen (m) | χanut perot viyerakot | חֲנוּת פֵּירוֹת וִירָקוֹת (נ) |
| Markt (m) | ſuk | שׁוּק (ז) |

Kaffeehaus (n)	beit kafe	בֵּית קָפֶה (ז)
Restaurant (n)	mis'ada	מִסְעָדָה (נ)
Bierstube (f)	pab	פָּאבּ (ז)
Pizzeria (f)	pi'tseriya	פִּיצֶרִייָה (נ)

Friseursalon (m)	mispara	מִסְפָּרָה (נ)
Post (f)	'do'ar	דוֹאַר (ז)
chemische Reinigung (f)	nikui yaveſ	נִיקּוּי יָבֵשׁ (ז)
Fotostudio (n)	'studyo letsilum	סְטוּדִיוֹ לְצִילוּם (ז)

| Schuhgeschäft (n) | χanut na'a'layim | חֲנוּת נַעֲלַיִים (נ) |
| Buchhandlung (f) | χanut sfarim | חֲנוּת סְפָרִים (נ) |

Sportgeschäft (n)	χanut sport	חֲנוּת סְפּוֹרְט (נ)
Kleiderreparatur (f)	χanut tikun bgadim	חֲנוּת תִּיקּוּן בְּגָדִים (נ)
Bekleidungsverleih (m)	χanut haskarat bgadim	חֲנוּת הַשְׁכָּרַת בְּגָדִים (נ)
Videothek (f)	χanut haʃalat sratim	חֲנוּת הַשְׁאָלַת סְרָטִים (נ)

Zirkus (m)	kirkas	קִרְקָס (ז)
Zoo (m)	gan hayot	גַּן חַיּוֹת (ז)
Kino (n)	kol'no'a	קוֹלְנוֹעַ (ז)
Museum (n)	muze'on	מוּזֵיאוֹן (ז)
Bibliothek (f)	sifriya	סְפְרִייָה (נ)

Theater (n)	te'atron	תִּיאַטְרוֹן (ז)
Opernhaus (n)	beit 'opera	בֵּית אוֹפֶּרָה (ז)
Nachtklub (m)	mo'adon 'laila	מוֹעֲדוֹן לַיְלָה (ז)
Kasino (n)	ka'zino	קָזִינוֹ (ז)

Moschee (f)	misgad	מִסְגָּד (ז)
Synagoge (f)	beit 'kneset	בֵּית כְּנֶסֶת (ז)
Kathedrale (f)	kated'rala	קָתֶדְרָלָה (נ)
Tempel (m)	mikdaʃ	מִקְדָּשׁ (ז)
Kirche (f)	knesiya	כְּנֵסִייָה (נ)

Institut (n)	miχlala	מִכְלָלָה (נ)
Universität (f)	uni'versita	אוּנִיבֶּרְסִיטָה (נ)
Schule (f)	beit 'sefer	בֵּית סֵפֶר (ז)

Präfektur (f)	maχoz	מָחוֹז (ז)
Rathaus (n)	iriya	עִירִייָה (נ)
Hotel (n)	beit malon	בֵּית מָלוֹן (ז)
Bank (f)	bank	בַּנְק (ז)

Botschaft (f)	ʃagrirut	שַׁגְרִירוּת (נ)
Reisebüro (n)	soχnut nesi'ot	סוֹכְנוּת נְסִיעוֹת (נ)
Informationsbüro (n)	modi'in	מוֹדִיעִין (ז)
Wechselstube (f)	misrad hamarat mat'be'a	מִשְׂרַד הֲמָרַת מַטְבֵּעַ (ז)

| U-Bahn (f) | ra'kevet taχtit | כַּבֶּת תַּחְתִּית (נ) |
| Krankenhaus (n) | beit χolim | בֵּית חוֹלִים (ז) |

| Tankstelle (f) | taχanat 'delek | תַּחֲנַת דֶּלֶק (נ) |
| Parkplatz (m) | migraʃ χanaya | מִגְרַשׁ חֲנָיָה (ז) |

80. Schilder

Firmenschild (n)	'ʃelet	שֶׁלֶט (ז)
Aufschrift (f)	moda'a	מוֹדָעָה (נ)
Plakat (n)	'poster	פּוֹסְטֶר (ז)
Wegweiser (m)	tamrur	תַּמְרוּר (ז)
Pfeil (m)	χets	חֵץ (ז)

Vorsicht (f)	azhara	אַזְהָרָה (נ)
Warnung (f)	'ʃelet azhara	שֶׁלֶט אַזְהָרָה (ז)
warnen (vt)	lehazhir	לְהַזְהִיר
freier Tag (m)	yom 'χofeʃ	יוֹם חוֹפֶשׁ (ז)

| Fahrplan (m) | 'luaχ zmanim | לוּחַ זְמַנִּים (ז) |
| Öffnungszeiten (pl) | ʃa'ot avoda | שְׁעוֹת עֲבוֹדָה (נ"ר) |

HERZLICH WILLKOMMEN!	bruχim haba'im!	בְּרוּכִים הַבָּאִים!
EINGANG	knisa	כְּנִיסָה
AUSGANG	yetsi'a	יְצִיאָה

DRÜCKEN	dχof	דְּחוֹף
ZIEHEN	mʃoχ	מְשׁוֹךְ
GEÖFFNET	pa'tuaχ	פָּתוּחַ
GESCHLOSSEN	sagur	סָגוּר

| DAMEN, FRAUEN | lenaʃim | לְנָשִׁים |
| HERREN, MÄNNER | legvarim | לִגְבָרִים |

AUSVERKAUF	hanaχot	הֲנָחוֹת
REDUZIERT	mivtsa	מִבְצָע
NEU!	χadaʃ!	חָדָשׁ!
GRATIS	χinam	חִינָם

ACHTUNG!	sim lev!	שִׂים לֵב!
ZIMMER BELEGT	ein makom panui	אֵין מָקוֹם פָּנוּי
RESERVIERT	ʃamur	שָׁמוּר

| VERWALTUNG | hanhala | הַנְהָלָה |
| NUR FÜR PERSONAL | le'ovdim bilvad | לְעוֹבְדִים בִּלְבַד |

VORSICHT BISSIGER HUND	zehirut 'kelev noʃeχ!	זְהִירוּת, כֶּלֶב נוֹשֵׁךְ!
RAUCHEN VERBOTEN!	asur le'aʃen!	אָסוּר לְעַשֵׁן!
BITTE NICHT BERÜHREN	lo lagaat!	לֹא לָגַעַת!

GEFÄHRLICH	mesukan	מְסוּכָּן
VORSICHT!	sakana	סַכָּנָה
HOCHSPANNUNG	'metaχ ga'voha	מֶתַח גָבוֹהַ
BADEN VERBOTEN	haraχatsa asura!	הָרַחֲצָה אֲסוּרָה!
AUßER BETRIEB	lo oved	לֹא עוֹבֵד

LEICHTENTZÜNDLICH	dalik	דָּלִיק
VERBOTEN	asur	אָסוּר
DURCHGANG VERBOTEN	asur la'avor	אָסוּר לַעֲבוֹר
FRISCH GESTRICHEN	'tseva laχ	צֶבַע לַח

81. Innerstädtischer Transport

Bus (m)	'otobus	אוֹטוֹבּוּס (ז)
Straßenbahn (f)	ra'kevet kala	רַכֶּבֶת קַלָה (נ)
Obus (m)	tro'leibus	טְרוֹלֵיבּוּס (ז)
Linie (f)	maslul	מַסְלוּל (ז)
Nummer (f)	mispar	מִסְפָּר (ז)

mit ... fahren	lin'so'a be...	לִנְסוֹעַ בְּ...
einsteigen (vi)	la'alot	לַעֲלוֹת
aussteigen (aus dem Bus)	la'redet mi...	לָרֶדֶת מ...

Haltestelle (f)	taxana	תַּחֲנָה (נ)
nächste Haltestelle (f)	hataxana haba'a	הַתַּחֲנָה הַבָּאָה (נ)
Endhaltestelle (f)	hataxana ha'axrona	הַתַּחֲנָה הָאַחֲרוֹנָה (נ)
Fahrplan (m)	'luax zmanim	לוּחַ זְמַנִים (ז)
warten (vi, vt)	lehamtin	לְהַמְתִּין
Fahrkarte (f)	kartis	כַּרְטִיס (ז)
Fahrpreis (m)	mexir hanesiya	מְחִיר הַנְּסִיעָה (ז)
Kassierer (m)	kupai	קוּפַּאי (ז)
Fahrkartenkontrolle (f)	bi'koret kartisim	בִּיקוֹרֶת כַּרְטִיסִים (נ)
Fahrkartenkontrolleur (m)	mevaker	מְבַקֵּר (ז)
sich verspäten	le'axer	לְאַחֵר
versäumen (Zug usw.)	lefasfes	לְפַסְפֵס
sich beeilen	lemaher	לְמַהֵר
Taxi (n)	monit	מוֹנִית (נ)
Taxifahrer (m)	nahag monit	נֶהָג מוֹנִית (ז)
mit dem Taxi	bemonit	בְּמוֹנִית
Taxistand (m)	taxanat moniyot	תַּחֲנַת מוֹנִיוֹת (נ)
ein Taxi rufen	lehazmin monit	לְהַזְמִין מוֹנִית
ein Taxi nehmen	la'kaxat monit	לָקַחַת מוֹנִית
Straßenverkehr (m)	tnu'a	תְּנוּעָה (נ)
Stau (m)	pkak	פְּקָק (ז)
Hauptverkehrszeit (f)	ʃa'ot 'omes	שְׁעוֹת עוֹמֶס (נ"ר)
parken (vi)	laxanot	לַחֲנוֹת
parken (vt)	lehaxnot	לְהַחְנוֹת
Parkplatz (m)	xanaya	חֲנָיָה (נ)
U-Bahn (f)	ra'kevet taxtit	רַכֶּבֶת תַּחְתִּית (נ)
Station (f)	taxana	תַּחֲנָה (נ)
mit der U-Bahn fahren	lin'so'a betaxtit	לִנְסוֹעַ בְּתַחְתִּית
Zug (m)	ra'kevet	רַכֶּבֶת (נ)
Bahnhof (m)	taxanat ra'kevet	תַּחֲנַת רַכֶּבֶת (נ)

82. Sehenswürdigkeiten

Denkmal (n)	an'darta	אַנְדַּרְטָה (נ)
Festung (f)	mivtsar	מִבְצָר (ז)
Palast (m)	armon	אַרְמוֹן (ז)
Schloss (n)	tira	טִירָה (נ)
Turm (m)	migdal	מִגְדָּל (ז)
Mausoleum (n)	ma'uzo'le'um	מָאוֹזוֹלֵיאוּם (ז)
Architektur (f)	adrixalut	אַדְרִיכָלוּת (נ)
mittelalterlich	benaimi	בֵּינַיימִי
alt (antik)	atik	עַתִּיק
national	le'umi	לְאוֹמִי
berühmt	mefursam	מְפוֹרְסָם
Tourist (m)	tayar	תַּיָּיר (ז)
Fremdenführer (m)	madrix tiyulim	מַדְרִיךְ טִיּוּלִים (ז)

Ausflug (m)	tiyul	טִיּוּל (ז)
zeigen (vt)	lehar'ot	לְהַרְאוֹת
erzählen (vt)	lesaper	לְסַפֵּר

finden (vt)	limtso	לִמְצוֹא
sich verlieren	la'leχet le'ibud	לָלֶכֶת לְאִיבּוּד
Karte (U-Bahn ~)	mapa	מַפָּה (נ)
Karte (Stadt-)	tarʃim	תַרְשִׁים (ז)

Souvenir (n)	maz'keret	מַזְכֶּרֶת (נ)
Souvenirladen (m)	χanut matanot	חֲנוּת מַתָּנוֹת (נ)
fotografieren (vt)	leʦalem	לְצַלֵּם
sich fotografieren	lehiʦtalem	לְהִצְטַלֵּם

83. Shopping

kaufen (vt)	liknot	לִקְנוֹת
Einkauf (m)	kniya	קְנִיָּה (נ)
einkaufen gehen	la'leχet lekniyot	לָלֶכֶת לִקְנִיּוֹת
Einkaufen (n)	ariχat kniyot	עֲרִיכַת קְנִיּוֹת (נ)

offen sein (Laden)	pa'tuaχ	פָּתוּחַ
zu sein	sagur	סָגוּר

Schuhe (pl)	na'a'layim	נַעֲלַיִם (נ"ר)
Kleidung (f)	bgadim	בְּגָדִים (ז"ר)
Kosmetik (f)	tamrukim	תַמְרוּקִים (ז"ר)
Lebensmittel (pl)	muʦrei mazon	מוּצְרֵי מָזוֹן (ז"ר)
Geschenk (n)	matana	מַתָּנָה (נ)

Verkäufer (m)	moχer	מוֹכֵר (ז)
Verkäuferin (f)	mo'χeret	מוֹכֶרֶת (נ)

Kasse (f)	kupa	קוּפָּה (נ)
Spiegel (m)	mar'a	מַרְאָה (נ)
Ladentisch (m)	duχan	דוּכָן (ז)
Umkleidekabine (f)	'χeder halbaʃa	חֶדֶר הַלְבָּשָׁה (ז)

anprobieren (vt)	limdod	לִמְדוֹד
passen (Schuhe, Kleid)	lehat'im	לְהַתְאִים
gefallen (vi)	limtso χen be'ei'nayim	לִמְצוֹא חֵן בְּעֵינַיִם

Preis (m)	meχir	מְחִיר (ז)
Preisschild (n)	tag meχir	תַג מְחִיר (ז)
kosten (vt)	la'alot	לַעֲלוֹת
Wie viel?	'kama?	כַּמָּה?
Rabatt (m)	hanaχa	הֲנָחָה (נ)

preiswert	lo yakar	לֹא יָקָר
billig	zol	זוֹל
teuer	yakar	יָקָר
Das ist teuer	ze yakar	זֶה יָקָר
Verleih (m)	haskara	הַשְׂכָּרָה (נ)
leihen, mieten (ein Auto usw.)	liskor	לִשְׂכּוֹר

| Kredit (m), Darlehen (n) | aʃrai | אַשְׁרַאי (ז) |
| auf Kredit | be'aʃrai | בְּאַשְׁרַאי |

84. Geld

Geld (n)	'kesef	כֶּסֶף (ז)
Austausch (m)	hamara	הָמָרָה (נ)
Kurs (m)	'ʃa'ar χalifin	שַׁעַר חֲלִיפִין (ז)
Geldautomat (m)	kaspomat	כַּסְפּוֹמָט (ז)
Münze (f)	mat'be'a	מַטְבֵּעַ (ז)

| Dollar (m) | 'dolar | דּוֹלָר (ז) |
| Euro (m) | 'eiro | אֵירוֹ (ז) |

Lira (f)	'lira	לִירָה (נ)
Mark (f)	mark germani	מַרְק גֶּרְמָנִי (ז)
Franken (m)	frank	פְרַנְק (ז)
Pfund Sterling (n)	'lira 'sterling	לִירָה שְׁטֶרְלִינְג (נ)
Yen (m)	yen	יֶן (ז)

Schulden (pl)	χov	חוֹב (ז)
Schuldner (m)	'ba'al χov	בַּעַל חוֹב (ז)
leihen (vt)	lehalvot	לְהַלְווֹת
leihen, borgen (Geld usw.)	lilvot	לִלְווֹת

Bank (f)	bank	בַּנְק (ז)
Konto (n)	χeʃbon	חֶשְׁבּוֹן (ז)
einzahlen (vt)	lehafkid	לְהַפְקִיד
auf ein Konto einzahlen	lehafkid leχeʃbon	לְהַפְקִיד לְחֶשְׁבּוֹן
abheben (vt)	limʃoχ meχeʃbon	לִמְשׁוֹךְ מֵחֶשְׁבּוֹן

Kreditkarte (f)	kartis aʃrai	כַּרְטִיס אַשְׁרַאי (ז)
Bargeld (n)	mezuman	מְזוּמָן
Scheck (m)	tʃek	צֶ׳ק (ז)
einen Scheck schreiben	liχtov tʃek	לִכְתּוֹב צֶ׳ק
Scheckbuch (n)	pinkas 'tʃekim	פִּנְקָס צֶ׳קִים (ז)

Geldtasche (f)	arnak	אַרְנָק (ז)
Geldbeutel (m)	arnak lematbe''ot	אַרְנָק לְמַטְבְּעוֹת (ז)
Safe (m)	ka'sefet	כַּסֶּפֶת (נ)

Erbe (m)	yoreʃ	יוֹרֵשׁ (ז)
Erbschaft (f)	yeruʃa	יְרוּשָׁה (נ)
Vermögen (n)	'oʃer	עוֹשֶׁר (ז)

Pacht (f)	χoze sχirut	חוֹזֶה שְׂכִירוּת (ז)
Miete (f)	sχar dira	שְׂכַר דִּירָה (ז)
mieten (vt)	liskor	לִשְׂכּוֹר

Preis (m)	meχir	מְחִיר (ז)
Kosten (pl)	alut	עֲלוּת (נ)
Summe (f)	sχum	סְכוּם (ז)
ausgeben (vt)	lehotsi	לְהוֹצִיא
Ausgaben (pl)	hotsa'ot	הוֹצָאוֹת (נ״ר)

sparen (vt)	laχasoχ	לַחֲסוֹך
sparsam	χesχoni	חֶסְכוֹנִי
zahlen (vt)	leʃalem	לְשַׁלֵם
Lohn (m)	taʃlum	תַּשְׁלוּם (ז)
Wechselgeld (n)	'odef	עוֹדֶף (ז)
Steuer (f)	mas	מַס (ז)
Geldstrafe (f)	knas	קְנָס (ז)
bestrafen (vt)	liknos	לִקְנוֹס

85. Post. Postdienst

Post (Postamt)	'do'ar	דוֹאַר (ז)
Post (Postsendungen)	'do'ar	דוֹאַר (ז)
Briefträger (m)	davar	דַּוָּר (ז)
Öffnungszeiten (pl)	ʃa'ot avoda	שְׁעוֹת עֲבוֹדָה (נ"ר)
Brief (m)	miχtav	מִכְתָּב (ז)
Einschreibebrief (m)	miχtav raʃum	מִכְתָּב רָשׁוּם (ז)
Postkarte (f)	gluya	גְּלוּיָה (נ)
Telegramm (n)	mivrak	מִבְרָק (ז)
Postpaket (n)	χavila	חֲבִילָה (נ)
Geldanweisung (f)	ha'avarat ksafim	הַעֲבָרַת כְּסָפִים (נ)
bekommen (vt)	lekabel	לְקַבֵּל
abschicken (vt)	liʃ'loaχ	לִשְׁלוֹחַ
Absendung (f)	ʃliχa	שְׁלִיחָה (נ)
Postanschrift (f)	'ktovet	כְּתוֹבֶת (נ)
Postleitzahl (f)	mikud	מִיקוּד (ז)
Absender (m)	ʃo'leaχ	שׁוֹלֵחַ (ז)
Empfänger (m)	nim'an	נִמְעָן (ז)
Vorname (m)	ʃem prati	שֵׁם פְּרָטִי (ז)
Nachname (m)	ʃem miʃpaχa	שֵׁם מִשְׁפָּחָה (ז)
Tarif (m)	ta'arif	תַּעֲרִיף (ז)
Standard- (Tarif)	ragil	רָגִיל
Spar- (-tarif)	χesχoni	חֶסְכוֹנִי
Gewicht (n)	miʃkal	מִשְׁקָל (ז)
abwiegen (vt)	liʃkol	לִשְׁקוֹל
Briefumschlag (m)	ma'atafa	מַעֲטָפָה (נ)
Briefmarke (f)	bul 'do'ar	בּוּל דוֹאַר (ז)
Briefmarke aufkleben	lehadbik bul	לְהַדְבִּיק בּוּל

Wohnung. Haus. Zuhause

86. Haus. Wohnen

Haus (n)	'bayit	בַּיִת (ז)
zu Hause	ba'bayit	בַּבַּיִת
Hof (m)	xatser	חָצֵר (נ)
Zaun (m)	gader	גָּדֵר (נ)

Ziegel (m)	levena	לְבֵנָה (נ)
Ziegel-	milevenim	מִלְבֵנִים
Stein (m)	'even	אֶבֶן (נ)
Stein-	me"even	מֵאֶבֶן
Beton (m)	beton	בֶּטוֹן (ז)
Beton-	mibeton	מִבֶּטוֹן

neu	xadaʃ	חָדָש
alt	yaʃan	יָשֵׁן
baufällig	balui	בָּלוּי
modern	mo'derni	מוֹדֶרְנִי
mehrstöckig	rav komot	רַב-קוֹמוֹת
hoch	ga'voha	גָבוֹהַ

Stock (m)	'koma	קוֹמָה (נ)
einstöckig	xad komati	חַד-קוֹמָתִי

Erdgeschoß (n)	komat 'karka	קוֹמַת קַרְקַע (נ)
oberster Stock (m)	hakoma ha'elyona	הַקוֹמָה הָעֶלְיוֹנָה (נ)

Dach (n)	gag	גַג (ז)
Schlot (m)	aruba	אֲרוּבָּה (נ)

Dachziegel (m)	'ra'af	רַעַף (ז)
Dachziegel-	mere'afim	מֵרְעָפִים
Dachboden (m)	aliyat gag	עֲלִיַת גַג (נ)

Fenster (n)	xalon	חַלוֹן (ז)
Glas (n)	zxuxit	זְכוּכִית (נ)

Fensterbrett (n)	'eden xalon	אֶדֶן חַלוֹן (ז)
Fensterläden (pl)	trisim	תְרִיסִים (ז"ר)

Wand (f)	kir	קִיר (ז)
Balkon (m)	mir'peset	מִרְפֶּסֶת (נ)
Regenfallrohr (n)	marzev	מַרְזֵב (ז)

nach oben	le'mala	לְמַעְלָה
hinaufgehen (vi)	la'alot bemadregot	לַעֲלוֹת בְּמַדְרֵגוֹת
herabsteigen (vi)	la'redet bemadregot	לָרֶדֶת בְּמַדְרֵגוֹת
umziehen (vi)	la'avor	לַעֲבוֹר

87. Haus. Eingang. Lift

Eingang (m)	knisa	כְּנִיסָה (נ)
Treppe (f)	madregot	מַדְרֵגוֹת (נ"ר)
Stufen (pl)	madregot	מַדְרֵגוֹת (נ"ר)
Geländer (n)	ma'ake	מַעֲקֶה (ז)
Halle (f)	'lobi	לוֹבִּי (ז)

Briefkasten (m)	teivat 'do'ar	תֵּיבַת דּוֹאַר (נ)
Müllkasten (m)	paχ 'zevel	פַּח זֶבֶל (ז)
Müllschlucker (m)	merik aʃpa	מֵרִיק אַשְׁפָּה (ז)

Aufzug (m)	ma'alit	מַעֲלִית (נ)
Lastenaufzug (m)	ma'alit masa	מַעֲלִית מַשָּׂא (נ)
Aufzugkabine (f)	ta ma'alit	תָּא מַעֲלִית (ז)
Aufzug nehmen	lin'so'a bema'alit	לִנְסוֹעַ בְּמַעֲלִית

Wohnung (f)	dira	דִּירָה (נ)
Mieter (pl)	dayarim	דַּיָּירִים (ז"ר)
Nachbar (m)	ʃaχen	שָׁכֵן (ז)
Nachbarin (f)	ʃχena	שְׁכֵנָה (נ)
Nachbarn (pl)	ʃχenim	שְׁכֵנִים (ז"ר)

88. Haus. Elektrizität

Elektrizität (f)	χaʃmal	חַשְׁמַל (ז)
Glühbirne (f)	nura	נוּרָה (נ)
Schalter (m)	'meteg	מֶתֶג (ז)
Sicherung (f)	natiχ	נָתִיךְ (ז)

Draht (m)	χut	חוּט (ז)
Leitung (f)	χivut	חִיווּט (ז)
Stromzähler (m)	mone χaʃmal	מוֹנֶה חַשְׁמַל (ז)
Zählerstand (m)	kri'a	קְרִיאָה (נ)

89. Haus. Türen. Schlösser

Tür (f)	'delet	דֶּלֶת (נ)
Tor (der Villa usw.)	'ʃa'ar	שַׁעַר (ז)
Griff (m)	yadit	יָדִית (נ)
aufschließen (vt)	lif'toaχ	לִפְתּוֹחַ
öffnen (vt)	lif'toaχ	לִפְתּוֹחַ
schließen (vt)	lisgor	לִסְגּוֹר

Schlüssel (m)	maf'teaχ	מַפְתֵּחַ (ז)
Bündel (n)	tsror mafteχot	צְרוֹר מַפְתְּחוֹת (ז)
knarren (vi)	laχarok	לַחֲרוֹק
Knarren (n)	χarika	חֲרִיקָה (נ)
Türscharnier (n)	tsir	צִיר (ז)
Fußmatte (f)	ʃtiχon	שְׁטִיחוֹן (ז)
Schloss (n)	man'ul	מַנְעוּל (ז)

Schlüsselloch (n)	χor haman'ul	חֹר הַמַּנְעוּל (ז)
Türriegel (m)	'briaχ	בְּרִיחַ (ז)
kleiner Türriegel (m)	'briaχ	בְּרִיחַ (ז)
Vorhängeschloss (n)	man'ul	מַנְעוּל (ז)

klingeln (vi)	letsaltsel	לְצַלְצֵל
Klingel (Laut)	tsiltsul	צִלְצוּל (ז)
Türklingel (f)	pa'amon	פַּעֲמוֹן (ז)
Knopf (m)	kaftor	כַּפְתּוֹר (ז)
Klopfen (n)	hakaʃa	הַקָּשָׁה (נ)
anklopfen (vi)	lehakiʃ	לְהַקִּישׁ

Code (m)	kod	קוֹד (ז)
Zahlenschloss (n)	man'ul kod	מַנְעוּל קוֹד (ז)
Sprechanlage (f)	'interkom	אִינְטֶרְקוֹם (ז)
Nummer (f)	mispar	מִסְפָּר (ז)
Türschild (n)	luχit	לוּחִית (נ)
Türspion (m)	einit	עֵינִית (נ)

90. Landhaus

Dorf (n)	kfar	כְּפָר (ז)
Gemüsegarten (m)	gan yarak	גַּן יָרָק (ז)
Zaun (m)	gader	גָּדֵר (נ)
Lattenzaun (m)	gader yetedot	גָּדֵר יְתֵדוֹת (נ)
Zauntür (f)	piʃpaʃ	פִּשְׁפָּשׁ (ז)

Speicher (m)	asam	אָסָם (ז)
Keller (m)	martef	מַרְתֵּף (ז)
Schuppen (m)	maχsan	מַחְסָן (ז)
Brunnen (m)	be'er	בְּאֵר (נ)

Ofen (m)	aχ	אָח (נ)
heizen (Ofen ~)	lehasik et ha'aχ	לְהַסִּיק אֶת הָאָח
Holz (n)	atsei hasaka	עֲצֵי הַסָּקָה (ז"ר)
Holzscheit (n)	bul ets	בּוּל עֵץ (ז)

Veranda (f)	mir'peset mekora	מִרְפֶּסֶת מְקוֹרָה (נ)
Terrasse (f)	mir'peset	מִרְפֶּסֶת (נ)
Außentreppe (f)	madregot ba'petaχ 'bayit	מַדְרֵגוֹת בְּפֶתַח בַּיִת (נ"ר)
Schaukel (f)	nadneda	נַדְנֵדָה (נ)

91. Villa. Schloss

Landhaus (n)	'bayit bakfar	בַּיִת בַּכְּפָר (ז)
Villa (f)	'vila	וִילָה (נ)
Flügel (m)	agaf	אָגָף (ז)

Garten (m)	gan	גַּן (ז)
Park (m)	park	פַּארְק (ז)
Orangerie (f)	χamama	חֲמָמָה (נ)
pflegen (Garten usw.)	legadel	לְגַדֵּל

Schwimmbad (n)	breχat sχiya	בְּרֵיכַת שְׂחִיָּה (נ)
Kraftraum (m)	'χeder 'koʃer	חֶדֶר כּוֹשֶׁר (ז)
Tennisplatz (m)	migraʃ 'tenis	מִגְרַשׁ טֶנִיס (ז)
Heimkinoraum (m)	'χeder hakrana beiti	חֶדֶר הַקְרָנָה בֵּיתִי (ז)
Garage (f)	musaχ	מוּסָךְ (ז)

| Privateigentum (n) | reχuʃ prati | רְכוּשׁ פְּרָטִי (ז) |
| Privatgrundstück (n) | 'ʃetaχ prati | שֶׁטַח פְּרָטִי (ז) |

| Warnung (f) | azhara | אַזְהָרָה (נ) |
| Warnschild (n) | 'ʃelet azhara | שֶׁלֶט אַזְהָרָה (ז) |

Bewachung (f)	avtaχa	אַבְטָחָה (נ)
Wächter (m)	ʃomer	שׁוֹמֵר (ז)
Alarmanlage (f)	ma'a'reχet az'aka	מַעֲרֶכֶת אַזְעָקָה (נ)

92. Burg. Palast

Schloss (n)	tira	טִירָה (נ)
Palast (m)	armon	אַרְמוֹן (ז)
Festung (f)	mivtsar	מִבְצָר (ז)

Mauer (f)	χoma	חוֹמָה (נ)
Turm (m)	migdal	מִגְדָּל (ז)
Bergfried (m)	migdal merkazi	מִגְדָּל מֶרְכָּזִי (ז)

Fallgatter (n)	'ʃa'ar anaχi	שַׁעַר אֲנָכִי (ז)
Tunnel (n)	ma'avar tat karka'i	מַעֲבָר תַּת־קַרְקָעִי (ז)
Graben (m)	χafir	חָפִיר (ז)
Kette (f)	ʃal'ʃelet	שַׁלְשֶׁלֶת (נ)
Schießscharte (f)	eʃnav 'yeri	אֶשְׁנָב יֶרִי (ז)

großartig, prächtig	mefo'ar	מְפֹאָר
majestätisch	malχuti	מַלְכוּתִי
unnahbar	'bilti χadir	בִּלְתִּי חָדִיר
mittelalterlich	benaimi	בֵּינַיְימִי

93. Wohnung

Wohnung (f)	dira	דִּירָה (נ)
Zimmer (n)	'χeder	חֶדֶר (ז)
Schlafzimmer (n)	χadar ʃena	חֲדַר שֵׁינָה (ז)
Esszimmer (n)	pinat 'oχel	פִּינַת אוֹכֶל (נ)
Wohnzimmer (n)	salon	סָלוֹן (ז)
Arbeitszimmer (n)	χadar avoda	חֲדַר עֲבוֹדָה (ז)
Vorzimmer (n)	prozdor	פְּרוֹזְדוֹר (ז)
Badezimmer (n)	χadar am'batya	חֲדַר אַמְבַּטְיָה (ז)
Toilette (f)	ʃerutim	שֵׁירוּתִים (ז"ר)

Decke (f)	tikra	תִּקְרָה (נ)
Fußboden (m)	ritspa	רִצְפָּה (נ)
Ecke (f)	pina	פִּינָה (נ)

94. Wohnung. Saubermachen

aufräumen (vt)	lenakot	לְנַקּוֹת
weglegen (vt)	lefanot	לְפַנּוֹת
Staub (m)	avak	אָבָק (ז)
staubig	me'ubak	מְאוּבָּק
Staub abwischen	lenakot avak	לְנַקּוֹת אָבָק
Staubsauger (m)	ʃo'ev avak	שׁוֹאֵב אָבָק (ז)
Staub saugen	liʃ'ov avak	לִשְׁאוֹב אָבָק
kehren, fegen (vt)	letate	לְטַאטֵא
Kehricht (m, n)	'psolet ti'tu	פְּסוֹלֶת טִאטוּא (נ)
Ordnung (f)	'seder	סֵדֶר (ז)
Unordnung (f)	i 'seder	אִי סֵדֶר (ז)
Schrubber (m)	magev im smartut	מַגֵּב עִם סְמַרְטוּט (ז)
Lappen (m)	smartut avak	סְמַרְטוּט אָבָק (ז)
Besen (m)	mat'ate katan	מַטְאֲטֵא קָטָן (ז)
Kehrichtschaufel (f)	ya'e	יָעֶה (ז)

95. Möbel. Innenausstattung

Möbel (n)	rehitim	רָהִיטִים (ז"ר)
Tisch (m)	ʃulχan	שׁוּלְחָן (ז)
Stuhl (m)	kise	כִּסֵּא (ז)
Bett (n)	mita	מִיטָה (נ)
Sofa (n)	sapa	סַפָּה (נ)
Sessel (m)	kursa	כּוּרְסָה (נ)
Bücherschrank (m)	aron sfarim	אֲרוֹן סְפָרִים (ז)
Regal (n)	madaf	מַדָּף (ז)
Schrank (m)	aron bgadim	אֲרוֹן בְּגָדִים (ז)
Hakenleiste (f)	mitle	מִתְלֶה (ז)
Kleiderständer (m)	mitle	מִתְלֶה (ז)
Kommode (f)	ʃida	שִׁידָה (נ)
Couchtisch (m)	ʃulχan itonim	שׁוּלְחָן עִיתּוֹנִים (ז)
Spiegel (m)	mar'a	מַרְאָה (נ)
Teppich (m)	ʃa'tiaχ	שָׁטִיחַ (ז)
Matte (kleiner Teppich)	ʃa'tiaχ	שָׁטִיחַ (ז)
Kamin (m)	aχ	אָח (נ)
Kerze (f)	ner	נֵר (ז)
Kerzenleuchter (m)	pamot	פָּמוֹט (ז)
Vorhänge (pl)	vilonot	וִילוֹנוֹת (ז"ר)
Tapete (f)	tapet	טַפֵּט (ז)
Jalousie (f)	trisim	תְּרִיסִים (ז"ר)
Tischlampe (f)	menorat ʃulχan	מְנוֹרַת שׁוּלְחָן (נ)
Leuchte (f)	menorat kir	מְנוֹרַת קִיר (נ)

Stehlampe (f)	menora o'medet	מְנוֹרָה עוֹמֶדֶת (נ)
Kronleuchter (m)	niv'reſet	נִבְרֶשֶׁת (נ)

Bein (Tischbein usw.)	'regel	רֶגֶל (נ)
Armlehne (f)	miſ"enet yad	מִשְׁעֶנֶת יָד (נ)
Lehne (f)	miſ"enet	מִשְׁעֶנֶת (נ)
Schublade (f)	megera	מְגֵירָה (נ)

96. Bettwäsche

Bettwäsche (f)	matsa'im	מַצָּעִים (ז"ר)
Kissen (n)	karit	כָּרִית (נ)
Kissenbezug (m)	tsipit	צִיפִּית (נ)
Bettdecke (f)	smixa	שְׂמִיכָה (נ)
Laken (n)	sadin	סָדִין (ז)
Tagesdecke (f)	kisui mita	כִּיסוּי מִיטָה (ז)

97. Küche

Küche (f)	mitbax	מִטְבָּח (ז)
Gas (n)	gaz	גָּז (ז)
Gasherd (m)	tanur gaz	תַּנּוּר גָּז (ז)
Elektroherd (m)	tanur xaſmali	תַּנּוּר חַשְׁמַלִי (ז)
Backofen (m)	tanur afiya	תַּנּוּר אֲפִיָּה (ז)
Mikrowellenherd (m)	mikrogal	מִיקְרוֹגַל (ז)

Kühlschrank (m)	mekarer	מְקָרֵר (ז)
Tiefkühltruhe (f)	makpi	מַקְפִּיא (ז)
Geschirrspülmaschine (f)	me'diax kelim	מֵדִיחַ כֵּלִים (ז)

Fleischwolf (m)	matxenat basar	מַטְחֲנַת בָּשָׂר (נ)
Saftpresse (f)	masxeta	מַסְחֵטָה (נ)
Toaster (m)	'toster	טוֹסְטֵר (ז)
Mixer (m)	'mikser	מִיקְסֵר (ז)

Kaffeemaschine (f)	mexonat kafe	מְכוֹנַת קָפֶה (נ)
Kaffeekanne (f)	findʒan	פִינְגַ'אן (ז)
Kaffeemühle (f)	matxenat kafe	מַטְחֲנַת קָפֶה (נ)

Wasserkessel (m)	kumkum	קוּמְקוּם (ז)
Teekanne (f)	kumkum	קוּמְקוּם (ז)
Deckel (m)	mixse	מִכְסֶה (ז)
Teesieb (n)	mis'nenet te	מְסַנֶּנֶת תֵּה (נ)

Löffel (m)	kaf	כַּף (נ)
Teelöffel (m)	kapit	כַּפִּית (נ)
Esslöffel (m)	kaf	כַּף (נ)
Gabel (f)	mazleg	מַזְלֵג (ז)
Messer (n)	sakin	סַכִּין (ז, נ)

Geschirr (n)	kelim	כֵּלִים (ז"ר)
Teller (m)	tsa'laxat	צַלַּחַת (נ)

Untertasse (f)	taχtit	תַּחְתִּית (נ)
Schnapsglas (n)	kosit	כּוֹסִית (נ)
Glas (n)	kos	כּוֹס (נ)
Tasse (f)	'sefel	סֵפֶל (ז)

Zuckerdose (f)	mis'keret	מִסְכֶּרֶת (נ)
Salzstreuer (m)	milχiya	מִלְחִיָּה (נ)
Pfefferstreuer (m)	pilpeliya	פִּלְפְּלִיָּה (נ)
Butterdose (f)	maχame'a	מַחְמָאָה (נ)

Kochtopf (m)	sir	סִיר (ז)
Pfanne (f)	maχvat	מַחְבַת (נ)
Schöpflöffel (m)	tarvad	תַּרְוָד (ז)
Durchschlag (m)	mis'nenet	מִסְנֶנֶת (נ)
Tablett (n)	magaʃ	מַגָּשׁ (ז)

Flasche (f)	bakbuk	בַּקְבּוּק (ז)
Glas (Einmachglas)	tsin'tsenet	צִנְצֶנֶת (נ)
Dose (f)	paχit	פַּחִית (נ)

Flaschenöffner (m)	potχan bakbukim	פּוֹתְחָן בַּקְבּוּקִים (ז)
Dosenöffner (m)	potχan kufsa'ot	פּוֹתְחָן קוּפְסָאוֹת (ז)
Korkenzieher (m)	maχlets	מַחְלֵץ (ז)
Filter (n)	'filter	פִילְטֶר (ז)
filtern (vt)	lesanen	לְסַנֵּן

| Müll (m) | 'zevel | זֶבֶל (ז) |
| Mülleimer, Treteimer (m) | paχ 'zevel | פַּח זֶבֶל (ז) |

98. Bad

Badezimmer (n)	χadar am'batya	חֲדַר אַמְבַּטְיָה (ז)
Wasser (n)	'mayim	מַיִם (ז"ר)
Wasserhahn (m)	'berez	בֶּרֶז (ז)
Warmwasser (n)	'mayim χamim	מַיִם חַמִּים (ז"ר)
Kaltwasser (n)	'mayim karim	מַיִם קָרִים (ז"ר)

Zahnpasta (f)	miʃχat ʃi'nayim	מִשְׁחַת שִׁנַּיִים (נ)
Zähne putzen	letsaχ'tseaχ ʃi'nayim	לְצַחְצַח שִׁנַּיִים
Zahnbürste (f)	miv'reʃet ʃi'nayim	מִבְרֶשֶׁת שִׁנַּיִים (נ)

sich rasieren	lehitga'leaχ	לְהִתְגַּלֵּחַ
Rasierschaum (m)	'ketsef gi'luaχ	קֶצֶף גִּילּוּחַ (ז)
Rasierer (m)	'ta'ar	תַּעַר (ז)

waschen (vt)	liʃtof	לִשְׁטוֹף
sich waschen	lehitraχets	לְהִתְרַחֵץ
Dusche (f)	mik'laχat	מִקְלַחַת (נ)
sich duschen	lehitka'leaχ	לְהִתְקַלֵּחַ

Badewanne (f)	am'batya	אַמְבַּטְיָה (נ)
Klosettbecken (n)	asla	אַסְלָה (נ)
Waschbecken (n)	kiyor	כִּיּוֹר (ז)
Seife (f)	sabon	סַבּוֹן (ז)

Seifenschale (f)	saboniya	סָבּוֹנִיָּה (נ)
Schwamm (m)	sfog 'lifa	סְפוֹג לִיפָה (ז)
Shampoo (n)	ʃampu	שַׁמְפּוּ (ז)
Handtuch (n)	ma'gevet	מַגֶּבֶת (נ)
Bademantel (m)	χaluk raχatsa	חָלוּק רַחְצָה (ז)

Wäsche (f)	kvisa	כְּבִיסָה (נ)
Waschmaschine (f)	meχonat kvisa	מְכוֹנַת כְּבִיסָה (נ)
waschen (vt)	leχabes	לְכַבֵּס
Waschpulver (n)	avkat kvisa	אַבְקַת כְּבִיסָה (נ)

99. Haushaltsgeräte

Fernseher (m)	tele'vizya	טֶלֶוִיזִיָּה (נ)
Tonbandgerät (n)	teip	טֵייפּ (ז)
Videorekorder (m)	maχʃir 'vide'o	מַכְשִׁיר וִידֵאוֹ (ז)
Empfänger (m)	'radyo	רַדְיוֹ (ז)
Player (m)	nagan	נָגָן (ז)

Videoprojektor (m)	makren	מַקְרֵן (ז)
Heimkino (n)	kol'no'a beiti	קוֹלְנוֹעַ בֵּיתִי (ז)
DVD-Player (m)	nagan dividi	נְגַן DVD (ז)
Verstärker (m)	magber	מַגְבֵּר (ז)
Spielkonsole (f)	maχʃir plei'steiʃen	מַכְשִׁיר פְּלֵייסְטֵיישֶׁן (ז)

Videokamera (f)	matslemat 'vide'o	מַצְלֵמַת וִידֵאוֹ (נ)
Kamera (f)	matslema	מַצְלֵמָה (נ)
Digitalkamera (f)	matslema digi'talit	מַצְלֵמָה דִיגִיטָלִית (נ)

Staubsauger (m)	ʃo'ev avak	שׁוֹאֵב אָבָק (ז)
Bügeleisen (n)	maghets	מַגְהֵץ (ז)
Bügelbrett (n)	'kereʃ gihuts	קֶרֶשׁ גִיהוּץ (ז)

Telefon (n)	'telefon	טֶלֶפוֹן (ז)
Mobiltelefon (n)	'telefon nayad	טֶלֶפוֹן נַיָיד (ז)
Schreibmaschine (f)	meχonat ktiva	מְכוֹנַת כְּתִיבָה (נ)
Nähmaschine (f)	meχonat tfira	מְכוֹנַת תְּפִירָה (נ)

Mikrophon (n)	mikrofon	מִיקְרוֹפוֹן (ז)
Kopfhörer (m)	ozniyot	אוֹזְנִיּוֹת (נ"ר)
Fernbedienung (f)	'ʃelet	שֶׁלֶט (ז)

CD (f)	taklitor	תַקְלִיטוֹר (ז)
Kassette (f)	ka'letet	קַלֶטֶת (נ)
Schallplatte (f)	taklit	תַקְלִיט (ז)

100. Reparaturen. Renovierung

Renovierung (f)	ʃiputs	שִׁיפּוּץ (ז)
renovieren (vt)	leʃapets	לְשַׁפֵּץ
reparieren (vt)	letaken	לְתַקֵן
in Ordnung bringen	lesader	לְסַדֵר

noch einmal machen	la'asot meχadaʃ	לַעֲשׂוֹת מֵחָדָשׁ
Farbe (f)	'tseva	צֶבַע (ז)
streichen (vt)	lits'bo'a	לִצְבּוֹעַ
Anstreicher (m)	tsaba'i	צַבְּעִי (ז)
Pinsel (m)	mikχol	מִכְחוֹל (ז)

Kalkfarbe (f)	sid	סִיד (ז)
weißen (vt)	lesayed	לְסַיֵּיד

Tapete (f)	tapet	טַפֶּט (ז)
tapezieren (vt)	lehadbik ta'petim	לְהַדְבִּיק טַפֶּטִים
Lack (z.B. Parkettlack)	'laka	לַכָּה (נ)
lackieren (vt)	lim'roaχ 'laka	לִמְרוֹחַ לַכָּה

101. Rohrleitungen

Wasser (n)	'mayim	מַיִם (ז״ר)
Warmwasser (n)	'mayim χamim	מַיִם חַמִּים (ז״ר)
Kaltwasser (n)	'mayim karim	מַיִם קָרִים (ז״ר)
Wasserhahn (m)	'berez	בֶּרֶז (ז)

Tropfen (m)	tipa	טִיפָּה (נ)
tropfen (vi)	letaftef	לְטַפְטֵף
durchsickern (vi)	lidlof	לִדְלוֹף
Leck (n)	dlifa	דְּלִיפָה (נ)
Lache (f)	ʃlulit	שְׁלוּלִית (נ)

Rohr (n)	tsinor	צִינוֹר (ז)
Ventil (n)	'berez	בֶּרֶז (ז)
sich verstopfen	lehisatem	לְהִיסָּתֵם

Werkzeuge (pl)	klei avoda	כְּלֵי עֲבוֹדָה (ז״ר)
Engländer (m)	maf'teaχ mitkavnen	מַפְתֵּחַ מִתְכַּוְונֵן (ז)
abdrehen (vt)	lif'toaχ	לִפְתּוֹחַ
zudrehen (vt)	lehavrig	לְהַבְרִיג

reinigen (Rohre ~)	lif'toaχ et hastima	לִפְתּוֹחַ אֶת הַסְתִימָה
Klempner (m)	ʃravrav	שַׁרְבְּרָב (ז)
Keller (m)	martef	מַרְתֵּף (ז)
Kanalisation (f)	biyuv	בִּיוּב (ז)

102. Feuer. Brand

Feuer (n)	srefa	שְׂרֵיפָה (נ)
Flamme (f)	lehava	לֶהָבָה (נ)
Funke (m)	nitsots	נִיצוֹץ (ז)
Rauch (m)	aʃan	עָשָׁן (ז)
Fackel (f)	lapid	לַפִּיד (ז)
Lagerfeuer (n)	medura	מְדוּרָה (נ)

Benzin (n)	'delek	דֶּלֶק (ז)
Kerosin (n)	kerosin	קֵרוֹסִין (ז)

brennbar	dalik	דָּלִיק
explosiv	nafits	נָפִיץ
RAUCHEN VERBOTEN!	asur le'aʃen!	אָסוּר לְעַשֵּׁן!

Sicherheit (f)	betixut	בְּטִיחוּת (נ)
Gefahr (f)	sakana	סַכָּנָה (נ)
gefährlich	mesukan	מְסוּכָּן

sich entflammen	lehidalek	לְהִידָּלֵק
Explosion (f)	pitsuts	פִּיצוּץ (ז)
in Brand stecken	lehatsit	לְהַצִּית
Brandstifter (m)	matsit	מַצִּית (ז)
Brandstiftung (f)	hatsata	הַצָּתָה (נ)

flammen (vi)	liv'or	לִבְעוֹר
brennen (vi)	la'alot be'eʃ	לַעֲלוֹת בָּאֵשׁ
verbrennen (vi)	lehisaref	לְהִישָׂרֵף

die Feuerwehr rufen	lehazmin mexabei eʃ	לְהַזְמִין מְכַבֵּי אֵשׁ
Feuerwehrmann (m)	kabai	כַּבַּאי (ז)
Feuerwehrauto (n)	'rexev kibui	רֶכֶב כִּיבּוּי (ז)
Feuerwehr (f)	mexabei eʃ	מְכַבֵּי אֵשׁ (ז"ר)
Drehleiter (f)	sulam kaba'im	סוּלָם כַּבָּאִים (ז)

Feuerwehrschlauch (m)	zarnuk	זַרְנוּק (ז)
Feuerlöscher (m)	mataf	מַטָּף (ז)
Helm (m)	kasda	קַסְדָּה (נ)
Sirene (f)	tsofar	צוֹפָר (ז)

schreien (vi)	lits'ok	לִצְעוֹק
um Hilfe rufen	likro le'ezra	לִקְרוֹא לְעֶזְרָה
Retter (m)	matsil	מַצִּיל (ז)
retten (vt)	lehatsil	לְהַצִּיל

ankommen (vi)	leha'gi'a	לְהַגִּיעַ
löschen (vt)	lexabot	לְכַבּוֹת
Wasser (n)	'mayim	מַיִם (ז"ר)
Sand (m)	xol	חוֹל (ז)

Trümmer (pl)	xoravot	חוֹרָבוֹת (נ"ר)
zusammenbrechen (vi)	likros	לִקְרוֹס
einfallen (vi)	likros	לִקְרוֹס
einstürzen (Decke)	lehitmotet	לְהִתְמוֹטֵט

| Bruchstück (n) | pisat xoravot | פִּיסַת חוֹרָבוֹת (נ) |
| Asche (f) | 'efer | אֵפֶר (ז) |

| ersticken (vi) | lehixanek | לְהֵיחָנֵק |
| ums Leben kommen | lehihareg | לְהֵיהָרֵג |

AKTIVITÄTEN DES MENSCHEN

Beruf. Geschäft. Teil 1

103. Büro. Arbeiten im Büro

Büro (Firmensitz)	misrad	מִשְׂרָד (ז)
Büro (~ des Direktors)	misrad	מִשְׂרָד (ז)
Rezeption (f)	kabala	קַבָּלָה (נ)
Sekretär (m)	mazkir	מַזְכִּיר (ז)
Sekretärin (f)	mazkira	מַזְכִּירָה (נ)
Direktor (m)	menahel	מְנַהֵל (ז)
Manager (m)	menahel	מְנַהֵל (ז)
Buchhalter (m)	menahel χeʃbonot	מְנַהֵל חֶשְׁבּוֹנוֹת (ז)
Mitarbeiter (m)	oved	עוֹבֵד (ז)
Möbel (n)	rehitim	רָהִיטִים (ז"ר)
Tisch (m)	ʃulχan	שׁוּלְחָן (ז)
Schreibtischstuhl (m)	kursa	כּוּרְסָה (נ)
Rollcontainer (m)	ʃidat megerot	שִׁידַת מְגֵירוֹת (נ)
Kleiderständer (m)	mitle	מִתְלֶה (ז)
Computer (m)	maχʃev	מַחְשֵׁב (ז)
Drucker (m)	mad'peset	מַדְפֶּסֶת (נ)
Fax (n)	faks	פַקְס (ז)
Kopierer (m)	meχonat tsilum	מְכוֹנַת צִילוּם (נ)
Papier (n)	neyar	נְיָיר (ז)
Büromaterial (n)	tsiyud misradi	צִיוּד מִשְׂרָדִי (ז)
Mousepad (n)	ʃa'tiaχ le'aχbar	שְׁטִיחַ לְעַכְבָּר (ז)
Blatt (n) Papier	daf	דַף (ז)
Ordner (m)	klaser	קְלָסֵר (ז)
Katalog (m)	katalog	קָטָלוֹג (ז)
Adressbuch (n)	madriχ 'telefon	מַדְרִיךְ טֶלֶפוֹן (ז)
Dokumentation (f)	ti'ud	תִּיעוּד (ז)
Broschüre (f)	χo'veret	חוֹבֶרֶת (נ)
Flugblatt (n)	alon	עָלוֹן (ז)
Muster (n)	dugma	דוּגְמָה (נ)
Training (n)	yeʃivat hadraχa	יְשִׁיבַת הַדְרָכָה (נ)
Meeting (n)	yeʃiva	יְשִׁיבָה (נ)
Mittagspause (f)	hafsakat tsaha'rayim	הַפְסָקַת צָהֳרַיִים (נ)
eine Kopie machen	letsalem mismaχ	לְצַלֵם מִסְמָךְ
vervielfältigen (vt)	lehaχin mispar otakim	לְהָכִין מִסְפַּר עוֹתָקִים
ein Fax bekommen	lekabel faks	לְקַבֵּל פַקְס
ein Fax senden	liʃ'loaχ faks	לִשְׁלוֹחַ פַקְס

anrufen (vt)	lehitkaʃer	לְהִתְקַשֵׁר
antworten (vi)	la'anot	לַעֲנוֹת
verbinden (vt)	lekaʃer	לְקַשֵׁר

ausmachen (vt)	lik'bo'a pgiʃa	לִקְבּוֹעַ פְּגִישָׁה
demonstrieren (vt)	lehadgim	לְהַדְגִּים
fehlen (am Arbeitsplatz ~)	lehe'ader	לְהֵיעָדֵר
Abwesenheit (f)	he'adrut	הֵיעָדְרוּת (נ)

104. Geschäftsabläufe. Teil 1

Geschäft (n) (z.B. ~ in Wolle)	'esek	עֵסֶק (ז)
Angelegenheit (f)	isuk	עִיסוּק (ז)
Firma (f)	xevra	חֶבְרָה (נ)
Gesellschaft (f)	xevra	חֶבְרָה (נ)
Konzern (m)	ta'agid	תַּאֲגִיד (ז)
Unternehmen (n)	'esek	עֵסֶק (ז)
Agentur (f)	soxnut	סוֹכְנוּת (נ)

Vereinbarung (f)	heskem	הֶסְכֵּם (ז)
Vertrag (m)	xoze	חוֹזֶה (ז)
Geschäft (Transaktion)	iska	עִסְקָה (נ)
Auftrag (Bestellung)	hazmana	הַזְמָנָה (נ)
Bedingung (f)	tnai	תְּנַאי (ז)

en gros (im Großen)	besitonut	בְּסִיטוֹנוּת
Großhandels-	sitona'i	סִיטוֹנָאִי
Großhandel (m)	sitonut	סִיטוֹנוּת (נ)
Einzelhandels-	kim'oni	קִמְעוֹנִי
Einzelhandel (m)	kim'onut	קִמְעוֹנוּת (נ)

Konkurrent (m)	mitxare	מִתְחָרֶה (ז)
Konkurrenz (f)	taxarut	תַּחֲרוּת (נ)
konkurrieren (vi)	lehitxarot	לְהִתְחָרוֹת

| Partner (m) | ʃutaf | שׁוּתָף (ז) |
| Partnerschaft (f) | ʃutafa | שׁוּתָפוּת (נ) |

Krise (f)	maʃber	מַשְׁבֵּר (ז)
Bankrott (m)	pʃitat 'regel	פְּשִׁיטַת רֶגֶל (נ)
Bankrott machen	liʃʃot 'regel	לִפְשׁוֹט רֶגֶל
Schwierigkeit (f)	'koʃi	קוֹשִׁי (ז)
Problem (n)	be'aya	בְּעָיָה (נ)
Katastrophe (f)	ason	אָסוֹן (ז)

Wirtschaft (f)	kalkala	כַּלְכָּלָה (נ)
wirtschaftlich	kalkali	כַּלְכָּלִי
Rezession (f)	mitun kalkali	מִיתוּן כַּלְכָּלִי (ז)

| Ziel (n) | matara | מַטָּרָה (נ) |
| Aufgabe (f) | mesima | מְשִׂימָה (נ) |

| handeln (Handel treiben) | lisxor | לִסְחוֹר |
| Netz (Verkaufs-) | 'reʃet | רֶשֶׁת (נ) |

| Lager (n) | maxsan | מַחְסָן (ז) |
| Sortiment (n) | mivxar | מִבְחָר (ז) |

führende Unternehmen (n)	manhig	מַנְהִיג (ז)
groß (-e Firma)	gadol	גָּדוֹל
Monopol (n)	'monopol	מוֹנוֹפּוֹל (ז)

Theorie (f)	te"orya	תֵּיאוֹרְיָה (נ)
Praxis (f)	'praktika	פְּרַקְטִיקָה (נ)
Erfahrung (f)	nisayon	נִיסָיוֹן (ז)
Tendenz (f)	megama	מְגַמָּה (נ)
Entwicklung (f)	pi'tuax	פִּיתּוּחַ (ז)

105. Geschäftsabläufe. Teil 2

| Vorteil (m) | 'revax | רֶווַח (ז) |
| vorteilhaft | rivxi | רִווְחִי |

Delegation (f)	mifilaxat	מִשְׁלַחַת (נ)
Lohn (m)	mas'koret	מַשְׂכּוֹרֶת (נ)
korrigieren (vt)	letaken	לְתַקֵּן
Dienstreise (f)	nesi'a batafkid	נְסִיעָה בַּתַּפְקִיד (נ)
Kommission (f)	amla	עַמְלָה (נ)

kontrollieren (vt)	lifilot	לִשְׁלוֹט
Konferenz (f)	kinus	כִּינּוּס (ז)
Lizenz (f)	rifayon	רִישָׁיוֹן (ז)
zuverlässig	amin	אָמִין

Initiative (f)	yozma	יוֹזְמָה (נ)
Norm (f)	'norma	נוֹרְמָה (נ)
Umstand (m)	nesibot	נְסִיבּוֹת (נ"ר)
Pflicht (f)	xova	חוֹבָה (נ)

Unternehmen (n)	irgun	אִרְגּוּן (ז)
Organisation (Prozess)	hit'argenut	הִתְאַרְגְּנוּת (נ)
organisiert (Adj)	me'urgan	מְאוּרְגָּן
Abschaffung (f)	bitul	בִּיטּוּל (ז)
abschaffen (vt)	levatel	לְבַטֵּל
Bericht (m)	dox	דוֹחַ (ז)

Patent (n)	patent	פָּטֶנְט (ז)
patentieren (vt)	lirfom patent	לִרְשׁוֹם פָּטֶנְט
planen (vt)	letaxnen	לְתַכְנֵן

Prämie (f)	'bonus	בּוֹנוּס (ז)
professionell	miktso'i	מִקְצוֹעִי
Prozedur (f)	'nohal	נוֹהַל (ז)

prüfen (Vertrag ~)	livxon	לִבְחוֹן
Berechnung (f)	xifuv	חִישׁוּב (ז)
Ruf (m)	monitin	מוֹנִיטִין (ז"ר)
Risiko (n)	sikun	סִיכּוּן (ז)
leiten (vt)	lenahel	לְנַהֵל

Informationen (pl)	meida	מֵידָע (ז)
Eigentum (n)	ba'alut	בַּעֲלוּת (נ)
Bund (m)	igud	אִיגוּד (ז)

Lebensversicherung (f)	bi'tuaχ χayim	בִּיטוּחַ חַיִּים (ז)
versichern (vt)	leva'teaχ	לְבַטֵּחַ
Versicherung (f)	bi'tuaχ	בִּיטוּחַ (ז)

Auktion (f)	meχira 'pombit	מְכִירָה פּוּמְבִּית (נ)
benachrichtigen (vt)	leho'dia	לְהוֹדִיעַ
Verwaltung (f)	nihul	נִיהוּל (ז)
Dienst (m)	ʃirut	שֵׁירוּת (ז)

Forum (n)	'forum	פוֹרוּם (ז)
funktionieren (vi)	letafked	לְתַפְקֵד
Etappe (f)	ʃalav	שְׁלָב (ז)
juristisch	miʃpati	מִשְׁפָּטִי
Jurist (m)	oreχ din	עוֹרֵךְ דִּין (ז)

106. Fertigung. Arbeiten

Werk (n)	mif'al	מִפְעָל (ז)
Fabrik (f)	beit χa'roʃet	בֵּית חֲרוֹשֶׁת (ז)
Werkstatt (f)	agaf	אֲגַף (ז)
Betrieb (m)	mif'al	מִפְעָל (ז)

Industrie (f)	ta'asiya	תַּעֲשִׂיָּה (נ)
Industrie-	ta'asiyati	תַּעֲשִׂיָּתִי
Schwerindustrie (f)	ta'asiya kveda	תַּעֲשִׂיָּה כְּבֵדָה (נ)
Leichtindustrie (f)	ta'asiya kala	תַּעֲשִׂיָּה קַלָּה (נ)

Produktion (f)	to'tseret	תּוֹצֶרֶת (נ)
produzieren (vt)	leyatser	לְיַצֵּר
Rohstoff (m)	'χomer 'gelem	חוֹמֶר גֶּלֶם (ז)

Vorarbeiter (m), Meister (m)	menahel avoda	מְנַהֵל עֲבוֹדָה (ז)
Arbeitsteam (n)	'tsevet ovdim	צֶוֶות עוֹבְדִים (ז)
Arbeiter (m)	po'el	פּוֹעֵל (ז)

Arbeitstag (m)	yom avoda	יוֹם עֲבוֹדָה (ז)
Pause (f)	hafsaka	הַפְסָקָה (נ)
Versammlung (f)	yeʃiva	יְשִׁיבָה (נ)
besprechen (vt)	ladun	לָדוּן

Plan (m)	toχnit	תּוֹכְנִית (נ)
den Plan erfüllen	leva'tse'a et hatoχnit	לְבַצֵּעַ אֶת הַתּוֹכְנִית
Arbeitsertrag (m)	'ketsev tfuka	קֶצֶב תְּפוּקָה (ז)
Qualität (f)	eiχut	אֵיכוּת (נ)
Prüfung, Kontrolle (f)	bakara	בַּקָּרָה (נ)
Gütekontrolle (f)	bakarat eiχut	בַּקָּרַת אֵיכוּת (נ)

Arbeitsplatzsicherheit (f)	betiχut beavoda	בְּטִיחוּת בַּעֲבוֹדָה (נ)
Disziplin (f)	miʃma'at	מִשְׁמַעַת (נ)
Übertretung (f)	hafara	הַפָרָה (נ)

übertreten (vt)	lehafer	לְהָפֵר
Streik (m)	ſvita	שְׁבִיתָה (נ)
Streikender (m)	ſovet	שׁוֹבֵת (ז)
streiken (vi)	liſbot	לִשְׁבּוֹת
Gewerkschaft (f)	igud ovdim	אִיגּוּד עוֹבְדִים (ז)

erfinden (vt)	lehamtsi	לְהַמְצִיא
Erfindung (f)	hamtsa'a	הַמְצָאָה (נ)
Erforschung (f)	meχkar	חֵקֶר (ז)
verbessern (vt)	leſaper	לְשַׁפֵּר
Technologie (f)	teχno'logya	טֶכְנוֹלוֹגְיָה (נ)
technische Zeichnung (f)	sirtut	שִׂרְטוּט (ז)

Ladung (f)	mit'an	מִטְעָן (ז)
Ladearbeiter (m)	sabal	סַבָּל (ז)
laden (vt)	leha'amis	לְהַעֲמִיס
Beladung (f)	ha'amasa	הַעֲמָסָה (נ)
entladen (vt)	lifrok mit'an	לִפְרוֹק מִטְעָן
Entladung (f)	prika	פְּרִיקָה (נ)

Transport (m)	hovala	הוֹבָלָה (נ)
Transportunternehmen (n)	χevrat hovala	חֶבְרַת הוֹבָלָה (נ)
transportieren (vt)	lehovil	לְהוֹבִיל

Güterwagen (m)	karon	קָרוֹן (ז)
Zisterne (f)	meχalit	מֵיכָלִית (נ)
Lastkraftwagen (m)	masa'it	מַשָּׂאִית (נ)

| Werkzeugmaschine (f) | meχonat ibud | מְכוֹנַת עִיבּוּד (נ) |
| Mechanismus (m) | manganon | מַנְגָּנוֹן (ז) |

Industrieabfälle (pl)	'psolet ta'asiyatit	פְּסוֹלֶת תַּעֲשִׂייָתִית (נ)
Verpacken (n)	ariza	אֲרִיזָה (נ)
verpacken (vt)	le'eroz	לֶאֱרוֹז

107. Vertrag. Zustimmung

Vertrag (m), Auftrag (m)	χoze	חוֹזֶה (ז)
Vereinbarung (f)	heskem	הֶסְכֵּם (ז)
Anhang (m)	'sefaχ	סֶפַח (ז)

einen Vertrag abschließen	la'aroχ heskem	לַעֲרוֹךְ הֶסְכֵּם
Unterschrift (f)	χatima	חֲתִימָה (נ)
unterschreiben (vt)	laχtom	לַחְתּוֹם
Stempel (m)	χo'temet	חוֹתֶמֶת (נ)

Vertragsgegenstand (m)	nose haχoze	נוֹשֵׂא הַחוֹזֶה (ז)
Punkt (m)	se'if	סָעִיף (ז)
Parteien (pl)	tsdadim	צְדָדִים (ז"ר)
rechtmäßige Anschrift (f)	'ktovet miſpatit	כְּתוֹבֶת מִשְׁפָּטִית (נ)

Vertrag brechen	lehafer χoze	לְהָפֵר חוֹזֶה
Verpflichtung (f)	hitχaivut	הִתְחַייְבוּת (נ)
Verantwortlichkeit (f)	aχrayut	אַחְרָיוּת (נ)

Force majeure (f)	'koaχ elyon	כּוֹחַ עֶלְיוֹן (ז)
Streit (m)	vi'kuaχ	וִיכּוּחַ (ז)
Strafsanktionen (pl)	itsumim	עִיצוּמִים (ז"ר)

108. Import & Export

Import (m)	ye'vu'a	יְבוּא (ז)
Importeur (m)	yevu'an	יְבוּאָן (ז)
importieren (vt)	leyabe	לְיַבֵּא
Import-	meyuba	מְיוּבָּא

Export (m)	yitsu	יִיצוּא (ז)
Exporteur (m)	yetsu'an	יְצוּאָן (ז)
exportieren (vt)	leyatse	לְיַיצֵא
Export-	ʃel yitsu	שֶׁל יִיצוּא

| Waren (pl) | sχora | סְחוֹרָה (נ) |
| Partie (f), Ladung (f) | miʃ'loaχ | מִשְׁלוֹחַ (ז) |

Gewicht (n)	miʃkal	מִשְׁקָל (ז)
Volumen (n)	'nefaχ	נֶפַח (ז)
Kubikmeter (m)	'meter me'ukav	מֶטֶר מְעוּקָב (ז)

Hersteller (m)	yatsran	יַצְרָן (ז)
Transportunternehmen (n)	χevrat hovala	חֶבְרַת הוֹבָלָה (נ)
Container (m)	meχula	מְכוּלָה (נ)

Grenze (f)	gvul	גְּבוּל (ז)
Zollamt (n)	'meχes	מֶכֶס (ז)
Zoll (m)	mas 'meχes	מַס מֶכֶס (ז)
Zollbeamter (m)	pakid 'meχes	פָּקִיד מֶכֶס (ז)
Schmuggel (m)	havraχa	הַבְרָחָה (נ)
Schmuggelware (f)	sχora muv'reχet	סְחוֹרָה מוּבְרַחַת (נ)

109. Finanzen

Aktie (f)	menaya	מְנָיָה (נ)
Obligation (f)	i'geret χov	אִיגֶּרֶת חוֹב (נ)
Wechsel (m)	ʃtar χalifin	שְׁטַר חֲלִיפִין (ז)

| Börse (f) | 'bursa | בּוּרְסָה (נ) |
| Aktienkurs (m) | meχir hamenaya | מְחִיר הַמְּנָיָה (ז) |

| billiger werden | la'redet bemeχir | לָרֶדֶת בְּמָחִיר |
| teuer werden | lehityaker | לְהִתְיַיקֵּר |

| Anteil (m) | menaya | מְנָיָה (נ) |
| Mehrheitsbeteiligung (f) | ʃlita | שְׁלִיטָה (נ) |

Investitionen (pl)	haʃka'ot	הַשְׁקָעוֹת (נ"ר)
investieren (vt)	lehaʃ'ki'a	לְהַשְׁקִיעַ
Prozent (n)	aχuz	אָחוּז (ז)

Zinsen (pl)	ribit	רִיבִּית (נ)
Gewinn (m)	'revax	רֶוַוח (ז)
gewinnbringend	rivxi	רִווחִי
Steuer (f)	mas	מַס (ז)

Währung (f)	mat'be'a	מַטבֵּע (ז)
Landes-	le'umi	לְאוּמִי
Geldumtausch (m)	hamara	הָמָרָה (נ)

| Buchhalter (m) | ro'e xeʃbon | רוֹאֵה חֶשבּוֹן (ז) |
| Buchhaltung (f) | hanhalat xeʃbonot | הַנהָלַת חֶשבּוֹנוֹת (נ) |

Bankrott (m)	pʃitat 'regel	פּשִיטַת רֶגֶל (נ)
Zusammenbruch (m)	krisa	קרִיסָה (נ)
Pleite (f)	pʃitat 'regel	פּשִיטַת רֶגֶל (נ)
pleite gehen	liffot 'regel	לִפשוֹט רֶגֶל
Inflation (f)	inf'latsya	אִינפלַצִיָה (נ)
Abwertung (f)	pixut	פִּיחוּת (ז)

Kapital (n)	hon	הוֹן (ז)
Einkommen (n)	haxnasa	הַכנָסָה (נ)
Umsatz (m)	maxzor	מַחזוֹר (ז)
Mittel (Reserven)	maʃabim	מַשאַבִּים (ז"ר)
Geldmittel (pl)	emtsa'im kaspiyim	אֶמצָעִים כַּספִּיִים (ז"ר)
Gemeinkosten (pl)	hotsa'ot	הוֹצָאוֹת (נ"ר)
reduzieren (vt)	letsamtsem	לְצַמצֵם

110. Marketing

Marketing (n)	ʃivuk	שִיוּוּק (ז)
Markt (m)	ʃuk	שוּק (ז)
Marktsegment (n)	'pelax ʃuk	פֶּלַח שוּק (ז)
Produkt (n)	mutsar	מוּצָר (ז)
Waren (pl)	sxora	סחוֹרָה (נ)

Schutzmarke (f)	mutag	מוּתָג (ז)
Handelsmarke (f)	'semel misxari	סֵמֶל מִסחָרִי (ז)
Firmenzeichen (n)	'semel haxevra	סֵמֶל הַחֶברָה (ז)
Logo (n)	'logo	לוֹגוֹ (ז)

Nachfrage (f)	bikuʃ	בִּיקוּש (ז)
Angebot (n)	he'tse'a	הֶיצֵעַ (ז)
Bedürfnis (n)	'tsorex	צוֹרֶך (ז)
Verbraucher (m)	tsarxan	צַרכָן (ז)

| Analyse (f) | ni'tuax | נִיתוּחַ (ז) |
| analysieren (vt) | lena'teax | לְנַתֵחַ |

| Positionierung (f) | mitsuv | מִיצוּב (ז) |
| positionieren (vt) | lematsev | לְמַצֵב |

Preis (m)	mexir	מְחִיר (ז)
Preispolitik (f)	mediniyut timxur	מְדִינִיוּת תִמחוּר (נ)
Preisbildung (f)	hamxara	הַמחָרָה (נ)

111. Werbung

Werbung (f)	pirsum	פִּרְסוּם (ז)
werben (vt)	lefarsem	לְפַרְסֵם
Budget (n)	taktsiv	תַּקְצִיב (ז)
Werbeanzeige (f)	pir'somet	פִּרְסוֹמֶת (נ)
Fernsehwerbung (f)	pir'somet tele'vizya	פִּרְסוֹמֶת טֶלֶוִוִיזְיָה (נ)
Radiowerbung (f)	pir'somet 'radyo	פִּרְסוֹמֶת רַדְיוֹ (נ)
Außenwerbung (f)	pirsum χutsot	פִּרְסוּם חוּצוֹת (ז)
Massenmedien (pl)	emtsa'ei tik'foret hamonim	אֶמְצָעֵי תִקְשוֹרֶת הָמוֹנִים (ז"ר)
Zeitschrift (f)	ktav et	כְּתַב עֵת (ז)
Image (n)	tadmit	תַּדְמִית (נ)
Losung (f)	sisma	סִיסְמָה (נ)
Motto (n)	'moto	מוֹטוֹ (ז)
Kampagne (f)	masa	מַסָּע (ז)
Werbekampagne (f)	masa pirsum	מַסָּע פִּרְסוּם (ז)
Zielgruppe (f)	oχlusiyat 'ya'ad	אוֹכְלוּסִיַית יַעַד (נ)
Visitenkarte (f)	kartis bikur	כַּרְטִיס בִּיקוּר (ז)
Flugblatt (n)	alon	עָלוֹן (ז)
Broschüre (f)	χo'veret	חוֹבֶרֶת (נ)
Faltblatt (n)	alon	עָלוֹן (ז)
Informationsblatt (n)	alon meida	עָלוֹן מֵידָע (ז)
Firmenschild (n)	'felet	שֶׁלֶט (ז)
Plakat (n)	'poster	פּוֹסְטֶר (ז)
Werbeschild (n)	'luaχ pirsum	לוּחַ פִּרְסוּם (ז)

112. Bankgeschäft

Bank (f)	bank	בַּנְק (ז)
Filiale (f)	snif	סָנִיף (ז)
Berater (m)	yo'ets	יוֹעֵץ (ז)
Leiter (m)	menahel	מְנַהֵל (ז)
Konto (n)	χefbon	חֶשְׁבּוֹן (ז)
Kontonummer (f)	mispar χefbon	מִסְפַּר חֶשְׁבּוֹן (ז)
Kontokorrent (n)	χefbon over vafav	חֶשְׁבּוֹן עוֹבֵר וָשָׁב (ז)
Sparkonto (n)	χefbon χisaχon	חֶשְׁבּוֹן חִסָכוֹן (ז)
ein Konto eröffnen	lif'toaχ χefbon	לִפְתוֹחַ חֶשְׁבּוֹן
das Konto schließen	lisgor χefbon	לִסְגוֹר חֶשְׁבּוֹן
einzahlen (vt)	lehafkid leχefbon	לְהַפְקִיד לְחֶשְׁבּוֹן
abheben (vt)	limfoχ meχefbon	לִמְשׁוֹךְ מֵחֶשְׁבּוֹן
Einzahlung (f)	pikadon	פִּיקָדוֹן (ז)
eine Einzahlung machen	lehafkid	לְהַפְקִיד
Überweisung (f)	ha'avara banka'it	הַעֲבָרָה בַּנְקָאִית (נ)

überweisen (vt)	leha'avir 'kesef	לְהַעֲבִיר כֶּסֶף
Summe (f)	sχum	סכום (ז)
Wieviel?	'kama?	כַּמָה?

| Unterschrift (f) | χatima | חֲתִימָה (נ) |
| unterschreiben (vt) | laχtom | לַחְתוֹם |

Kreditkarte (f)	kartis aʃrai	כַּרְטִיס אַשְׁרַאי (ז)
Code (m)	kod	קוֹד (ז)
Kreditkartennummer (f)	mispar kartis aʃrai	מִסְפַּר כַּרְטִיס אַשְׁרַאי (ז)
Geldautomat (m)	kaspomat	כַּספוֹמָט (ז)

Scheck (m)	tʃek	צֶ'ק (ז)
einen Scheck schreiben	liχtov tʃek	לִכְתוֹב צֶ'ק
Scheckbuch (n)	pinkas 'tʃekim	פִּנְקַס צֶ'קִים (ז)

Darlehen (m)	halva'a	הַלְוָאָה (נ)
ein Darlehen beantragen	levakeʃ halva'a	לְבַקֵשׁ הַלְוָאָה
ein Darlehen aufnehmen	lekabel halva'a	לְקַבֵּל הַלְוָאָה
ein Darlehen geben	lehalvot	לְהַלְווֹת
Sicherheit (f)	arvut	עַרְבוּת (נ)

113. Telefon. Telefongespräche

Telefon (n)	'telefon	טֶלֶפוֹן (ז)
Mobiltelefon (n)	'telefon nayad	טֶלֶפוֹן נַייָד (ז)
Anrufbeantworter (m)	meʃivon	מְשִׁיבוֹן (ז)

| anrufen (vt) | letsaltsel | לְצַלְצֵל |
| Anruf (m) | siχat 'telefon | שִׂיחַת טֶלֶפוֹן (נ) |

eine Nummer wählen	leχayeg mispar	לְחַייֵג מִסְפָּר
Hallo!	'halo!	הַלוֹ!
fragen (vt)	liʃ'ol	לִשְׁאוֹל
antworten (vi)	la'anot	לַעֲנוֹת
hören (vt)	liʃ'mo'a	לִשְׁמוֹעַ
gut (~ aussehen)	tov	טוֹב
schlecht (Adv)	lo tov	לֹא טוֹב
Störungen (pl)	hafra'ot	הַפְרָעוֹת (נ"ר)

Hörer (m)	ʃfo'feret	שְׁפוֹפֶרֶת (נ)
den Hörer abnehmen	leharim ʃfo'feret	לְהָרִים שְׁפוֹפֶרֶת
auflegen (den Hörer ~)	leha'niaχ ʃfo'feret	לְהַנִיחַ שְׁפוֹפֶרֶת

besetzt	tafus	תָפוּס
läuten (vi)	letsaltsel	לְצַלְצֵל
Telefonbuch (n)	'sefer tele'fonim	סֵפֶר טֶלֶפוֹנִים (ז)

Orts-	mekomi	מְקוֹמִי
Ortsgespräch (n)	siχa mekomit	שִׂיחָה מְקוֹמִית (נ)
Auslands-	benle'umi	בֵּינְלְאוּמִי
Auslandsgespräch (n)	siχa benle'umit	שִׂיחָה בֵּינְלְאוּמִית (נ)
Fern-	bein ironi	בֵּין עִירוֹנִי
Ferngespräch (n)	siχa bein ironit	שִׂיחָה בֵּין עִירוֹנִית (נ)

114. Mobiltelefon

Mobiltelefon (n)	'telefon nayad	טֶלֶפוֹן נַיָּיד (ז)
Display (n)	masaχ	מָסָךְ (ז)
Knopf (m)	kaftor	כַּפְתּוֹר (ז)
SIM-Karte (f)	kartis sim	כַּרְטִיס סִים (ז)

Batterie (f)	solela	סוֹלְלָה (נ)
leer sein (Batterie)	lehitroken	לְהִתְרוֹקֵן
Ladegerät (n)	mit'an	מִטְעָן (ז)

Menü (n)	tafrit	תַּפְרִיט (ז)
Einstellungen (pl)	hagdarot	הַגְדָּרוֹת (נ"ר)
Melodie (f)	mangina	מַנְגִּינָה (נ)
auswählen (vt)	livχor	לִבְחוֹר

Rechner (m)	maχſevon	מַחְשְׁבוֹן (ז)
Anrufbeantworter (m)	ta koli	תָּא קוֹלִי (ז)
Wecker (m)	ſa'on me'orer	שְׁעוֹן מְעוֹרֵר (ז)
Kontakte (pl)	anſei 'keſer	אַנְשֵׁי קֶשֶׁר (ז"ר)

| SMS-Nachricht (f) | misron | מִסְרוֹן (ז) |
| Teilnehmer (m) | manui | מָנוּי (ז) |

115. Bürobedarf

| Kugelschreiber (m) | et kaduri | עֵט כַּדּוּרִי (ז) |
| Federhalter (m) | et no've'a | עֵט נוֹבֵעַ (ז) |

Bleistift (m)	iparon	עִיפָּרוֹן (ז)
Faserschreiber (m)	'marker	מַרְקֵר (ז)
Filzstift (m)	tuſ	טוּשׁ (ז)

| Notizblock (m) | pinkas | פִּנְקָס (ז) |
| Terminkalender (m) | yoman | יוֹמָן (ז) |

Lineal (n)	sargel	סַרְגֵּל (ז)
Rechner (m)	maχſevon	מַחְשְׁבוֹן (ז)
Radiergummi (m)	'maχak	מַחַק (ז)
Reißzwecke (f)	'na'ats	נַעַץ (ז)
Heftklammer (f)	mehadek	מְהַדֵּק (ז)

Klebstoff (m)	'devek	דֶּבֶק (ז)
Hefter (m)	ſadχan	שַׁדְכָן (ז)
Locher (m)	menakev	מְנַקֵּב (ז)
Bleistiftspitzer (m)	maχded	מַחְדֵּד (ז)

116. Verschiedene Dokumente

| Bericht (m) | doχ | דוֹ"ח (ז) |
| Abkommen (n) | heskem | הֶסְכֵּם (ז) |

Anmeldeformular (n)	'tofes bakaʃa	טוֹפֶס בַּקָשָׁה (ז)
Original-	mekori	מְקוֹרִי
Namensschild (n)	tag	תָּג (ז)
Visitenkarte (f)	kartis bikur	פַּרְטִיס בִּיקוּר (ז)

Zertifikat (n)	te'uda	תְעוּדָה (נ)
Scheck (m)	tʃek	צֶ'ק (ז)
Rechnung (im Restaurant)	xeʃbon	חֶשְׁבּוֹן (ז)
Verfassung (f)	xuka	חוּקָה (נ)

Vertrag (m)	xoze	חוֹזֶה (ז)
Kopie (f)	'otek	עוֹתֶק (ז)
Kopie (~ des Vertrages)	'otek	עוֹתֶק (ז)

Zolldeklaration (f)	hatsharat mexes	הַצְהָרַת מֶכֶס (נ)
Dokument (n)	mismax	מִסְמָךְ (ז)
Führerschein (m)	riʃyon nehiga	רִשְׁיוֹן נְהִיגָה (ז)
Anlage (f)	to'sefet	תוֹסֶפֶת (נ)
Fragebogen (m)	'tofes	טוֹפֶס (ז)

Ausweis (m)	te'uda mezaha	תְעוּדָה מְזַהָה (נ)
Anfrage (f)	xakira	חָקִירָה (נ)
Einladungskarte (f)	kartis hazmana	פַּרְטִיס הַזְמָנָה (ז)
Rechnung (von Firma)	xeʃbonit	חֶשְׁבּוֹנִית (נ)

Gesetz (n)	xok	חוֹק (ז)
Brief (m)	mixtav	מִכְתָּב (ז)
Briefbogen (n)	neyar 'logo	נְיָיר לוֹגוֹ (ז)
Liste (schwarze ~)	reʃima	רְשִׁימָה (נ)
Manuskript (n)	ktav yad	כְּתָב יָד (ז)
Informationsblatt (n)	alon meida	עָלוֹן מֵידָע (ז)
Zettel (m)	'petek	פֶּתֶק (ז)

Passierschein (m)	iʃur knisa	אִישׁוּר כְּנִיסָה (ז)
Pass (m)	darkon	דַּרְכּוֹן (ז)
Erlaubnis (f)	riʃayon	רִישָׁיוֹן (ז)
Lebenslauf (m)	korot xayim	קוֹרוֹת חַיִּים (נ"ר)
Schuldschein (m)	ʃtar xov	שְׁטַר חוֹב (ז)
Quittung (f)	kabala	קַבָּלָה (נ)

| Kassenzettel (m) | tʃek | צֶ'ק (ז) |
| Bericht (m) | dox | דוֹח (ז) |

vorzeigen (vt)	lehatsig	לְהַצִיג
unterschreiben (vt)	laxtom	לַחְתּוֹם
Unterschrift (f)	xatima	חָתִימָה (נ)
Stempel (m)	xo'temet	חוֹתֶמֶת (נ)

| Text (m) | tekst | טֶקְסְט (ז) |
| Eintrittskarte (f) | kartis | פַּרְטִיס (ז) |

| streichen (vt) | limxok | לִמְחוֹק |
| ausfüllen (vt) | lemale | לְמַלֵּא |

| Frachtbrief (m) | ʃtar mit'an | שְׁטַר מִטְעָן (ז) |
| Testament (n) | tsava'a | צַוָּאָה (נ) |

117. Geschäftsarten

Buchführung (f)	ʃerutei hanhalat χeʃbonot	שֵׁירוּתֵי הַנְהָלַת חֶשְׁבּוֹנוֹת (ז"ר)
Werbung (f)	pirsum	פֵּרְסוּם (ז)
Werbeagentur (f)	soχnut pirsum	סוֹכְנוּת פֵּרְסוּם (נ)
Klimaanlagen (pl)	mazganim	מַזְגָּנִים (ז"ר)
Fluggesellschaft (f)	χevrat teʻufa	חֶבְרַת תְּעוּפָה (נ)

Spirituosen (pl)	maʃka'ot χarifim	מַשְׁקָאוֹת חֲרִיפִים (נ"ר)
Antiquitäten (pl)	atikot	עַתִּיקוֹת (נ"ר)
Kunstgalerie (f)	ga'lerya le'amanut	גָּלֶרְיָה לְאָמָנוּת (נ)
Rechnungsprüfung (f)	ʃerutei bi'koret χeʃbonot	שֵׁירוּתֵי בִּיקּוֹרֶת חֶשְׁבּוֹנוֹת (ז"ר)

Bankwesen (n)	banka'ut	בַּנְקָאוּת (נ)
Bar (f)	bar	בָּר (ז)
Schönheitssalon (m)	meχon 'yofi	מְכוֹן יוֹפִי (ז)
Buchhandlung (f)	χanut sfarim	חֲנוּת סְפָרִים (נ)
Bierbrauerei (f)	miv'ʃelet 'bira	מִבְשֶׁלֶת בִּירָה (נ)
Bürogebäude (n)	merkaz asakim	מֶרְכַּז עֲסָקִים (ז)
Business-Schule (f)	beit 'sefer leʻasakim	בֵּית סֵפֶר לַעֲסָקִים (ז)

Kasino (n)	ka'zino	קָזִינוֹ (ז)
Bau (m)	bniya	בְּנִיָּה (נ)
Beratung (f)	yi'uts	יִיעוּץ (ז)

Stomatologie (f)	mirpa'at ʃi'nayim	מִרְפְּאַת שִׁינַיִים (נ)
Design (n)	itsuv	עִיצוּב (ז)
Apotheke (f)	beit mir'kaχat	בֵּית מִרְקַחַת (ז)
chemische Reinigung (f)	nikui yaveʃ	נִיקּוּי יָבֵשׁ (ז)
Personalagentur (f)	soχnut 'koaχ adam	סוֹכְנוּת כּוֹחַ אָדָם (נ)

Finanzdienstleistungen (pl)	ʃerutim fi'nansim	שֵׁירוּתִים פִינַנְסִיִּים (ז"ר)
Nahrungsmittel (pl)	mutsrei mazon	מוּצְרֵי מָזוֹן (ז"ר)
Bestattungsinstitut (n)	beit levayot	בֵּית לְוָויוֹת (ז)
Möbel (n)	rehitim	רָהִיטִים (ז"ר)
Kleidung (f)	bgadim	בְּגָדִים (ז"ר)
Hotel (n)	beit malon	בֵּית מָלוֹן (ז)

Eis (n)	'glida	גְּלִידָה (נ)
Industrie (f)	ta'asiya	תַּעֲשִׂיָּה (נ)
Versicherung (f)	bi'tuaχ	בִּיטּוּחַ (ז)
Internet (n)	'internet	אִינְטֶרְנֶט (ז)
Investitionen (pl)	haʃka'ot	הַשְׁקָעוֹת (נ"ר)

Juwelier (m)	tsoref	צוֹרֵף (ז)
Juwelierwaren (pl)	taχʃitim	תַּכְשִׁיטִים (ז"ר)
Wäscherei (f)	miχbasa	מִכְבָּסָה (נ)
Rechtsberatung (f)	yo'ets miʃpati	יוֹעֵץ מִשְׁפָּטִי (ז)
Leichtindustrie (f)	ta'asiya kala	תַּעֲשִׂיָּה קַלָּה (נ)

Zeitschrift (f)	ʒurnal	ז'וּרְנָל (ז)
Versandhandel (m)	meχira be'do'ar	מְכִירָה בְּדוֹאַר (נ)
Medizin (f)	refu'a	רְפוּאָה (נ)
Kino (Filmtheater)	kol'no'a	קוֹלְנוֹעַ (ז)
Museum (n)	muze'on	מוּזֵיאוֹן (ז)

Nachrichtenagentur (f)	soχnut yedi'ot	סוֹכְנוּת יְדִיעוֹת (נ)
Zeitung (f)	iton	עִיתּוֹן (ז)
Nachtklub (m)	mo'adon 'laila	מוֹעֲדוֹן לַיְלָה (ז)

Erdöl (n)	neft	נֵפְט (ז)
Kurierdienst (m)	ʃirut ʃliχim	שֵׁירוּת שְׁלִיחִים (ז)
Pharmaindustrie (f)	rokχut	רוֹקְחוּת (נ)
Druckindustrie (f)	beit dfus	בֵּית דְּפוּס (ז)
Verlag (m)	hotsa'a la'or	הוֹצָאָה לָאוֹר (נ)

Rundfunk (m)	'radyo	רַדְיוֹ (ז)
Immobilien (pl)	nadlan	נַדְלָ"ן (ז)
Restaurant (n)	mis'ada	מִסְעָדָה (נ)

Sicherheitsagentur (f)	χevrat ʃmira	חֶבְרַת שְׁמִירָה (נ)
Sport (m)	sport	סְפּוֹרְט (ז)
Börse (f)	'bursa	בּוּרְסָה (נ)
Laden (m)	χanut	חֲנוּת (נ)
Supermarkt (m)	super'market	סוּפֶּרְמַרְקֶט (ז)
Schwimmbad (n)	breχat sχiya	בְּרֵיכַת שְׂחִיָּה (נ)

Atelier (n)	mitpara	מִתְפָּרָה (נ)
Fernsehen (n)	tele'vizya	טֶלֶוְוִיזְיָה (נ)
Theater (n)	te'atron	תֵּיאַטְרוֹן (ז)
Handel (m)	misχar	מִסְחָר (ז)
Transporte (pl)	hovalot	הוֹבָלוֹת (נ"ר)
Reisen (pl)	tayarut	תַּיָּירוּת (נ)

Tierarzt (m)	veterinar	וֶטֶרִינָר (ז)
Warenlager (n)	maχsan	מַחְסָן (ז)
Müllabfuhr (f)	isuf 'zevel	אִיסוּף זֶבֶל (ז)

Arbeit. Geschäft. Teil 2

118. Show. Ausstellung

Ausstellung (f)	ta'aruχa	תַּעֲרוּכָה (נ)
Handelsausstellung (f)	ta'aruχa misχarit	תַּעֲרוּכָה מִסְחָרִית (נ)
Teilnahme (f)	hiſtatfut	הִשְׁתַּתְּפוּת (נ)
teilnehmen (vi)	lehiſtatef	לְהִשְׁתַּתֵּף
Teilnehmer (m)	miſtatef	מִשְׁתַּתֵּף (ז)
Direktor (m)	menahel	מְנַהֵל (ז)
Messeverwaltung (f)	misrad hame'argenim	מִשְׂרַד הַמְאַרְגְּנִים (ז)
Organisator (m)	me'argen	מְאַרְגֵּן (ז)
veranstalten (vt)	le'argen	לְאַרְגֵּן
Anmeldeformular (n)	'tofes hiſtatfut	טוֹפֶס הַשְׁתַּתְּפוּת (ז)
ausfüllen (vt)	lemale	לְמַלֵּא
Details (pl)	pratim	פְּרָטִים (ז"ר)
Information (f)	meida	מֵידָע (ז)
Preis (m)	meχir	מְחִיר (ז)
einschließlich	kolel	כּוֹלֵל
einschließen (vt)	liχlol	לִכְלוֹל
zahlen (vt)	leſalem	לְשַׁלֵּם
Anmeldegebühr (f)	dmei riſum	דְּמֵי רִישׁוּם (ז"ר)
Eingang (m)	knisa	כְּנִיסָה (נ)
Pavillon (m)	bitan	בִּיתָן (ז)
registrieren (vt)	lirſom	לִרְשׁוֹם
Namensschild (n)	tag	תָּג (ז)
Stand (m)	duχan	דּוּכָן (ז)
reservieren (vt)	liſmor	לִשְׁמוֹר
Vitrine (f)	madaf teſsuga	מַדָּף תְּצוּגָה (ז)
Strahler (m)	menorat spot	מְנוֹרַת סְפּוֹט (נ)
Design (n)	iſsuv	עִיצוּב (ז)
stellen (vt)	la'aroχ	לַעֲרוֹךְ
gelegen sein	lehimatse	לְהִימָּצֵא
Distributor (m)	mefiſs	מֵפִיץ (ז)
Lieferant (m)	sapak	סַפָּק (ז)
liefern (vt)	lesapek	לְסַפֵּק
Land (n)	medina	מְדִינָה (נ)
ausländisch	meχul	מְחוּ"ל
Produkt (n)	mutsar	מוּצָר (ז)
Assoziation (f)	amuta	עֲמוּתָה (נ)
Konferenzraum (m)	ulam knasim	אוּלַם כְּנָסִים (ז)

Kongress (m)	kongres	קוֹנגרֶס (ז)
Wettbewerb (m)	taχarut	תַחֲרוּת (נ)

Besucher (m)	mevaker	מְבַקֵר (ז)
besuchen (vt)	levaker	לְבַקֵר
Auftraggeber (m)	la'koaχ	לָקוֹחַ (ז)

119. Massenmedien

Zeitung (f)	iton	עִיתוֹן (ז)
Zeitschrift (f)	ʒurnal	ז'וּרנָל (ז)
Presse (f)	itonut	עִיתוֹנוּת (נ)
Rundfunk (m)	'radyo	רַדיוֹ (ז)
Rundfunkstation (f)	taχanat 'radyo	תַחֲנַת רַדיוֹ (נ)
Fernsehen (n)	tele'vizya	טֶלֶוִויזיָה (נ)

Moderator (m)	manχe	מַנחֶה (ז)
Sprecher (m)	karyan	קַריָין (ז)
Kommentator (m)	parʃan	פַּרשָן (ז)

Journalist (m)	itonai	עִיתוֹנַאי (ז)
Korrespondent (m)	katav	כַּתָב (ז)
Bildberichterstatter (m)	tsalam itonut	צַלָם עִיתוֹנוּת (ז)
Reporter (m)	katav	כַּתָב (ז)

Redakteur (m)	oreχ	עוֹרֵך (ז)
Chefredakteur (m)	oreχ raʃi	עוֹרֵך רָאשִי (ז)

abonnieren (vt)	lehasdir manui	לְהַסדִיר מָנוּי
Abonnement (n)	minui	מָנוּי (ז)
Abonnent (m)	manui	מָנוּי (ז)
lesen (vi, vt)	likro	לִקרוֹא
Leser (m)	kore	קוֹרֵא (ז)

Auflage (f)	tfutsa	תפוּצָה (נ)
monatlich (Adj)	χodʃi	חוֹדשִי
wöchentlich (Adj)	ʃvu'i	שבוּעִי
Ausgabe (Zeitschrift)	gilayon	גִילָיוֹן (ז)
neueste (~ Ausgabe)	tari	טָרִי

Titel (m)	ko'teret	כּוֹתֶרֶת (נ)
Notiz (f)	katava ktsara	כַּתָבָה קצָרָה (נ)
Rubrik (f)	tur	טוּר (ז)
Artikel (m)	ma'amar	מַאֲמָר (ז)
Seite (f)	amud	עַמוּד (ז)

Reportage (f)	katava	כַּתָבָה (נ)
Ereignis (n)	ei'ru'a	אֵירוּעַ (ז)
Sensation (f)	sen'satsya	סֶנסַציָה (נ)
Skandal (m)	ʃa'aruriya	שַעֲרוּריָיה (נ)
skandalös	meviʃ	מֵבִיש
groß (-er Skandal)	gadol	גָדוֹל
Sendung (f)	toχnit	תוֹכנִית (נ)
Interview (n)	ra'ayon	רַאָיוֹן (ז)

Live-Übertragung (f)	ʃidur χai	שִׁידּוּר חַי (ז)
Kanal (m)	aruts	עָרוּץ (ז)

120. Landwirtschaft

Landwirtschaft (f)	χakla'ut	חַקְלָאוּת (נ)
Bauer (m)	ikar	אִיכָּר (ז)
Bäuerin (f)	χakla'ut	חַקְלָאִית (נ)
Farmer (m)	χavai	חַוַּואי (ז)

Traktor (m)	'traktor	טְרַקְטוֹר (ז)
Mähdrescher (m)	kombain	קוֹמְבַּיִין (ז)

Pflug (m)	maχreʃa	מַחְרֵשָׁה (נ)
pflügen (vt)	laχaroʃ	לַחֲרוֹשׁ
Acker (m)	sade χaruʃ	שָׂדֶה חָרוּשׁ (ז)
Furche (f)	'telem	תֶּלֶם (ז)

säen (vt)	liz'ro'a	לִזְרוֹעַ
Sämaschine (f)	mazre'a	מַזְרֵעָה (נ)
Saat (f)	zri'a	זְרִיעָה (נ)

Sense (f)	χermeʃ	חֶרְמֵשׁ (ז)
mähen (vt)	liktsor	לִקְצוֹר

Schaufel (f)	et	אֵת (ז)
graben (vt)	leta'teaχ	לְתַתֵּחַ

Hacke (f)	ma'ader	מַעְדֵּר (ז)
jäten (vt)	lenakeʃ	לְנַכֵּשׁ
Unkraut (n)	'esev ʃote	עֵשֶׂב שׁוֹטֶה (ז)

Gießkanne (f)	maʃpeχ	מַשְׁפֵּךְ (ז)
gießen (vt)	lehaʃkot	לְהַשְׁקוֹת
Bewässerung (f)	haʃkaya	הַשְׁקָיָה (נ)

Heugabel (f)	kilʃon	קִלְשׁוֹן (ז)
Rechen (m)	magrefa	מַגְרֵפָה (נ)

Dünger (m)	'deʃen	דֶּשֶׁן (ז)
düngen (vt)	ledaʃen	לְדַשֵּׁן
Mist (m)	'zevel	זֶבֶל (ז)

Feld (n)	sade	שָׂדֶה (ז)
Wiese (f)	aχu	אָחוּ (ז)
Gemüsegarten (m)	gan yarak	גַּן יָרָק (ז)
Obstgarten (m)	bustan	בּוּסְתָּן (ז)

weiden (vt)	lir'ot	לִרְעוֹת
Hirt (m)	ro'e tson	רוֹעֵה צֹאן (ז)
Weide (f)	mir'e	מִרְעֶה (ז)

Viehzucht (f)	gidul bakar	גִּידּוּל בָּקָר (ז)
Schafzucht (f)	gidul kvasim	גִּידּוּל כְּבָשִׂים (ז)

Plantage (f)	mata	מַטָּע (ז)
Beet (n)	aruga	עֲרוּגָה (נ)
Treibhaus (n)	χamama	חֲמָמָה (נ)

| Dürre (f) | ba'tsoret | בַּצֹּרֶת (נ) |
| dürr, trocken | yave∫ | יָבֵשׁ |

Getreide (n)	tvu'a	תְּבוּאָה (נ)
Getreidepflanzen (pl)	gidulei dagan	גִּדּוּלֵי דָּגָן (ז"ר)
ernten (vt)	liktof	לִקְטֹף

Müller (m)	toχen	טוֹחֵן (ז)
Mühle (f)	taχanat 'kemaχ	טַחֲנַת קֶמַח (נ)
mahlen (vt)	litχon	לִטְחֹן
Mehl (n)	'kemaχ	קֶמַח (ז)
Stroh (n)	ka∫	קַשׁ (ז)

121. Gebäude. Bauabwicklung

Baustelle (f)	atar bniya	אֲתַר בְּנִיָּה (ז)
bauen (vt)	livnot	לִבְנוֹת
Bauarbeiter (m)	banai	בַּנַּאי (ז)

Projekt (n)	proyekt	פְּרוֹיֶקְט (ז)
Architekt (m)	adriχal	אַדְרִיכָל (ז)
Arbeiter (m)	po'el	פּוֹעֵל (ז)

Fundament (n)	yesodot	יְסוֹדוֹת (ז"ר)
Dach (n)	gag	גַּג (ז)
Pfahl (m)	amud yesod	עַמּוּד יְסוֹד (ז)
Wand (f)	kir	קִיר (ז)

| Bewehrungsstahl (m) | mot χizuk | מוֹט חִזּוּק (ז) |
| Gerüst (n) | pigumim | פִּיגּוּמִים (ז"ר) |

Beton (m)	beton	בֶּטוֹן (ז)
Granit (m)	granit	גְּרָנִיט (ז)
Stein (m)	'even	אֶבֶן (נ)
Ziegel (m)	levena	לְבֵנָה (נ)

Sand (m)	χol	חוֹל (ז)
Zement (m)	'melet	מֶלֶט (ז)
Putz (m)	'tiaχ	טִיחַ (ז)
verputzen (vt)	leta'yeaχ	לְטַיֵּחַ
Farbe (f)	'tseva	צֶבַע (ז)
färben (vt)	lits'bo'a	לִצְבֹּעַ
Fass (n), Tonne (f)	χavit	חָבִית (נ)

Kran (m)	aguran	עֲגוּרָן (ז)
aufheben (vt)	lehanif	לְהָנִיף
herunterlassen (vt)	lehorid	לְהוֹרִיד

| Planierraupe (f) | daχpor | דַּחְפּוֹר (ז) |
| Bagger (m) | maχper | מַחְפֵּר (ז) |

Baggerschaufel (f)	ʃa'ov	שָׁאוֹב (ז)
graben (vt)	laχpor	לַחפּוֹר
Schutzhelm (m)	kasda	קַסדָה (נ)

122. Wissenschaft. Forschung. Wissenschaftler

Wissenschaft (f)	mada	מַדָע (ז)
wissenschaftlich	mada'i	מַדָעִי
Wissenschaftler (m)	mad'an	מַדעָן (ז)
Theorie (f)	te''orya	תֵיאוֹרִיָה (נ)

Axiom (n)	aks'yoma	אַקסִיוֹמָה (נ)
Analyse (f)	ni'tuaχ	נִיתוּחַ (ז)
analysieren (vt)	lena'teaχ	לְנַתֵחַ
Argument (n)	nimuk	נִימוּק (ז)
Substanz (f)	'χomer	חוֹמֶר (ז)

Hypothese (f)	hipo'teza	הִיפּוֹתֶזָה (נ)
Dilemma (n)	di'lema	דִילֶמָה (נ)
Dissertation (f)	diser'tatsya	דִיסֶרטַצִיָה (נ)
Dogma (n)	'dogma	דוֹגמָה (נ)

Doktrin (f)	dok'trina	דוֹקטרִינָה (נ)
Forschung (f)	meχkar	מֶחקָר (ז)
forschen (vi)	laχkor	לַחקוֹר
Kontrolle (f)	nuisuyim	נִיסוּיִים (ז"ר)
Labor (n)	ma'abada	מַעֲבָּדָה (נ)

Methode (f)	ʃita	שִׁיטָה (נ)
Molekül (n)	mo'lekula	מוֹלְקוּלָה (נ)
Monitoring (n)	nitur	נִיטוּר (ז)
Entdeckung (f)	gilui	גִילוּי (ז)

Postulat (n)	aks'yoma	אַקסִיוֹמָה (נ)
Prinzip (n)	ikaron	עִיקָרוֹן (ז)
Prognose (f)	taχazit	תַחֲזִית (נ)
prognostizieren (vt)	laχazot	לַחֲזוֹת

Synthese (f)	sin'teza	סִינתֶזָה (נ)
Tendenz (f)	megama	מְגַמָה (נ)
Theorem (n)	miʃpat	מִשׁפָּט (ז)

| Lehre (Doktrin) | tora | תוֹרָה (נ) |
| Tatsache (f) | uvda | עוּבדָה (נ) |

| Expedition (f) | miʃ'laχat | מִשׁלַחַת (נ) |
| Experiment (n) | nisui | נִיסוּי (ז) |

Akademiemitglied (n)	akademai	אָקָדֵמַאי (ז)
Bachelor (m)	'to'ar riʃon	תוֹאַר רִאשׁוֹן (ז)
Doktor (m)	'doktor	דוֹקטוֹר (ז)
Dozent (m)	martse baχir	מַרצֶה בָּכִיר (ז)
Magister (m)	musmaχ	מוּסמָך (ז)
Professor (m)	pro'fesor	פּרוֹפֶסוֹר (ז)

Berufe und Tätigkeiten

123. Arbeitsuche. Kündigung

Arbeit (f), Stelle (f)	avoda	עֲבוֹדָה (נ)
Belegschaft (f)	'segel	סֶגֶל (ז)
Personal (n)	'segel	סֶגֶל (ז)
Karriere (f)	kar'yera	קָרְיֶרָה (נ)
Perspektive (f)	efʃaruyot	אֶפְשָׁרֻיוֹת (נ״ר)
Können (n)	meyumanut	מְיֻמָּנוּת (נ)
Auswahl (f)	sinun	סִינוּן (ז)
Personalagentur (f)	soχnut 'koaχ adam	סוֹכְנוּת כּוֹחַ אָדָם (נ)
Lebenslauf (m)	korot χayim	קוֹרוֹת חַיִּים (נ״ר)
Vorstellungsgespräch (n)	ra'ayon avoda	רַאֲיוֹן עֲבוֹדָה (ז)
Vakanz (f)	misra pnuya	מִשְׂרָה פְּנוּיָה (נ)
Gehalt (n)	mas'koret	מַשְׂכּוֹרֶת (נ)
festes Gehalt (n)	mas'koret kvu'a	מַשְׂכּוֹרֶת קְבוּעָה (נ)
Arbeitslohn (m)	taʃlum	תַּשְׁלוּם (ז)
Stellung (f)	tafkid	תַּפְקִיד (ז)
Pflicht (f)	χova	חוֹבָה (נ)
Aufgabenspektrum (n)	tχum aχrayut	תְּחוּם אַחֲרָיוּת (ז)
beschäftigt	asuk	עָסוּק
kündigen (vt)	lefater	לְפַטֵּר
Kündigung (f)	pitur	פִּיטוּר (ז)
Arbeitslosigkeit (f)	avtala	אַבְטָלָה (נ)
Arbeitslose (m)	muvtal	מוּבְטָל (ז)
Rente (f), Ruhestand (m)	'pensya	פֶּנְסִיָה (נ)
in Rente gehen	latset legimla'ot	לָצֵאת לְגִימְלָאוֹת

124. Geschäftsleute

Direktor (m)	menahel	מְנַהֵל (ז)
Leiter (m)	menahel	מְנַהֵל (ז)
Boss (m)	bos	בּוֹס (ז)
Vorgesetzte (m)	memune	מְמֻנֶּה (ז)
Vorgesetzten (pl)	memunim	מְמֻנִים (ז״ר)
Präsident (m)	nasi	נָשִׂיא (ז)
Vorsitzende (m)	yoʃev roʃ	יוֹשֵׁב רֹאשׁ (ז)
Stellvertreter (m)	sgan	סְגָן (ז)
Helfer (m)	ozer	עוֹזֵר (ז)

Sekretär (m)	mazkir	מַזְכִּיר (ז)
Privatsekretär (m)	mazkir iʃi	מַזְכִּיר אִישִׁי (ז)

Geschäftsmann (m)	iʃ asakim	אִישׁ עֲסָקִים (ז)
Unternehmer (m)	yazam	יָזָם (ז)
Gründer (m)	meyased	מְיַיסֵד (ז)
gründen (vt)	leyased	לְיַיסֵד

Gründungsmitglied (n)	meχonen	מְכוֹנֵן (ז)
Partner (m)	ʃutaf	שׁוּתָף (ז)
Aktionär (m)	'ba'al menayot	בַּעַל מְנָיוֹת (ז)

Millionär (m)	milyoner	מִילְיוֹנֶר (ז)
Milliardär (m)	milyarder	מִילְיַארְדֶּר (ז)
Besitzer (m)	be'alim	בְּעָלִים (ז)
Landbesitzer (m)	'ba'al adamot	בַּעַל אֲדָמוֹת (ז)

Kunde (m)	la'koaχ	לָקוֹחַ (ז)
Stammkunde (m)	la'koaχ ka'vu'a	לָקוֹחַ קָבוּעַ (ז)
Käufer (m)	kone	קוֹנֶה (ז)
Besucher (m)	mevaker	מְבַקֵּר (ז)

Fachmann (m)	miktso'an	מִקְצוֹעָן (ז)
Experte (m)	mumχe	מוּמְחֶה (ז)
Spezialist (m)	mumχe	מוּמְחֶה (ז)

Bankier (m)	bankai	בַּנְקַאי (ז)
Makler (m)	soχen	סוֹכֵן (ז)

Kassierer (m)	kupai	קוּפַּאי (ז)
Buchhalter (m)	menahel χeʃbonot	מְנַהֵל חֶשְׁבּוֹנוֹת (ז)
Wächter (m)	ʃomer	שׁוֹמֵר (ז)

Investor (m)	maʃki'a	מַשְׁקִיעַ (ז)
Schuldner (m)	'ba'al χov	בַּעַל חוֹב (ז)
Gläubiger (m)	malve	מַלְוֶה (ז)
Kreditnehmer (m)	love	לוֹוֶה (ז)

Importeur (m)	yevu'an	יְבוּאָן (ז)
Exporteur (m)	yetsu'an	יְצוּאָן (ז)

Hersteller (m)	yatsran	יַצְרָן (ז)
Distributor (m)	mefits	מֵפִיץ (ז)
Vermittler (m)	metaveχ	מְתַווֵךְ (ז)

Berater (m)	yo'ets	יוֹעֵץ (ז)
Vertreter (m)	natsig meχirot	נָצִיג מְכִירוֹת (ז)
Agent (m)	soχen	סוֹכֵן (ז)
Versicherungsagent (m)	soχen bi'tuaχ	סוֹכֵן בִּיטוּחַ (ז)

125. Dienstleistungsberufe

Koch (m)	tabaχ	טַבָּח (ז)
Chefkoch (m)	ʃef	שֵׁף (ז)

Bäcker (m)	ofe	אוֹפֶה (ז)
Barmixer (m)	'barmen	בַּרְמֶן (ז)
Kellner (m)	meltsar	מֶלְצָר (ז)
Kellnerin (f)	meltsarit	מֶלְצָרִית (נ)

Rechtsanwalt (m)	orex din	עוֹרֵךְ דִין (ז)
Jurist (m)	orex din	עוֹרֵךְ דִין (ז)
Notar (m)	notaryon	נוֹטַרְיוֹן (ז)

Elektriker (m)	xaʃmalai	חַשְׁמַלַאי (ז)
Klempner (m)	ʃravrav	שְׁרַבְרַב (ז)
Zimmermann (m)	nagar	נַגָּר (ז)

Masseur (m)	ma'ase	מְעַסֶּה (ז)
Masseurin (f)	masa'ʒistit	מְסַזִ'יסְטִית (נ)
Arzt (m)	rofe	רוֹפֵא (ז)

Taxifahrer (m)	nahag monit	נֶהָג מוֹנִית (ז)
Fahrer (m)	nahag	נֶהָג (ז)
Ausfahrer (m)	ʃa'liax	שָׁלִיחַ (ז)

Zimmermädchen (n)	xadranit	חַדְרָנִית (נ)
Wächter (m)	ʃomer	שׁוֹמֵר (ז)
Flugbegleiterin (f)	da'yelet	דַיֶּלֶת (נ)

Lehrer (m)	more	מוֹרֶה (ז)
Bibliothekar (m)	safran	סַפְרָן (ז)
Übersetzer (m)	metargem	מְתַרְגֵּם (ז)
Dolmetscher (m)	meturgeman	מְתוּרְגְּמָן (ז)
Fremdenführer (m)	madrix tiyulim	מַדְרִיךְ טִיוּלִים (ז)

Friseur (m)	sapar	סַפָּר (ז)
Briefträger (m)	davar	דַּוָּר (ז)
Verkäufer (m)	moxer	מוֹכֵר (ז)

Gärtner (m)	ganan	גַּנָּן (ז)
Diener (m)	meʃaret	מְשָׁרֵת (ז)
Magd (f)	meʃa'retet	מְשָׁרֶתֶת (נ)
Putzfrau (f)	menaka	מְנַקָּה (נ)

126. Militärdienst und Ränge

einfacher Soldat (m)	turai	טוּרַאי (ז)
Feldwebel (m)	samal	סַמָּל (ז)
Leutnant (m)	'segen	סֶגֶן (ז)
Hauptmann (m)	'seren	סֶרֶן (ז)

Major (m)	rav 'seren	רַב־סֶרֶן (ז)
Oberst (m)	aluf miʃne	אַלוּף מִשְׁנֶה (ז)
General (m)	aluf	אַלוּף (ז)
Marschall (m)	'marʃal	מַרְשָׁל (ז)
Admiral (m)	admiral	אַדְמִירָל (ז)
Militärperson (f)	iʃ tsava	אִישׁ צָבָא (ז)
Soldat (m)	xayal	חַיָּל (ז)

| Offizier (m) | katsin | קָצִין (ז) |
| Kommandeur (m) | mefaked | מְפַקֵּד (ז) |

Grenzsoldat (m)	ʃomer gvul	שׁוֹמֵר גְּבוּל (ז)
Funker (m)	alχutai	אַלְחוּטַאי (ז)
Aufklärer (m)	iʃ modi'in kravi	אִישׁ מוֹדִיעִין קְרָבִי (ז)
Pionier (m)	χablan	חַבְּלָן (ז)
Schütze (m)	tsalaf	צַלָּף (ז)
Steuermann (m)	navat	נַוָּט (ז)

127. Beamte. Priester

| König (m) | 'meleχ | מֶלֶךְ (ז) |
| Königin (f) | malka | מַלְכָּה (נ) |

| Prinz (m) | nasiχ | נָסִיךְ (ז) |
| Prinzessin (f) | nesiχa | נְסִיכָה (נ) |

| Zar (m) | tsar | צָאר (ז) |
| Zarin (f) | tsa'rina | צָאִרְינָה (נ) |

Präsident (m)	nasi	נָשִׂיא (ז)
Minister (m)	sar	שַׂר (ז)
Ministerpräsident (m)	roʃ memʃala	רֹאשׁ מֶמְשָׁלָה (ז)
Senator (m)	se'nator	סֶנָאטוֹר (ז)

Diplomat (m)	diplomat	דִּיפְּלוֹמָט (ז)
Konsul (m)	'konsul	קוֹנְסוּל (ז)
Botschafter (m)	ʃagrir	שַׁגְרִיר (ז)
Ratgeber (m)	yo'ets	יוֹעֵץ (ז)

Beamte (m)	pakid	פָּקִיד (ז)
Präfekt (m)	prefekt	פְּרֶפֶקְט (ז)
Bürgermeister (m)	roʃ ha'ir	רֹאשׁ הָעִיר (ז)

| Richter (m) | ʃofet | שׁוֹפֵט (ז) |
| Staatsanwalt (m) | to've'a | תּוֹבֵעַ (ז) |

Missionar (m)	misyoner	מִיסְיוֹנֶר (ז)
Mönch (m)	nazir	נָזִיר (ז)
Abt (m)	roʃ minzar ka'toli	רֹאשׁ מִנְזָר קָתוֹלִי (ז)
Rabbiner (m)	rav	רַב (ז)

Wesir (m)	vazir	וָזִיר (ז)
Schah (n)	ʃaχ	שָׁאח (ז)
Scheich (m)	ʃeiχ	שֵׁיח (ז)

128. Landwirtschaftliche Berufe

Bienenzüchter (m)	kavran	כַּוְּרָן (ז)
Hirt (m)	ro'e tson	רוֹעֵה צֹאן (ז)
Agronom (m)	agronom	אַגְרוֹנוֹם (ז)

| Viehzüchter (m) | megadel bakar | מְגַדֵּל בָּקָר (ז) |
| Tierarzt (m) | veterinar | וֶטֶרִינָר (ז) |

Farmer (m)	χavai	חַוַּאי (ז)
Winzer (m)	yeinan	יֵינָן (ז)
Zoologe (m)	zo'olog	זוֹאוֹלוֹג (ז)
Cowboy (m)	'ka'uboi	קָאוּבּוֹי (ז)

129. Künstler

| Schauspieler (m) | saχkan | שַׂחְקָן (ז) |
| Schauspielerin (f) | saχkanit | שַׂחְקָנִית (נ) |

| Sänger (m) | zamar | זַמָּר (ז) |
| Sängerin (f) | za'meret | זַמֶּרֶת (נ) |

| Tänzer (m) | rakdan | רַקְדָּן (ז) |
| Tänzerin (f) | rakdanit | רַקְדָּנִית (נ) |

| Künstler (m) | saχkan | שַׂחְקָן (ז) |
| Künstlerin (f) | saχkanit | שַׂחְקָנִית (נ) |

Musiker (m)	muzikai	מוּזִיקַאי (ז)
Pianist (m)	psantran	פְּסַנְתְּרָן (ז)
Gitarrist (m)	nagan gi'tara	נַגָּן גִּיטָרָה (ז)

Dirigent (m)	mena'tseaχ	מְנַצֵּחַ (ז)
Komponist (m)	malχin	מַלְחִין (ז)
Manager (m)	amargan	אָמַרְגָּן (ז)

Regisseur (m)	bamai	בַּמַּאי (ז)
Produzent (m)	mefik	מֵפִיק (ז)
Drehbuchautor (m)	tasritai	תַסְרִיטַאי (ז)
Kritiker (m)	mevaker	מְבַקֵּר (ז)

Schriftsteller (m)	sofer	סוֹפֵר (ז)
Dichter (m)	meʃorer	מְשׁוֹרֵר (ז)
Bildhauer (m)	pasal	פַּסָּל (ז)
Maler (m)	tsayar	צַיָּר (ז)

Jongleur (m)	lahatutan	לַהֲטוּטָן (ז)
Clown (m)	leitsan	לֵיצָן (ז)
Akrobat (m)	akrobat	אַקְרוֹבָּט (ז)
Zauberkünstler (m)	kosem	קוֹסֵם (ז)

130. Verschiedene Berufe

Arzt (m)	rofe	רוֹפֵא (ז)
Krankenschwester (f)	aχot	אָחוֹת (נ)
Psychiater (m)	psiχi"ater	פְּסִיכִיאָטֶר (ז)
Zahnarzt (m)	rofe ʃi'nayim	רוֹפֵא שִׁינַיִים (ז)
Chirurg (m)	kirurg	כִּירוּרְג (ז)

Astronaut (m)	astro'na'ut	אַסטרוֹנָאוּט (ז)
Astronom (m)	astronom	אַסטרוֹנוֹם (ז)
Pilot (m)	tayas	טַיָּס (ז)

Fahrer (Taxi-)	nahag	נֶהָג (ז)
Lokomotivführer (m)	nahag ra'kevet	נֶהַג רַכֶּבֶת (ז)
Mechaniker (m)	meχonai	מְכוֹנַאי (ז)

Bergarbeiter (m)	kore	כּוֹרֶה (ז)
Arbeiter (m)	po'el	פּוֹעֵל (ז)
Schlosser (m)	misgad	מַסגֵד (ז)
Tischler (m)	nagar	נַגָּר (ז)
Dreher (m)	χarat	חָרָט (ז)
Bauarbeiter (m)	banai	בַּנַאי (ז)
Schweißer (m)	rataχ	רַתָּך (ז)

Professor (m)	pro'fesor	פרוֹפֶסוֹר (ז)
Architekt (m)	adriχal	אַדרִיכָל (ז)
Historiker (m)	historyon	הִיסטוֹרִיוֹן (ז)
Wissenschaftler (m)	mad'an	מַדעָן (ז)
Physiker (m)	fizikai	פִיזִיקַאי (ז)
Chemiker (m)	χimai	כִימַאי (ז)

Archäologe (m)	arχe'olog	אַרכֵיאוֹלוֹג (ז)
Geologe (m)	ge'olog	גֵיאוֹלוֹג (ז)
Forscher (m)	χoker	חוֹקֵר (ז)

| Kinderfrau (f) | ʃmartaf | שמַרטַף (ז) |
| Lehrer (m) | more, meχaneχ | מוֹרֶה, מְחַנֵּך (ז) |

Redakteur (m)	oreχ	עוֹרֵך (ז)
Chefredakteur (m)	oreχ raʃi	עוֹרֵך רָאשִי (ז)
Korrespondent (m)	katav	כַּתָּב (ז)
Schreibkraft (f)	kaldanit	קַלדָנִית (נ)

Designer (m)	me'atsev	מְעַצֵב (ז)
Computerspezialist (m)	mumχe maχʃevim	מוּמחֶה מַחשָבִים (ז)
Programmierer (m)	metaχnet	מְתַכנֵת (ז)
Ingenieur (m)	mehandes	מְהַנדֵס (ז)

Seemann (m)	yamai	יַמַאי (ז)
Matrose (m)	malaχ	מַלָּח (ז)
Retter (m)	matsil	מַצִּיל (ז)

Feuerwehrmann (m)	kabai	כַּבַּאי (ז)
Polizist (m)	ʃoter	שוֹטֵר (ז)
Nachtwächter (m)	ʃomer	שוֹמֵר (ז)
Detektiv (m)	balaʃ	בַּלָש (ז)

Zollbeamter (m)	pakid 'meχes	פָּקִיד מֶכֶס (ז)
Leibwächter (m)	ʃomer roʃ	שוֹמֵר רֹאש (ז)
Gefängniswärter (m)	soher	סוֹהֵר (ז)
Inspektor (m)	mefa'keaχ	מְפַקֵּח (ז)

| Sportler (m) | sportai | ספוֹרטַאי (ז) |
| Trainer (m) | me'amen | מְאַמֵּן (ז) |

Fleischer (m)	katsav	קַצָּב (ז)
Schuster (m)	sandlar	סַנְדְּלָר (ז)
Geschäftsmann (m)	soxer	סוֹחֵר (ז)
Ladearbeiter (m)	sabal	סַבָּל (ז)

| Modedesigner (m) | me'atsev ofna | מְעַצֵּב אוֹפְנָה (ז) |
| Modell (n) | dugmanit | דּוּגְמָנִית (נ) |

131. Beschäftigung. Sozialstatus

| Schüler (m) | talmid | תַּלְמִיד (ז) |
| Student (m) | student | סְטוּדֶנְט (ז) |

Philosoph (m)	filosof	פִּילוֹסוֹף (ז)
Ökonom (m)	kalkelan	כַּלְכְּלָן (ז)
Erfinder (m)	mamtsi	מַמְצִיא (ז)

Arbeitslose (m)	muvtal	מוּבְטָל (ז)
Rentner (m)	pensyoner	פֶּנְסְיוֹנֶר (ז)
Spion (m)	meragel	מְרַגֵּל (ז)

Gefangene (m)	asir	אָסִיר (ז)
Streikender (m)	ʃovet	שׁוֹבֵת (ז)
Bürokrat (m)	birokrat	בִּירוֹקְרָט (ז)
Reisende (m)	metayel	מְטַיֵּיל (ז)

Homosexuelle (m)	'lesbit, 'homo	לֶסְבִּית (נ), הוֹמוֹ (ז)
Hacker (m)	'haker	הָאקֶר (ז)
Hippie (m)	'hipi	הִיפִּי (ז)

Bandit (m)	ʃoded	שׁוֹדֵד (ז)
Killer (m)	ro'tseax saxir	רוֹצֵחַ שָׂכִיר (ז)
Drogenabhängiger (m)	narkoman	נַרְקוֹמָן (ז)
Drogenhändler (m)	soxer samim	סוֹחֵר סַמִּים (ז)
Prostituierte (f)	zona	זוֹנָה (נ)
Zuhälter (m)	sarsur	סַרְסוּר (ז)

Zauberer (m)	mexaʃef	מְכַשֵּׁף (ז)
Zauberin (f)	maxʃefa	מְכַשֵּׁפָה (נ)
Seeräuber (m)	ʃoded yam	שׁוֹדֵד יָם (ז)
Sklave (m)	ʃifxa, 'eved	שִׁפְחָה (נ), עֶבֶד (ז)
Samurai (m)	samurai	סָמוּרַאי (ז)
Wilde (m)	'pere adam	פֶּרֶא אָדָם (ז)

Sport

132. Sportarten. Persönlichkeiten des Sports

Sportler (m)	sportai	ספּוֹרְטַאי (ז)
Sportart (f)	anaf sport	עָנָף סְפּוֹרְט (ז)
Basketball (m)	kadursal	כַּדוּרְסַל (ז)
Basketballspieler (m)	kadursalan	כַּדוּרְסַלָן (ז)
Baseball (m, n)	'beisbol	בֵּייסְבּוֹל (ז)
Baseballspieler (m)	saxkan 'beisbol	שַׂחְקָן בֵּייסְבּוֹל (ז)
Fußball (m)	kadu'regel	כַּדוּרֶגֶל (ז)
Fußballspieler (m)	kaduraglan	כַּדוּרַגְלָן (ז)
Torwart (m)	ʃo'er	שׁוֹעֵר (ז)
Eishockey (n)	'hoki	הוֹקֵי (ז)
Eishockeyspieler (m)	saxkan 'hoki	שַׂחְקָן הוֹקֵי (ז)
Volleyball (m)	kadur'af	כַּדוּרָעָף (ז)
Volleyballspieler (m)	saxkan kadur'af	שַׂחְקָן כַּדוּרָעָף (ז)
Boxen (n)	igruf	אִיגְרוּף (ז)
Boxer (m)	mit'agref	מִתְאַגְרֵף (ז)
Ringen (n)	he'avkut	הֵיאָבְקוּת (נ)
Ringkämpfer (m)	mit'abek	מִתְאַבֵּק (ז)
Karate (n)	karate	קָרָטֶה (ז)
Karatekämpfer (m)	karatist	קָרָטִיסְט (ז)
Judo (n)	'dʒudo	גּ'וּדוֹ (ז)
Judoka (m)	dʒudai	גּ'וּדַאי (ז)
Tennis (n)	'tenis	טֶנִיס (ז)
Tennisspieler (m)	tenisai	טֶנִיסַאי (ז)
Schwimmen (n)	sxiya	שְׂחִייָה (נ)
Schwimmer (m)	saxyan	שַׂחְייָן (ז)
Fechten (n)	'sayif	סַיִף (ז)
Fechter (m)	sayaf	סַייָף (ז)
Schach (n)	'ʃaxmat	שַׁחְמָט (ז)
Schachspieler (m)	ʃaxmetai	שַׁחְמְטַאי (ז)
Bergsteigen (n)	tipus harim	טִיפּוּס הָרִים (ז)
Bergsteiger (m)	metapes harim	מְטַפֵּס הָרִים (ז)
Lauf (m)	ritsa	רִיצָה (נ)

Läufer (m)	atsan	אַצָּן (ז)
Leichtathletik (f)	at'letika kala	אַתְלֶטִיקָה קַלָה (נ)
Athlet (m)	atlet	אַתְלֵט (ז)

| Pferdesport (m) | reҳiva al sus | רְכִיבָה עַל סוּס (נ) |
| Reiter (m) | paraʃ | פָּרָשׁ (ז) |

Eiskunstlauf (m)	haҳlaka omanutit	הַחְלָקָה אוֹמָנוּתִית (נ)
Eiskunstläufer (m)	maҳlik amanuti	מַחְלִיק אָמָנוּתִי (ז)
Eiskunstläuferin (f)	maҳlika amanutit	מַחְלִיקָה אָמָנוּתִית (נ)

| Gewichtheben (n) | haramat miʃkolot | הֲרָמַת מִשְׁקוֹלוֹת (נ) |
| Gewichtheber (m) | miʃkolan | מִשְׁקוֹלָן (ז) |

| Autorennen (n) | merots meҳoniyot | מֵירוֹץ מְכוֹנִיוֹת (ז) |
| Rennfahrer (m) | nahag merotsim | נֶהָג מְרוֹצִים (ז) |

| Radfahren (n) | reҳiva al ofa'nayim | רְכִיבָה עַל אוֹפַנַּיִם (נ) |
| Radfahrer (m) | roҳev ofa'nayim | רוֹכֵב אוֹפַנַּיִם (ז) |

Weitsprung (m)	kfitsa la'roҳav	קְפִיצָה לָרוֹחַק (נ)
Stabhochsprung (m)	kfitsa bemot	קְפִיצָה בְּמוֹט (נ)
Springer (m)	kofets	קוֹפֵץ (ז)

133. Sportarten. Verschiedenes

American Football (m)	'futbol	פוּטְבּוֹל (ז)
Federballspiel (n)	notsit	נוֹצִית (נ)
Biathlon (n)	bi'atlon	בִּיאַתְלוֹן (ז)
Billard (n)	bilyard	בִּילְיַארְד (ז)

Bob (m)	miz'ҳelet	מִזְחֶלֶת (נ)
Bodybuilding (n)	pi'tuaҳ guf	פִּיתוּחַ גּוּף (ז)
Wasserballspiel (n)	polo 'mayim	פּוֹלוֹ מַיִם (ז)
Handball (m)	kadur yad	כַּדּוּר-יָד (ז)
Golf (n)	golf	גּוֹלְף (ז)

Rudern (n)	ҳatira	חֲתִירָה (נ)
Tauchen (n)	tslila	צְלִילָה (נ)
Skilanglauf (m)	ski bemiʃor	סְקִי בְּמִישׁוֹר (ז)
Tischtennis (n)	'tenis ʃulҳan	טֶנִיס שׁוּלְחָן (ז)

Segelsport (m)	'ʃayit	שַׁיִט (ז)
Rallye (f, n)	'rali	רָאלִי (ז)
Rugby (n)	'rogbi	רוֹגְבִּי (ז)
Snowboard (n)	gliʃat 'ʃeleg	גְּלִישַׁת שֶׁלֶג (נ)
Bogenschießen (n)	kaʃatut	קַשָּׁתוּת (נ)

134. Fitnessstudio

| Hantel (f) | miʃ'kolet | מִשְׁקֹלֶת (נ) |
| Hanteln (pl) | miʃkolot | מִשְׁקוֹלוֹת (נ"ר) |

Trainingsgerät (n)	maxʃir 'koʃer	מַכְשִׁיר כּוֹשֶׁר (ז)
Fahrradtrainer (m)	ofanei 'koʃer	אוֹפַנֵּי כּוֹשֶׁר (ז"ר)
Laufband (n)	halixon	הֲלִיכוֹן (ז)

Reck (n)	'metax	מָתַח (ז)
Barren (m)	makbilim	מַקְבִּילִים (ז"ר)
Sprungpferd (n)	sus	סוּס (ז)
Matte (f)	mizron	מִזְרוֹן (ז)

Sprungseil (n)	dalgit	דַּלְגִּית (נ)
Aerobic (n)	ei'robika	אֵירוֹבִּיקָה (ז)
Yoga (m)	'yoga	יוֹגָה (נ)

135. Hockey

Eishockey (n)	'hoki	הוֹקִי (ז)
Eishockeyspieler (m)	saxkan 'hoki	שַׂחְקָן הוֹקִי (ז)
Hockey spielen	lesaxek 'hoki	לְשַׂחֵק הוֹקִי
Eis (n)	'kerax	קֶרַח (ז)

Puck (m)	diskit	דִּיסְקִית (נ)
Hockeyschläger (m)	makel 'hoki	מַקֵּל הוֹקִי (ז)
Schlittschuhe (pl)	maxli'kayim	מַחְלִיקַיִּם (ז"ר)

| Bord (m) | 'dofen | דּוֹפֶן (ז) |
| Schuss (m) | kli'a | קְלִיעָה (נ) |

Torwart (m)	ʃo'er	שׁוֹעֵר (ז)
Tor (n)	'ʃa'ar	שַׁעַר (ז)
ein Tor schießen	lehav'ki'a 'ʃa'ar	לְהַבְקִיעַ שַׁעַר

Drittel (n)	ʃliʃ	שְׁלִישׁ (ז)
zweites Drittel (n)	ʃliʃ ʃeni	שְׁלִישׁ שֵׁנִי (ז)
Ersatzbank (f)	safsal maxlifim	סַפְסַל מַחְלִיפִים (ז)

136. Fußball

Fußball (m)	kadu'regel	כַּדּוּרֶגֶל (ז)
Fußballspieler (m)	kaduraglan	כַּדּוּרַגְלָן (ז)
Fußball spielen	lesaxek kadu'regel	לְשַׂחֵק כַּדּוּרֶגֶל

Oberliga (f)	'liga elyona	לִיגָה עֶלְיוֹנָה (נ)
Fußballclub (m)	mo'adon kadu'regel	מוֹעֲדוֹן כַּדּוּרֶגֶל (ז)
Trainer (m)	me'amen	מְאַמֵּן (ז)
Besitzer (m)	be'alim	בְּעָלִים (ז)

Mannschaft (f)	kvutsa, niv'xeret	קְבוּצָה, נִבְחֶרֶת (נ)
Mannschaftskapitän (m)	'kepten	קָפְּטֶן (ז)
Spieler (m)	saxkan	שַׂחְקָן (ז)
Ersatzspieler (m)	saxkan maxlif	שַׂחְקָן מַחְלִיף (ז)
Stürmer (m)	xaluts	חָלוּץ (ז)
Mittelstürmer (m)	xaluts merkazi	חָלוּץ מֶרְכָּזִי (ז)

119

Torjäger (m)	mavki	מַבְקִיעַ (ז)
Verteidiger (m)	balam, megen	בַּלָּם, מָגֵן (ז)
Läufer (m)	mekaʃer	מְקַשֵּׁר (ז)

Spiel (n)	misχak	מִשְׂחָק (ז)
sich begegnen	lehipageʃ	לְהִיפָּגֵשׁ
Finale (n)	gmar	גְּמַר (ז)
Halbfinale (n)	χatsi gmar	חֲצִי גְּמַר (ז)
Meisterschaft (f)	alifut	אֲלִיפוּת (נ)

Halbzeit (f)	maχatsit	מַחֲצִית (נ)
erste Halbzeit (f)	maχatsit riʃona	מַחֲצִית רִאשׁוֹנָה (נ)
Halbzeit (Pause)	hafsaka	הַפְסָקָה (נ)

Tor (n)	'ʃa'ar	שַׁעַר (ז)
Torwart (m)	ʃo'er	שׁוֹעֵר (ז)
Torpfosten (m)	amud ha'ʃa'ar	עַמּוּד הַשַּׁעַר (ז)
Torlatte (f)	maʃkof	מַשְׁקוֹף (ז)
Netz (n)	'reʃet	רֶשֶׁת (נ)
ein Tor zulassen	lispog 'ʃa'ar	לִסְפּוֹג שַׁעַר

Ball (m)	kadur	כַּדּוּר (ז)
Pass (m)	mesira	מְסִירָה (נ)
Schuss (m)	be'ita	בְּעִיטָה (נ)
schießen (vi)	liv'ot	לִבְעוֹט
Freistoß (m)	be'itat onʃin	בְּעִיטַת עוֹנְשִׁין (נ)
Eckball (m)	be'itat 'keren	בְּעִיטַת קֶרֶן (נ)

Attacke (f)	hatkafa	הַתְקָפָה (נ)
Gegenangriff (m)	hatkafat 'neged	הַתְקָפַת נֶגֶד (נ)
Kombination (f)	ʃiluv	שִׁילּוּב (ז)

Schiedsrichter (m)	ʃofet	שׁוֹפֵט (ז)
pfeifen (vi)	liʃrok	לִשְׁרוֹק
Pfeife (f)	ʃrika	שְׁרִיקָה (נ)
Foul (n)	avira	עֲבֵירָה (נ)
foulen (vt)	leva'tse'a avira	לְבַצֵּעַ עֲבֵירָה
vom Platz verweisen	leharχik	לְהַרְחִיק

gelbe Karte (f)	kartis tsahov	כַּרְטִיס צָהוֹב (ז)
rote Karte (f)	kartis adom	כַּרְטִיס אָדוֹם (ז)
Disqualifizierung (f)	psila, ʃlila	פְּסִילָה, שְׁלִילָה (נ)
disqualifizieren (vt)	lefsol	לִפְסוֹל

Elfmeter (m)	'pendel	פֶּנְדֶּל (ז)
Mauer (f)	χoma	חוֹמָה (נ)
schießen (ein Tor ~)	lehav'ki'a	לְהַבְקִיעַ
Tor (n)	'ʃa'ar	שַׁעַר (ז)
ein Tor schießen	lehav'ki'a 'ʃa'ar	לְהַבְקִיעַ שַׁעַר

Wechsel (m)	haχlata	הַחְלָטָה (נ)
ersetzen (vt)	lehaχlif	לְהַחְלִיף
Regeln (pl)	klalim	כְּלָלִים (ז"ר)
Taktik (f)	'taktika	טַקְטִיקָה (נ)
Stadion (n)	itstadyon	אִצְטַדְיוֹן (ז)
Tribüne (f)	bama	בָּמָה (נ)

| Anhänger (m) | ohed | אוֹהֵד (ז) |
| schreien (vi) | lits'ok | לִצְעוֹק |

| Anzeigetafel (f) | 'luax totsa'ot | לוּחַ תּוֹצָאוֹת (ז) |
| Ergebnis (n) | totsa'a | תּוֹצָאָה (נ) |

Niederlage (f)	tvusa	תְּבוּסָה (נ)
verlieren (vt)	lehafsid	לְהַפְסִיד
Unentschieden (n)	'teku	תֵּיקוּ (ז)
unentschieden spielen	lesayem be'teku	לְסַיֵּם בְּתֵיקוּ

| Sieg (m) | nitsaxon | נִיצָחוֹן (ז) |
| gewinnen (vt) | lena'tseax | לְנַצֵחַ |

Meister (m)	aluf	אַלוּף (ז)
der beste	hatov beyoter	הַטוֹב בְּיוֹתֵר
gratulieren (vi)	levarex	לְבָרֵךְ

Kommentator (m)	parʃan	פַּרְשָׁן (ז)
kommentieren (vt)	lefarʃen	לְפַרְשֵׁן
Übertragung (f)	ʃidur	שִׁידוּר (ז)

137. Ski alpin

Ski (pl)	migla'ʃayim	מִגְלָשַׁיִם (ז"ר)
Ski laufen	la'asot ski	לַעֲשׂוֹת סְקִי
Skiort (m)	atar ski	אֲתַר סְקִי (ז)
Skilift (m)	ma'alit ski	מַעֲלִית סְקִי (נ)

Skistöcke (pl)	maklot ski	מַקְלוֹת סְקִי (ז"ר)
Abhang (m)	midron	מִדְרוֹן (ז)
Slalom (m)	merots akalaton	מֵירוֹץ עֲקַלָתוֹן (ז)

138. Tennis Golf

Golf (n)	golf	גוֹלְף (ז)
Golfklub (m)	mo'adon golf	מוֹעֲדוֹן גוֹלְף (ז)
Golfspieler (m)	saxkan golf	שַׂחְקָן גוֹלְף (ז)

Loch (n)	guma	גוּמָה (נ)
Schläger (m)	makel golf	מַקֵל גוֹלְף (ז)
Golfwagen (m)	eglat golf	עֶגְלַת גוֹלְף (נ)

| Tennis (n) | 'tenis | טֶנִיס (ז) |
| Tennisplatz (m) | migraʃ 'tenis | מִגְרַשׁ טֶנִיס (ז) |

| Aufschlag (m) | xavatat hagaʃa | חֲבָטַת הַגָשָׁה (נ) |
| angeben (vt) | lehagiʃ | לְהַגִישׁ |

Tennisschläger (m)	maxbet 'tenis	מַחְבֵּט טֶנִיס (ז)
Netz (n)	'reʃet	רֶשֶׁת (נ)
Ball (m)	kadur	כַּדוּר (ז)

139. Schach

Schach (n)	'ʃaχmat	שַׁחְמָט (ז)
Schachfiguren (pl)	klei 'ʃaχmat	כְּלֵי שַׁחְמָט (ז"ר)
Schachspieler (m)	ʃaχmetai	שַׁחְמְטַאי (ז)
Schachbrett (n)	'luaχ 'ʃaχmat	לוּחַ שַׁחְמָט (ז)
Figur (f)	kli	כְּלִי (ז)

Weißen (pl)	levanim	לְבָנִים (ז)
Schwarze (pl)	ʃχorim	שְׁחוֹרִים (ז)

Bauer (m)	χayal	חַיָּל (ז)
Läufer (m)	rats	רָץ (ז)
Springer (m)	paraʃ	פָּרָשׁ (ז)
Turm (m)	'tsriaχ	צְרִיחַ (ז)
Königin (f)	malka	מַלְכָּה (נ)
König (m)	'meleχ	מֶלֶךְ (ז)

Zug (m)	'tsa'ad	צַעַד (ז)
einen Zug machen	la'nu'a	לָנוּעַ
opfern (vt)	lehakriv	לְהַקְרִיב
Rochade (f)	hatsraχa	הַצְרָחָה (נ)
Schach (n)	ʃaχ	שַׁח (ז)
Matt (n)	mat	מָט (ז)

Schachturnier (n)	taχarut 'ʃaχmat	תַּחֲרוּת שַׁחְמָט (נ)
Großmeister (m)	rav oman	רַב־אוֹמָן (ז)
Kombination (f)	ʃiluv	שִׁילּוּב (ז)
Partie (f), Spiel (n)	misχak	מִשְׂחָק (ז)
Damespiel (n)	'damka	דַּמְקָה (נ)

140. Boxen

Boxen (n)	igruf	אִיגְרוּף (ז)
Boxkampf (m)	krav	קְרָב (ז)
Zweikampf (m)	du krav	דוּ־קְרָב (ז)
Runde (f)	sivuv	סִיבוּב (ז)

Ring (m)	zira	זִירָה (נ)
Gong (m, n)	gong	גּוֹנג (ז)

Schlag (m)	mahaluma	מַהֲלוּמָה (נ)
Knockdown (m)	nefila lekraʃim	נְפִילָה לִקְרָשִׁים (נ)

Knockout (m)	'nok'a'ut	נוֹקָאאוּט (ז)
k.o. schlagen (vt)	liʃ'loaχ le'nok'a'ut	לִשְׁלוֹחַ לָנוֹקָאאוּט

Boxhandschuh (m)	kfafat igruf	כְּפָפַת אִיגְרוּף (נ)
Schiedsrichter (m)	ʃofet	שׁוֹפֵט (ז)

Leichtgewicht (n)	miʃkal notsa	מִשְׁקָל נוֹצָה (ז)
Mittelgewicht (n)	miʃkal beinoni	מִשְׁקָל בֵּינוֹנִי (ז)
Schwergewicht (n)	miʃkal kaved	מִשְׁקָל כָּבֵד (ז)

141. Sport. Verschiedenes

Olympische Spiele (pl)	hamisχakim ha'o'limpiyim	הַמִשְׂחָקִים הָאוֹלִימְפִּיִים (ז"ר)
Sieger (m)	mena'tseaχ	מְנַצֵחַ (ז)
siegen (vi)	lena'tseaχ	לְנַצֵחַ
gewinnen (Sieger sein)	lena'tseaχ	לְנַצֵחַ
Tabellenführer (m)	manhig	מַנְהִיג (ז)
führen (vi)	lehovil	לְהוֹבִיל
der erste Platz	makom riʃon	מָקוֹם רִאשׁוֹן (ז)
der zweite Platz	makom ʃeni	מָקוֹם שֵנִי (ז)
der dritte Platz	makom ʃliʃi	מָקוֹם שְׁלִישִׁי (ז)
Medaille (f)	me'dalya	מֶדַלְיָה (נ)
Trophäe (f)	pras	פְּרָס (ז)
Pokal (m)	ga'vi'a nitsaχon	גָבִיעַ נִיצָחוֹן (ז)
Siegerpreis m (m)	pras	פְּרָס (ז)
Hauptpreis (m)	pras riʃon	פְּרָס רִאשׁוֹן (ז)
Rekord (m)	si	שִׂיא (ז)
einen Rekord aufstellen	lik'bo'a si	לִקְבּוֹעַ שִׂיא
Finale (n)	gmar	גְמָר (ז)
Final-	ʃel hagmar	שֶׁל הַגְמָר
Meister (m)	aluf	אַלוּף (ז)
Meisterschaft (f)	alifut	אַלִיפוּת (נ)
Stadion (n)	itstadyon	אָצְטַדְיוֹן (ז)
Tribüne (f)	bama	בָּמָה (נ)
Fan (m)	ohed	אוֹהֵד (ז)
Gegner (m)	yariv	יָרִיב (ז)
Start (m)	kav zinuk	קַו זִינוּק (ז)
Ziel (n), Finish (n)	kav hagmar	קַו הַגְמָר (ז)
Niederlage (f)	tvusa	תְבוּסָה (נ)
verlieren (vt)	lehafsid	לְהַפְסִיד
Schiedsrichter (m)	ʃofet	שׁוֹפֵט (ז)
Jury (f)	χaver ʃoftim	חָבֵר שׁוֹפְטִים (ז)
Ergebnis (n)	totsa'a	תוֹצָאָה (נ)
Unentschieden (n)	'teku	תֵיקוּ (ז)
unentschieden spielen	lesayem be'teku	לְסַיֵים בְּתֵיקוּ
Punkt (m)	nekuda	נְקוּדָה (נ)
Ergebnis (n)	totsa'a	תוֹצָאָה (נ)
Spielabschnitt (m)	sivuv	סִיבוּב (ז)
Halbzeit (f), Pause (f)	hafsaka	הַפְסָקָה (נ)
Doping (n)	sam	סַם (ז)
bestrafen (vt)	leha'aniʃ	לְהַעֲנִישׁ
disqualifizieren (vt)	lefsol	לְפְסוֹל
Sportgerät (n)	maχʃir	מַכְשִׁיר (ז)
Speer (m)	kidon	כִּידוֹן (ז)

| Kugel (im Kugelstoßen) | kadur barzel | כַּדּוּר בַּרְזֶל (ז) |
| Kugel (f), Ball (m) | kadur | כַּדּוּר (ז) |

Ziel (n)	matara	מַטָּרָה (נ)
Zielscheibe (f)	matara	מַטָּרָה (נ)
schießen (vi)	lirot	לִירוֹת
genau (Adj)	meduyak	מְדֻיָּק

Trainer (m)	me'amen	מְאַמֵּן (ז)
trainieren (vt)	le'amen	לְאַמֵּן
trainieren (vi)	lehit'amen	לְהִתְאַמֵּן
Training (n)	imun	אִימוּן (ז)

Turnhalle (f)	'xeder 'koʃer	חֶדֶר כּוֹשֶׁר (ז)
Übung (f)	imun	אִימוּן (ז)
Aufwärmen (n)	ximum	חִימוּם (ז)

Ausbildung

142. Schule

Schule (f)	beit 'sefer	בֵּית סֵפֶר (ז)
Schulleiter (m)	menahel beit 'sefer	מְנַהֵל בֵּית סֵפֶר (ז)
Schüler (m)	talmid	תַּלְמִיד (ז)
Schülerin (f)	talmida	תַּלְמִידָה (נ)
Schuljunge (m)	talmid	תַּלְמִיד (ז)
Schulmädchen (f)	talmida	תַּלְמִידָה (נ)
lehren (vt)	lelamed	לְלַמֵּד
lernen (Englisch ~)	lilmod	לִלְמוֹד
auswendig lernen	lilmod be'al pe	לִלְמוֹד בְּעַל פֶּה
lernen (vi)	lilmod	לִלְמוֹד
in der Schule sein	lilmod	לִלְמוֹד
die Schule besuchen	la'leχet le'beit 'sefer	לָלֶכֶת לְבֵית סֵפֶר
Alphabet (n)	alefbeit	אָלֶפְבֵּית (ז)
Fach (n)	mik'tso'a	מִקְצוֹעַ (ז)
Klassenraum (m)	kita	כִּיתָה (נ)
Stunde (f)	ʃi'ur	שִׁיעוּר (ז)
Pause (f)	hafsaka	הַפְסָקָה (נ)
Schulglocke (f)	pa'amon	פַּעֲמוֹן (ז)
Schulbank (f)	ʃulχan limudim	שׁוּלְחָן לִימוּדִים (ז)
Tafel (f)	'luaχ	לוּחַ (ז)
Note (f)	tsiyun	צִיּוּן (ז)
gute Note (f)	tsiyun tov	צִיּוּן טוֹב (ז)
schlechte Note (f)	tsiyun ga'ru'a	צִיּוּן גָּרוּעַ (ז)
eine Note geben	latet tsiyun	לָתֵת צִיּוּן
Fehler (m)	ta'ut	טָעוּת (נ)
Fehler machen	la'asot ta'uyot	לַעֲשׂוֹת טָעוּיוֹת
korrigieren (vt)	letaken	לְתַקֵּן
Spickzettel (m)	ʃif	שְׁלִיף (ז)
Hausaufgabe (f)	ʃi'urei 'bayit	שִׁיעוּרֵי בַּיִת (ז"ר)
Übung (f)	targil	תַּרְגִּיל (ז)
anwesend sein	lihyot no'χeaχ	לִהְיוֹת נוֹכֵחַ
fehlen (in der Schule ~)	lehe'ader	לְהֵיעָדֵר
versäumen (Schule ~)	lehaχsir	לְהַחְסִיר
bestrafen (vt)	leha'aniʃ	לְהַעֲנִישׁ
Strafe (f)	'oneʃ	עוֹנֶשׁ (ז)
Benehmen (n)	hitnahagut	הִתְנַהֲגוּת (נ)

Zeugnis (n)	yoman beit 'sefer	יוֹמָן בֵּית סֵפֶר (ז)
Bleistift (m)	iparon	עִיפָּרוֹן (ז)
Radiergummi (m)	'maxak	מַחַק (ז)
Kreide (f)	gir	גִּיר (ז)
Federkasten (m)	kalmar	קַלְמָר (ז)

Schulranzen (m)	yalkut	יַלְקוּט (ז)
Kugelschreiber, Stift (m)	et	עֵט (ז)
Heft (n)	max'beret	מַחְבֶּרֶת (נ)
Lehrbuch (n)	'sefer limud	סֵפֶר לִימּוּד (ז)
Zirkel (m)	mexuga	מְחוּגָה (נ)

| zeichnen (vt) | lesartet | לְשַׂרְטֵט |
| Zeichnung (f) | sirtut | שִׂרְטוּט (ז) |

Gedicht (n)	ʃir	שִׁיר (ז)
auswendig (Adv)	be'al pe	בְּעַל פֶּה
auswendig lernen	lilmod be'al pe	לִלְמוֹד בְּעַל פֶּה

Ferien (pl)	xuffa	חוּפְשָׁה (נ)
in den Ferien sein	lihyot bexuffa	לִהְיוֹת בְּחוּפְשָׁה
Ferien verbringen	leha'avir 'xofeʃ	לְהַעֲבִיר חוֹפֶשׁ

Test (m), Prüfung (f)	mivxan	מִבְחָן (ז)
Aufsatz (m)	xibur	חִיבּוּר (ז)
Diktat (n)	haxtava	הַכְתָּבָה (נ)
Prüfung (f)	bxina	בְּחִינָה (נ)
Prüfungen ablegen	lehibaxen	לְהִיבָּחֵן
Experiment (n)	nisui	נִיסּוּי (ז)

143. Hochschule. Universität

Akademie (f)	aka'demya	אָקָדֶמְיָה (נ)
Universität (f)	uni'versita	אוּנִיבֶּרְסִיטָה (נ)
Fakultät (f)	fa'kulta	פָקוּלְטָה (נ)

Student (m)	student	סְטוּדֶנְט (ז)
Studentin (f)	stu'dentit	סְטוּדֶנְטִית (נ)
Lehrer (m)	martse	מַרְצֶה (ז)

| Hörsaal (m) | ulam hartsa'ot | אוּלַם הַרְצָאוֹת (ז) |
| Hochschulabsolvent (m) | boger | בּוֹגֵר (ז) |

| Diplom (n) | di'ploma | דִּיפְלוֹמָה (נ) |
| Dissertation (f) | diser'tatsya | דִיסֶרְטַצְיָה (נ) |

| Forschung (f) | mexkar | מֶחְקָר (ז) |
| Labor (n) | ma'abada | מַעֲבָּדָה (נ) |

| Vorlesung (f) | hartsa'a | הַרְצָאָה (נ) |
| Kommilitone (m) | xaver lelimudim | חָבֵר לְלִימּוּדִים (ז) |

| Stipendium (n) | milga | מִלְגָּה (נ) |
| akademischer Grad (m) | 'to'ar aka'demi | תּוֹאַר אָקָדֶמִי (ז) |

144. Naturwissenschaften. Fächer

Mathematik (f)	mate'matika	מָתֶמָטִיקָה (נ)
Algebra (f)	'algebra	אַלְגֶּבְּרָה (נ)
Geometrie (f)	ge'o'metriya	גֵּיאוֹמֶטְרְיָה (נ)
Astronomie (f)	astro'nomya	אַסְטְרוֹנוֹמְיָה (נ)
Biologie (f)	bio'logya	בִּיוֹלוֹגְיָה (נ)
Erdkunde (f)	ge'o'grafya	גֵּיאוֹגְרַפְיָה (נ)
Geologie (f)	ge'o'logya	גֵּיאוֹלוֹגְיָה (נ)
Geschichte (f)	his'torya	הִיסְטוֹרְיָה (נ)
Medizin (f)	refu'a	רְפוּאָה (נ)
Pädagogik (f)	χinuχ	חִינוּךְ (ז)
Recht (n)	miſpatim	מִשְׁפָּטִים (ז"ר)
Physik (f)	'fizika	פִיזִיקָה (נ)
Chemie (f)	'χimya	כִימְיָה (נ)
Philosophie (f)	filo'sofya	פִילוֹסוֹפְיָה (נ)
Psychologie (f)	psiχo'logya	פְּסִיכוֹלוֹגְיָה (נ)

145. Schrift Rechtschreibung

Grammatik (f)	dikduk	דִּקְדּוּק (ז)
Lexik (f)	otsar milim	אוֹצַר מִילִים (ז)
Phonetik (f)	torat ha'hege	תּוֹרַת הַהֶגֶה (נ)
Substantiv (n)	ſem 'etsem	שֵׁם עֶצֶם (ז)
Adjektiv (n)	ſem 'to'ar	שֵׁם תּוֹאַר (ז)
Verb (n)	po'el	פּוֹעַל (ז)
Adverb (n)	'to'ar 'po'al	תּוֹאַר פּוֹעַל (ז)
Pronomen (n)	ſem guf	שֵׁם גּוּף (ז)
Interjektion (f)	milat kri'a	מִילַת קְרִיאָה (נ)
Präposition (f)	milat 'yaχas	מִילַת יַחַס (נ)
Wurzel (f)	'ſoreſ	שׁוֹרֶשׁ (ז)
Endung (f)	si'yomet	סִיוֹמֶת (נ)
Vorsilbe (f)	tχilit	תְּחִילִית (נ)
Silbe (f)	havara	הֲבָרָה (נ)
Suffix (n), Nachsilbe (f)	si'yomet	סִיוֹמֶת (נ)
Betonung (f)	'ta'am	טַעַם (ז)
Apostroph (m)	'gereſ	גֶּרֶשׁ (ז)
Punkt (m)	nekuda	נְקוּדָה (נ)
Komma (n)	psik	פְּסִיק (ז)
Semikolon (n)	nekuda ufsik	נְקוּדָה וּפְסִיק (נ)
Doppelpunkt (m)	nekudo'tayim	נְקוּדוֹתַיִם (נ"ר)
Auslassungspunkte (pl)	ſaloſ nekudot	שָׁלוֹשׁ נְקוּדוֹת (נ"ר)
Fragezeichen (n)	siman ſe'ela	סִימָן שְׁאֵלָה (ז)
Ausrufezeichen (n)	siman kri'a	סִימָן קְרִיאָה (ז)

Anführungszeichen (pl)	merχa'ot	מֵרְכָאוֹת (ז"ר)
in Anführungszeichen	bemerχa'ot	בְּמֵרְכָאוֹת
runde Klammern (pl)	sog'rayim	סוֹגְרַיִים (ז"ר)
in Klammern	besog'rayim	בְּסוֹגְרַיִים
Bindestrich (m)	makaf	מַקָּף (ז)
Gedankenstrich (m)	kav mafrid	קַו מַפְרִיד (ז)
Leerzeichen (n)	'revaχ	רֶווַח (ז)
Buchstabe (m)	ot	אוֹת (נ)
Großbuchstabe (m)	ot gdola	אוֹת גְדוֹלָה (נ)
Vokal (m)	tnu'a	תְנוּעָה (נ)
Konsonant (m)	itsur	עִיצוּר (ז)
Satz (m)	miʃpat	מִשְׁפָּט (ז)
Subjekt (n)	nose	נוֹשֵׂא (ז)
Prädikat (n)	nasu	נָשׂוּא (ז)
Zeile (f)	ʃura	שׁוּרָה (נ)
in einer neuen Zeile	beʃura χadaʃa	בְּשׁוּרָה חֲדָשָׁה
Absatz (m)	piska	פִּסְקָה (נ)
Wort (n)	mila	מִילָה (נ)
Wortverbindung (f)	tsiruf milim	צֵירוּף מִילִים (ז)
Redensart (f)	bitui	בִּיטוּי (ז)
Synonym (n)	mila nir'defet	מִילָה נִרְדֶפֶת (נ)
Antonym (n)	'hefeχ	הֶפֶךְ (ז)
Regel (f)	klal	כְּלָל (ז)
Ausnahme (f)	yotse min haklal	יוֹצֵא מִן הַכְּלָל (ז)
richtig (Adj)	naχon	נָכוֹן
Konjugation (f)	hataya	הַטָיָה (נ)
Deklination (f)	hataya	הַטָיָה (נ)
Kasus (m)	yaχasa	יַחֲסָה (נ)
Frage (f)	ʃe'ela	שְׁאֵלָה (נ)
unterstreichen (vt)	lehadgiʃ	לְהַדְגִּישׁ
punktierte Linie (f)	kav nakud	קַו נָקוּד (ז)

146. Fremdsprachen

Sprache (f)	safa	שָׂפָה (נ)
Fremd-	zar	זָר
Fremdsprache (f)	safa zara	שָׂפָה זָרָה (נ)
studieren (z.B. Jura ~)	lilmod	לִלְמוֹד
lernen (Englisch ~)	lilmod	לִלְמוֹד
lesen (vi, vt)	likro	לִקְרוֹא
sprechen (vi, vt)	ledaber	לְדַבֵּר
verstehen (vt)	lehavin	לְהָבִין
schreiben (vi, vt)	liχtov	לִכְתוֹב
schnell (Adv)	maher	מַהֵר
langsam (Adv)	le'at	לְאַט

fließend (Adv)	χofʃi	חוֹפְשִׁי
Regeln (pl)	klalim	כְּלָלִים (ז"ר)
Grammatik (f)	dikduk	דִקְדוּק (ז)
Vokabular (n)	otsar milim	אוֹצַר מִילִים (ז)
Phonetik (f)	torat ha'hege	תוֹרַת הַהֶגֶה (נ)

Lehrbuch (n)	'sefer limud	סֵפֶר לִימוּד (ז)
Wörterbuch (n)	milon	מִילוֹן (ז)
Selbstlernbuch (n)	'sefer lelimud atsmi	סֵפֶר לְלִימוּד עַצְמִי (ז)
Sprachführer (m)	siχon	שִׂיחוֹן (ז)

Kassette (f)	ka'letet	קַלֶטֶת (נ)
Videokassette (f)	ka'letet 'vide'o	קַלֶטֶת וִידֵיאוֹ (נ)
CD (f)	taklitor	תַקְלִיטוֹר (ז)
DVD (f)	di vi di	דִי. וִי. דִי. (ז)

Alphabet (n)	alefbeit	אָלֶפְבֵּית (ז)
buchstabieren (vt)	le'ayet	לְאַיֵת
Aussprache (f)	hagiya	הַגִיָיה (נ)

Akzent (m)	mivta	מִבְטָא (ז)
mit Akzent	im mivta	עִם מִבְטָא
ohne Akzent	bli mivta	בְּלִי מִבְטָא

Wort (n)	mila	מִילָה (נ)
Bedeutung (f)	maʃma'ut	מַשְׁמָעוּת (נ)

Kurse (pl)	kurs	קוּרס (ז)
sich einschreiben	leheraʃem lekurs	לְהֵירָשֵׁם לְקוּרס
Lehrer (m)	more	מוֹרֶה (ז)

Übertragung (f)	tirgum	תַרְגוּם (ז)
Übersetzung (f)	tirgum	תַרְגוּם (ז)
Übersetzer (m)	metargem	מְתַרְגֵם (ז)
Dolmetscher (m)	meturgeman	מְתוּרגְמָן (ז)

Polyglott (m, f)	poliglot	פּוֹלִיגלוֹט (ז)
Gedächtnis (n)	zikaron	זִיכָּרוֹן (ז)

147. Märchenfiguren

Weihnachtsmann (m)	'santa 'kla'us	סַנטָה קלָאוּס (ז)
Aschenputtel (n)	sinde'rela	סִינדֶרֶלָה
Nixe (f)	bat yam, betulat hayam	בַּת יָם, בְּתוּלַת הַיָם (נ)
Neptun (m)	neptun	נֶפּטוּן (ז)

Zauberer (m)	kosem	קוֹסֵם (ז)
Zauberin (f)	'feya	פֵיָה (נ)
magisch, Zauber-	kasum	קָסוּם
Zauberstab (m)	ʃarvit 'kesem	שַׁרבִיט קֶסֶם (ז)

Märchen (n)	agada	אַגָדָה (נ)
Wunder (n)	nes	נֵס (ז)
Zwerg (m)	gamad	גַמָד (ז)

129

sich verwandeln in ...	lahafox le...	...לַהֲפֹךְ לְ
Geist (m)	'ruax refa''im	רוּחַ רְפָאִים (נ)
Gespenst (n)	'ruax refa''im	רוּחַ רְפָאִים (נ)
Ungeheuer (n)	mif'letset	מִפְלֶצֶת (נ)
Drache (m)	drakon	דְרָקוֹן (ז)
Riese (m)	anak	עֲנָק (ז)

148. Sternzeichen

Widder (m)	tale	טָלֶה (ז)
Stier (m)	ʃor	שׁוֹר (ז)
Zwillinge (pl)	te'omim	תְאוֹמִים (ז"ר)
Krebs (m)	sartan	סַרְטָן (ז)
Löwe (m)	arye	אַרְיֵה (ז)
Jungfrau (f)	betula	בְּתוּלָה (נ)

Waage (f)	moz'nayim	מֹאזְנַיִים (ז"ר)
Skorpion (m)	akrav	עַקְרָב (ז)
Schütze (m)	kaʃat	קַשָׁת (ז)
Steinbock (m)	gdi	גְדִי (ז)
Wassermann (m)	dli	דְלִי (ז)
Fische (pl)	dagim	דָגִים (ז"ר)

Charakter (m)	'ofi	אוֹפִי (ז)
Charakterzüge (pl)	tχunot 'ofi	תְכוּנוֹת אוֹפִי (נ"ר)
Benehmen (n)	hitnahagut	הִתְנַהֲגוּת (נ)
wahrsagen (vt)	lenabe et ha'atid	לְנַבֵּא אֶת הֶעָתִיד
Wahrsagerin (f)	ma'gedet atidot	מַגֶדֶת עֲתִידוֹת (נ)
Horoskop (n)	horoskop	הוֹרוֹסְקוֹפ (ז)

Kunst

149. Theater

Theater (n)	te'atron	תֵּיאַטְרוֹן (ז)
Oper (f)	'opera	אוֹפֵּרָה (נ)
Operette (f)	ope'reta	אוֹפֵּרֵטָה (נ)
Ballett (n)	balet	בָּלֶט (ז)
Theaterplakat (n)	kraza	כְּרָזָה (נ)
Truppe (f)	lahaka	לַהֲקָה (נ)
Tournee (f)	masa hofa'ot	מַסַּע הוֹפָעוֹת (ז)
auf Tournee sein	latset lemasa hofa'ot	לָצֵאת לְמַסַּע הוֹפָעוֹת
proben (vt)	la'aroχ χazara	לַעֲרוֹךְ חֲזָרָה
Probe (f)	χazara	חֲזָרָה (נ)
Spielplan (m)	repertu'ar	רֶפֶּרְטוּאָר (ז)
Aufführung (f)	hofa'a	הוֹפָעָה (נ)
Vorstellung (f)	hatsaga	הַצָּגָה (נ)
Theaterstück (n)	maχaze	מַחֲזֶה (ז)
Karte (f)	kartis	כַּרְטִיס (ז)
Theaterkasse (f)	kupa	קוּפָּה (נ)
Halle (f)	'lobi	לוֹבִּי (ז)
Garderobe (f)	meltaχa	מֶלְתָּחָה (נ)
Garderobennummer (f)	mispar meltaχa	מִסְפַּר מֶלְתָּחָה (ז)
Opernglas (n)	miʃkefet	מִשְׁקֶפֶת (נ)
Platzanweiser (m)	sadran	סַדְרָן (ז)
Parkett (n)	parter	פַּרְטֶר (ז)
Balkon (m)	mir'peset	מִרְפֶּסֶת (נ)
der erste Rang	ya'tsi'a	יָצִיעַ (ז)
Loge (f)	ta	תָּא (ז)
Reihe (f)	ʃura	שׁוּרָה (נ)
Platz (m)	moʃav	מוֹשָׁב (ז)
Publikum (n)	'kahal	קָהָל (ז)
Zuschauer (m)	tsofe	צוֹפֶה (ז)
klatschen (vi)	limχo ka'payim	לִמְחוֹא כַּפַּיִם
Applaus (m)	meχi'ot ka'payim	מְחִיאוֹת כַּפַּיִם (נ"ר)
Ovation (f)	tʃu'ot	תְּשׁוּאוֹת (נ"ר)
Bühne (f)	bama	בָּמָה (נ)
Vorhang (m)	masaχ	מָסָךְ (ז)
Dekoration (f)	taf'ura	תַּפְאוּרָה (נ)
Kulissen (pl)	klayim	קְלָעִים
Szene (f)	'stsena	סְצֵינָה (נ)
Akt (m)	ma'araχa	מַעֲרָכָה (נ)
Pause (f)	hafsaka	הַפְסָקָה (נ)

150. Kino

| Schauspieler (m) | saχkan | שַׂחְקָן (ז) |
| Schauspielerin (f) | saχkanit | שַׂחְקָנִית (נ) |

Kino (n)	kol'no'a	קוֹלְנוֹעַ (ז)
Film (m)	'seret	סֶרֶט (ז)
Folge (f)	epi'zoda	אֶפִּיזוֹדָה (נ)

Krimi (m)	'seret balaʃi	סֶרֶט בַּלָשִׁי (ז)
Actionfilm (m)	ma'arvon	מַעַרְבוֹן (ז)
Abenteuerfilm (m)	'seret harpatka'ot	סֶרֶט הַרְפַּתְקָאוֹת (ז)
Science-Fiction-Film (m)	'seret mada bidyoni	סֶרֶט מַדָע בִּדְיוֹנִי (ז)
Horrorfilm (m)	'seret eima	סֶרֶט אֵימָה (ז)

Komödie (f)	ko'medya	קוֹמֶדְיָה (נ)
Melodrama (n)	melo'drama	מֶלוֹדְרָמָה (נ)
Drama (n)	'drama	דְרָמָה (נ)

Spielfilm (m)	'seret alilati	סֶרֶט עֲלִילָתִי (ז)
Dokumentarfilm (m)	'seret ti'udi	סֶרֶט תִּיעוּדִי (ז)
Zeichentrickfilm (m)	'seret ani'matsya	סֶרֶט אָנִימַצְיָה (ז)
Stummfilm (m)	sratim ilmim	סְרָטִים אִילְמִים (ז"ר)

Rolle (f)	tafkid	תַפְקִיד (ז)
Hauptrolle (f)	tafkid raʃi	תַפְקִיד רָאשִׁי (ז)
spielen (Schauspieler)	lesaχek	לְשַׂחֵק

Filmstar (m)	koχav kol'no'a	כּוֹכַב קוֹלְנוֹעַ (ז)
bekannt	mefursam	מְפוּרְסָם
berühmt	mefursam	מְפוּרְסָם
populär	popu'lari	פּוֹפּוּלָרִי

Drehbuch (n)	tasrit	תַסְרִיט (ז)
Drehbuchautor (m)	tasritai	תַסְרִיטַאי (ז)
Regisseur (m)	bamai	בַּמַאי (ז)
Produzent (m)	mefik	מֵפִיק (ז)
Assistent (m)	ozer	עוֹזֵר (ז)
Kameramann (m)	tsalam	צַלָם (ז)
Stuntman (m)	pa'alulan	פַּעֲלוּלָן (ז)
Double (n)	saχkan maχlif	שַׂחְקָן מַחֲלִיף (ז)

einen Film drehen	letsalem 'seret	לְצַלֵם סֶרֶט
Probe (f)	mivdak	מִבְדָק (ז)
Dreharbeiten (pl)	hasrata	הַסְרָטָה (נ)
Filmteam (n)	'tsevet ha'seret	צֶוֶות הַסֶרֶט (ז)
Filmset (m)	atar hatsilum	אֲתַר הַצִילוּם (ז)
Filmkamera (f)	matslema	מַצְלֵמָה (נ)

Kino (n)	beit kol'no'a	בֵּית קוֹלְנוֹעַ (ז)
Leinwand (f)	masaχ	מָסָך (ז)
einen Film zeigen	lehar'ot 'seret	לְהַרְאוֹת סֶרֶט

| Tonspur (f) | paskol | פַּסְקוֹל (ז) |
| Spezialeffekte (pl) | e'fektim meyuχadim | אֶפֶקְטִים מְיוּחָדִים (ז"ר) |

Untertitel (pl)	ktuviyot	כְּתוּבִיוֹת (נ״ר)
Abspann (m)	ktuviyot	כְּתוּבִיוֹת (נ״ר)
Übersetzung (f)	tirgum	תִּרְגּוּם (ז)

151. Gemälde

Kunst (f)	amanut	אָמָנוּת (נ)
schönen Künste (pl)	omanuyot yafot	אוֹמָנוּיוֹת יָפוֹת (נ״ר)
Kunstgalerie (f)	ga'lerya le'amanut	גַּלֶרְיָה לְאָמָנוּת (נ)
Kunstausstellung (f)	ta'aruxat amanut	תַּעֲרוּכַת אָמָנוּת (נ)

Malerei (f)	tsiyur	צִיּוּר (ז)
Graphik (f)	'grafika	גְּרָפִיקָה (נ)
abstrakte Kunst (f)	amanut muf'fetet	אָמָנוּת מוּפְשֶׁטֶת (נ)
Impressionismus (m)	impresyonizm	אִימְפְּרֶסְיוֹנִיזְם (ז)

Bild (n)	tmuna	תְּמוּנָה (נ)
Zeichnung (Kohle- usw.)	tsiyur	צִיּוּר (ז)
Plakat (n)	'poster	פּוֹסְטֶר (ז)

Illustration (f)	iyur	אִיּוּר (ז)
Miniatur (f)	minya'tura	מִינְיָאטוּרָה (נ)
Kopie (f)	he'etek	הֶעְתֵּק (ז)
Reproduktion (f)	ʃi'atuk	שִׁיעְתּוּק (ז)

Mosaik (n)	psefas	פְּסֵיפָס (ז)
Glasmalerei (f)	vitraʒ	וִיטְרָאז' (ז)
Fresko (n)	fresko	פְרֶסְקוֹ (ז)
Gravüre (f)	taxrit	תַּחְרִיט (ז)

Büste (f)	pro'toma	פְּרוֹטוֹמָה (נ)
Skulptur (f)	'pesel	פֶּסֶל (ז)
Statue (f)	'pesel	פֶּסֶל (ז)
Gips (m)	'geves	גֶּבֶס (ז)
aus Gips	mi'geves	מִגֶּבֶס

Porträt (n)	dyukan	דְּיוֹקָן (ז)
Selbstporträt (n)	dyukan atsmi	דְּיוֹקָן עַצְמִי (ז)
Landschaftsbild (n)	tsiyur nof	צִיּוּר נוֹף (ז)
Stillleben (n)	'teva domem	טֶבַע דּוֹמֵם (ז)
Karikatur (f)	karika'tura	קָרִיקָטוּרָה (נ)
Entwurf (m)	tarʃim	תַּרְשִׁים (ז)

Farbe (f)	'tseva	צֶבַע (ז)
Aquarellfarbe (f)	'tseva 'mayim	צֶבַע מַיִם (ז)
Öl (n)	'ʃemen	שֶׁמֶן (ז)
Bleistift (m)	iparon	עִפָּרוֹן (ז)
Tusche (f)	tuʃ	טוּשׁ (ז)
Kohle (f)	pexam	פֶּחָם (ז)

zeichnen (vt)	letsayer	לְצַיֵּר
malen (vi, vt)	letsayer	לְצַיֵּר
Modell stehen	ledagmen	לְדַגְמֵן
Modell (Mask.)	dugman eirom	דּוּגְמָן עֵירוֹם (ז)

133

Modell (Fem.)	dugmanit erom	דּוּגְמָנִית עֵירוֹם (נ)
Maler (m)	tsayar	צַיָּר (ז)
Kunstwerk (n)	yetsirat amanut	יְצִירַת אָמָנוּת (נ)
Meisterwerk (n)	yetsirat mofet	יְצִירַת מוֹפֵת (נ)
Atelier (n), Werkstatt (f)	'studyo	סְטוּדְיוֹ (ז)

Leinwand (f)	bad piʃtan	בַּד פִּשְׁתָּן (ז)
Staffelei (f)	kan tsiyur	כַּן צִיּוּר (ז)
Palette (f)	'plata	פָּלֶטָה (נ)

Rahmen (m)	mis'geret	מִסְגֶּרֶת (נ)
Restauration (f)	ʃixzur	שִׁחְזוּר (ז)
restaurieren (vt)	leʃaxzer	לְשַׁחְזֵר

152. Literatur und Dichtkunst

Literatur (f)	sifrut	סִפְרוּת (נ)
Autor (m)	sofer	סוֹפֵר (ז)
Pseudonym (n)	ʃem badui	שֵׁם בָּדוּי (ז)

Buch (n)	'sefer	סֵפֶר (ז)
Band (m)	'kerex	כֶּרֶךְ (ז)
Inhaltsverzeichnis (n)	'toxen inyanim	תּוֹכֶן עִנְיָנִים (ז)
Seite (f)	amud	עַמּוּד (ז)
Hauptperson (f)	hagibor haraʃi	הַגִּיבּוֹר הָרָאשִׁי (ז)
Autogramm (n)	xatima	חֲתִימָה (נ)

Kurzgeschichte (f)	sipur katsar	סִיפּוּר קָצָר (ז)
Erzählung (f)	sipur	סִיפּוּר (ז)
Roman (m)	roman	רוֹמָן (ז)
Werk (Buch usw.)	xibur	חִיבּוּר (ז)
Fabel (f)	maʃal	מָשָׁל (ז)
Krimi (m)	roman balaʃi	רוֹמָן בַּלָּשִׁי (ז)

Gedicht (n)	ʃir	שִׁיר (ז)
Dichtung (f), Poesie (f)	ʃira	שִׁירָה (נ)
Gedicht (n)	po"ema	פּוֹאֶמָה (נ)
Dichter (m)	meʃorer	מְשׁוֹרֵר (ז)

schöne Literatur (f)	sifrut yafa	סִפְרוּת יָפָה (נ)
Science-Fiction (f)	mada bidyoni	מַדָּע בִּדְיוֹנִי (ז)
Abenteuer (pl)	harpatka'ot	הַרְפַּתְקָאוֹת (נ"ר)
Schülerliteratur (pl)	sifrut limudit	סִפְרוּת לִימּוּדִית (נ)
Kinderliteratur (f)	sifrut yeladim	סִפְרוּת יְלָדִים (נ)

153. Zirkus

Zirkus (m)	kirkas	קִרְקָס (ז)
Wanderzirkus (m)	kirkas nayad	קִרְקָס נַיָּד (ז)
Programm (n)	toxnit	תּוֹכְנִית (נ)
Vorstellung (f)	hofa'a	הוֹפָעָה (נ)
Nummer (f)	hofa'a	הוֹפָעָה (נ)

Manege (f)	zira	זירה (נ)
Pantomime (f)	panto'mima	פַּנְטוֹמִימָה (נ)
Clown (m)	leitsan	לֵיצָן (ז)

Akrobat (m)	akrobat	אַקְרוֹבָּט (ז)
Akrobatik (f)	akro'batika	אַקְרוֹבָּטִיקָה (נ)
Turner (m)	mit'amel	מִתְעַמֵל (ז)
Turnen (n)	hit'amlut	הִתְעַמְלוּת (נ)
Salto (m)	'salta	סַלְטָה (נ)

Kraftmensch (m)	atlet	אַתְלֵט (ז)
Bändiger, Dompteur (m)	me'alef	מְאַלֵף (ז)
Reiter (m)	roxev	רוֹכֵב (ז)
Assistent (m)	ozer	עוֹזֵר (ז)

Trick (m)	pa'alul	פַּעֲלוּל (ז)
Zaubertrick (m)	'kesem	קֶסֶם (ז)
Zauberkünstler (m)	kosem	קוֹסֵם (ז)

Jongleur (m)	lahatutan	לַהֲטוּטָן (ז)
jonglieren (vi)	lelahtet	לְלַהֲטֵט
Dresseur (m)	me'alef hayot	מְאַלֵף חַיוֹת (ז)
Dressur (f)	iluf xayot	אִילוּף חַיוֹת (ז)
dressieren (vt)	le'alef	לְאַלֵף

154. Musik. Popmusik

Musik (f)	'muzika	מוּזִיקָה (נ)
Musiker (m)	muzikai	מוּזִיקַאי (ז)
Musikinstrument (n)	kli negina	כְּלִי נְגִינָה (ז)
spielen (auf der Gitarre ~)	lenagen be...	לְנַגֵן בְּ...

Gitarre (f)	gi'tara	גִיטָרָה (נ)
Geige (f)	kinor	כִּינוֹר (ז)
Cello (n)	'tʃelo	צֶ'לוֹ (ז)
Kontrabass (m)	kontrabas	קוֹנְטְרַבָּס (ז)
Harfe (f)	'nevel	נֵבֶל (ז)

Klavier (n)	psanter	פְּסַנְתֵר (ז)
Flügel (m)	psanter kanaf	פְּסַנְתֵר כָּנָף (ז)
Orgel (f)	ugav	עוּגָב (ז)

Blasinstrumente (pl)	klei neʃifa	כְּלֵי נְשִיפָה (ז"ר)
Oboe (f)	abuv	אַבּוּב (ז)
Saxophon (n)	saksofon	סַקְסוֹפוֹן (ז)
Klarinette (f)	klarinet	קְלָרִינֶט (ז)
Flöte (f)	xalil	חָלִיל (ז)
Trompete (f)	xatsotsra	חֲצוֹצְרָה (נ)

| Akkordeon (n) | akordyon | אָקוֹרְדְיוֹן (ז) |
| Trommel (f) | tof | תוֹף (ז) |

| Duo (n) | 'du'o | דוּאוֹ (ז) |
| Trio (n) | ʃliʃiya | שְלִישִיָה (נ) |

Quartett (n)	revi'iya	רְבִיעִיָה (נ)
Chor (m)	makhela	מַקְהֵלָה (נ)
Orchester (n)	tiz'moret	תִזְמוֹרֶת (נ)

Popmusik (f)	'muzikat pop	מוּזִיקַת פּוֹפ (נ)
Rockmusik (f)	'muzikat rok	מוּזִיקַת רוֹק (נ)
Rockgruppe (f)	lehakat rok	לַהֲקַת רוֹק (נ)
Jazz (m)	dʒez	גַ'ז (ז)

| Idol (n) | koχav | כּוֹכָב (ז) |
| Verehrer (m) | ohed | אוֹהֵד (ז) |

Konzert (n)	kontsert	קוֹנְצֶרְט (ז)
Sinfonie (f)	si'fonya	סִימְפוֹנְיָה (נ)
Komposition (f)	yetsira	יְצִירָה (נ)
komponieren (vt)	leχaber	לְחַבֵּר

Gesang (m)	ʃira	שִׁירָה (נ)
Lied (n)	ʃir	שִׁיר (ז)
Melodie (f)	mangina	מַנְגִינָה (נ)
Rhythmus (m)	'ketsev	קֶצֶב (ז)
Blues (m)	bluz	בְּלוּז (ז)

Noten (pl)	tavim	תָוִים (ז"ר)
Taktstock (m)	ʃarvit ni'tsuaχ	שַׁרְבִיט נִיצוּחַ (ז)
Bogen (m)	'keʃet	קֶשֶׁת (נ)
Saite (f)	meitar	מֵיתָר (ז)
Koffer (Violinen-)	nartik	נַרְתִיק (ז)

Erholung. Unterhaltung. Reisen

155. Ausflug. Reisen

Tourismus (m)	tayarut	תַּיָּירוּת (נ)
Tourist (m)	tayar	תַּיָּיר (ז)
Reise (f)	tiyul	טִיּוּל (ז)
Abenteuer (n)	harpatka	הַרְפַּתְקָה (נ)
Fahrt (f)	nesi'a	נְסִיעָה (נ)

Urlaub (m)	χuffa	חוּפְשָׁה (נ)
auf Urlaub sein	lihyot beχuffa	לִהְיוֹת בָּחוּפְשָׁה
Erholung (f)	menuχa	מְנוּחָה (נ)

Zug (m)	ra'kevet	רַכֶּבֶת (נ)
mit dem Zug	bera'kevet	בְּרַכֶּבֶת
Flugzeug (n)	matos	מָטוֹס (ז)
mit dem Flugzeug	bematos	בְּמָטוֹס
mit dem Auto	bemeχonit	בִּמְכוֹנִית
mit dem Schiff	be'oniya	בָּאוֹנִיָּיה

Gepäck (n)	mit'an	מִטְעָן (ז)
Koffer (m)	mizvada	מִזְוָודָה (נ)
Gepäckwagen (m)	eglat mit'an	עֶגְלַת מִטְעָן (נ)

Pass (m)	darkon	דַּרְכּוֹן (ז)
Visum (n)	'viza, afra	וִיזָה, אַשְׁרָה (נ)
Fahrkarte (f)	kartis	כַּרְטִיס (ז)
Flugticket (n)	kartis tisa	כַּרְטִיס טִיסָה (ז)

Reiseführer (m)	madriχ	מַדְרִיךְ (ז)
Landkarte (f)	mapa	מַפָּה (נ)
Gegend (f)	ezor	אֵזוֹר (ז)
Ort (wunderbarer ~)	makom	מָקוֹם (ז)

Exotika (pl)	ek'zotika	אֶקְזוֹטִיקָה (נ)
exotisch	ek'zoti	אֶקְזוֹטִי
erstaunlich (Adj)	nifla	נִפְלָא

Gruppe (f)	kvutsa	קְבוּצָה (נ)
Ausflug (m)	tiyul	טִיּוּל (ז)
Reiseleiter (m)	madriχ tiyulim	מַדְרִיךְ טִיּוּלִים (ז)

156. Hotel

Hotel (n), Gasthaus (n)	malon	מָלוֹן (ז)
Motel (n)	motel	מוֹטֶל (ז)
drei Sterne	flofa koχavim	שְׁלוֹשָׁה כּוֹכָבִים

fünf Sterne	χamiʃa koχavim	חֲמִישָׁה כּוֹכָבִים
absteigen (vi)	lehit'aχsen	לְהִתְאַכְסֵן

Hotelzimmer (n)	'χeder	חֶדֶר (ז)
Einzelzimmer (n)	'χeder yaχid	חֶדֶר יָחִיד (ז)
Zweibettzimmer (n)	'χeder zugi	חֶדֶר זוּגִי (ז)
reservieren (vt)	lehazmin 'χeder	לְהַזְמִין חֶדֶר

Halbpension (f)	χatsi pensiyon	חֲצִי פֶּנְסִיוֹן (ז)
Vollpension (f)	pensyon male	פֶּנסִיוֹן מָלֵא (ז)

mit Bad	im am'batya	עִם אַמְבַּטְיָה
mit Dusche	im mik'laχat	עִם מִקְלַחַת
Satellitenfernsehen (n)	tele'vizya bekvalim	טֶלֶוִויזְיָה בְּכְבָלִים (נ)
Klimaanlage (f)	mazgan	מַזְגָן (ז)
Handtuch (n)	ma'gevet	מַגֶּבֶת (נ)
Schlüssel (m)	maf'teaχ	מַפְתֵּחַ (ז)

Verwalter (m)	amarkal	אֲמַרְכָּל (ז)
Zimmermädchen (n)	χadranit	חַדְרָנִית (נ)
Träger (m)	sabal	סַבָּל (ז)
Portier (m)	pakid kabala	פְּקִיד קַבָּלָה (ז)

Restaurant (n)	mis'ada	מִסְעָדָה (נ)
Bar (f)	bar	בָּר (ז)
Frühstück (n)	aruχat 'boker	אֲרוּחַת בּוֹקֶר (נ)
Abendessen (n)	aruχat 'erev	אֲרוּחַת עֶרֶב (נ)
Buffet (n)	miznon	מִזְנוֹן (ז)

Foyer (n)	'lobi	לוֹבִּי (ז)
Aufzug (m), Fahrstuhl (m)	ma'alit	מַעֲלִית (נ)

BITTE NICHT STÖREN!	lo lehaf'ri'a	לֹא לְהַפְרִיעַ
RAUCHEN VERBOTEN!	asur le'aʃen!	אָסוּר לְעַשֵׁן!

157. Bücher. Lesen

Buch (n)	'sefer	סֵפֶר (ז)
Autor (m)	sofer	סוֹפֵר (ז)
Schriftsteller (m)	sofer	סוֹפֵר (ז)
verfassen (vt)	liχtov	לִכְתוֹב

Leser (m)	kore	קוֹרֵא (ז)
lesen (vi, vt)	likro	לִקְרוֹא
Lesen (n)	kri'a	קְרִיאָה (נ)

still (~ lesen)	belev, be'ʃeket	בְּלֵב, בְּשֶׁקֶט
laut (Adv)	bekol ram	בְּקוֹל רָם

verlegen (vt)	lehotsi la'or	לְהוֹצִיא לָאוֹר
Ausgabe (f)	hotsa'a la'or	הוֹצָאָה לָאוֹר (נ)
Herausgeber (m)	motsi le'or	מוֹצִיא לָאוֹר (ז)
Verlag (m)	hotsa'a la'or	הוֹצָאָה לָאוֹר (נ)
erscheinen (Buch)	latset le'or	לָצֵאת לָאוֹר

Erscheinen (n)	hafatsa	הַפָּצָה (נ)
Auflage (f)	tfutsa	תפוצה (נ)
Buchhandlung (f)	χanut sfarim	חֲנוּת סְפָרִים (נ)
Bibliothek (f)	sifriya	ספרִיָּה (נ)
Erzählung (f)	sipur	סִיפּוּר (ז)
Kurzgeschichte (f)	sipur katsar	סִיפּוּר קָצָר (ז)
Roman (m)	roman	רוֹמָן (ז)
Krimi (m)	roman balaʃi	רוֹמָן בַּלָשִׁי (ז)
Memoiren (pl)	ziχronot	זִיכְרוֹנוֹת (ז"ר)
Legende (f)	agada	אַגָּדָה (נ)
Mythos (m)	'mitos	מִיתוֹס (ז)
Gedichte (pl)	ʃirim	שִׁירִים (ז"ר)
Autobiographie (f)	otobio'grafya	אוֹטוֹבִּיוֹגְרַפְיָה (נ)
ausgewählte Werke (pl)	mivχar ktavim	מִבְחַר כְּתָבִים (ז)
Science-Fiction (f)	mada bidyoni	מַדָּע בִּדְיוֹנִי (ז)
Titel (m)	kotar	כּוֹתָר (ז)
Einleitung (f)	mavo	מָבוֹא (ז)
Titelseite (f)	amud ha'ʃa'ar	עַמוּד הַשַּׁעַר (ז)
Kapitel (n)	'perek	פֶּרֶק (ז)
Auszug (m)	'keta	קֶטַע (ז)
Episode (f)	epi'zoda	אֶפִּיזוֹדָה (נ)
Sujet (n)	alila	עֲלִילָה (נ)
Inhalt (m)	'toχen	תּוֹכֶן (ז)
Inhaltsverzeichnis (n)	'toχen inyanim	תּוֹכֶן עִנְיָינִים (ז)
Hauptperson (f)	hagibor haraʃi	הַגִּיבּוֹר הָרָאשִׁי (ז)
Band (m)	'kereχ	כֶּרֶךְ (ז)
Buchdecke (f)	kriχa	כְּרִיכָה (נ)
Einband (m)	kriχa	כְּרִיכָה (נ)
Lesezeichen (n)	simaniya	סִימָנִיָּה (נ)
Seite (f)	amud	עַמוּד (ז)
blättern (vi)	ledafdef	לְדַפְדֵּף
Ränder (pl)	ʃu'layim	שׁוּלַיִים (ז"ר)
Notiz (f)	he'ara	הֶעָרָה (נ)
Anmerkung (f)	he'arat ʃu'layim	הֶעָרַת שׁוּלַיִים (נ)
Text (m)	tekst	טֶקְסְט (ז)
Schrift (f)	gufan	גּוּפָן (ז)
Druckfehler (m)	ta'ut dfus	טָעוּת דְּפוּס (נ)
Übersetzung (f)	tirgum	תִּרְגּוּם (ז)
übersetzen (vt)	letargem	לְתַרְגֵּם
Original (n)	makor	מָקוֹר (ז)
berühmt	mefursam	מְפוּרְסָם
unbekannt	lo ya'du'a	לֹא יָדוּעַ
interessant	me'anyen	מְעַנְיֵין
Bestseller (m)	rav 'meχer	רַב־מֶכֶר (ז)

Wörterbuch (n)	milon	מִילוֹן (ז)
Lehrbuch (n)	'sefer limud	סֵפֶר לִימוּד (ז)
Enzyklopädie (f)	entsiklo'pedya	אֶנְצִיקְלוֹפֶּדְיָה (נ)

158. Jagen. Fischen

Jagd (f)	'tsayid	צַיִד (ז)
jagen (vi)	latsud	לָצוּד
Jäger (m)	tsayad	צַיָּד (ז)

schießen (vi)	lirot	לִירוֹת
Gewehr (n)	rove	רוֹבֶה (ז)
Patrone (f)	kadur	כַּדּוּר (ז)
Schrot (n)	kaduriyot	כַּדּוּרִיּוֹת (נ"ר)

Falle (f)	mal'kodet	מַלְכּוֹדֶת (נ)
Schlinge (f)	mal'kodet	מַלְכּוֹדֶת (נ)
in die Falle gehen	lehilaxed bemal'kodet	לְהִילָכֵד בְּמַלְכּוֹדֶת
eine Falle stellen	leha'niax mal'kodet	לְהָנִיחַ מַלְכּוֹדֶת

Wilddieb (m)	tsayad lelo refut	צַיָּד לְלֹא רְשׁוּת (ז)
Wild (n)	xayot bar	חַיּוֹת בַּר (נ"ר)
Jagdhund (m)	'kelev 'tsayid	כֶּלֶב צַיִד (ז)
Safari (f)	sa'fari	סָפָארִי (ז)
ausgestopftes Tier (n)	puxlats	פּוּחְלָץ (ז)

Fischer (m)	dayag	דַּיָּג (ז)
Fischen (n)	'dayig	דַּיִג (ז)
angeln, fischen (vt)	ladug	לָדוּג

Angel (f)	xaka	חַכָּה (נ)
Angelschnur (f)	xut haxaka	חוּט הַחַכָּה (ז)
Haken (m)	'keres	קֶרֶס (ז)

| Schwimmer (m) | matsof | מָצוֹף (ז) |
| Köder (m) | pitayon | פִּיתָּיוֹן (ז) |

| die Angel auswerfen | lizrok et haxaka | לִזְרוֹק אֶת הַחַכָּה |
| anbeißen (vi) | liv'lo'a pitayon | לִבְלוֹעַ פִּיתָּיוֹן |

| Fang (m) | flal 'dayig | שְׁלַל דַּיִג (ז) |
| Eisloch (n) | mivka 'kerax | מִבְקַע קֶרַח (ז) |

Netz (n)	'refet dayagim	רֶשֶׁת דַּיָּגִים (נ)
Boot (n)	sira	סִירָה (נ)
mit dem Netz fangen	ladug be'refet	לָדוּג בְּרֶשֶׁת
das Netz hineinwerfen	lizrok 'refet	לִזְרוֹק רֶשֶׁת

| das Netz einholen | ligror 'refet | לִגְרוֹר רֶשֶׁת |
| ins Netz gehen | lehilaxed be'refet | לְהִילָכֵד בְּרֶשֶׁת |

Walfänger (m)	tsayad livyatanim	צַיָּד לְוְויָתָנִים (ז)
Walfangschiff (n)	sfinat tseid livyetanim	סְפִינַת צֵיד לְוְויָתָנִית (נ)
Harpune (f)	tsiltsal	צִלְצָל (ז)

159. Spiele. Billard

Billard (n)	bilyard	בִּילְיַארְד (ז)
Billardzimmer (n)	'χeder bilyard	חֶדָר בִּילְיַארְד (ז)
Billardkugel (f)	kadur bilyard	כַּדוּר בִּילְיַארְד (ז)
eine Kugel einlochen	lehaχnis kadur lekis	לְהַכְנִיס כַּדוּר לְכִּיס
Queue (n)	makel bilyard	מַקֵל בִּילְיַארְד (ז)
Tasche (f), Loch (n)	kis	כִּיס (ז)

160. Spiele. Kartenspiele

Karo (n)	yahalom	יַהֲלוֹם (ז)
Pik (n)	ale	עָלֶה (ז)
Herz (n)	lev	לֵב (ז)
Kreuz (n)	tiltan	תִלְתָן (ז)
As (n)	as	אָס (ז)
König (m)	'meleχ	מֶלֶךְ (ז)
Dame (f)	malka	מַלְכָּה (נ)
Bube (m)	nasiχ	נָסִיךְ (ז)
Spielkarte (f)	klaf	קְלָף (ז)
Karten (pl)	klafim	קְלָפִים (ז״ר)
Trumpf (m)	klaf nitsaχon	קְלָף נִיצָחוֹן (ז)
Kartenspiel (abgenutztes ~)	χafisat klafim	חֲפִיסַת קְלָפִים (נ)
Punkt (m)	nekuda	נְקוּדָה (נ)
ausgeben (vt)	leχalek klafim	לְחַלֵק קְלָפִים
mischen (vt)	litrof	לִטְרוֹף
Zug (m)	tor	תוֹר (ז)
Falschspieler (m)	noχel klafim	נוֹכֵל קְלָפִים (ז)

161. Kasino. Roulette

Kasino (n)	ka'zino	קָזִינוֹ (ז)
Roulette (n)	ru'leta	רוּלֶטָה (נ)
Einsatz (m)	menat misχak	מְנַת מִשְׂחָק (נ)
setzen (auf etwas ~)	leha'niaχ menat misχak	לְהָנִיחַ מְנַת מִשְׂחָק
Rot (n)	adom	אָדוֹם
Schwarz (n)	ʃaχor	שָׁחוֹר
auf Rot setzen	lehamer al adom	לְהַמֵר עַל אָדוֹם
auf Schwarz setzen	lehamer al ʃaχor	לְהַמֵר עַל שָׁחוֹר
Croupier (m)	'diler	דִילֶר (ז)
das Rad drehen	lesovev et hagalgal	לְסוֹבֵב אֶת הַגַלְגַל
Spielregeln (pl)	klalei hamisχak	כְּלָלֵי הַמִשְׂחָק (ז״ר)
Spielmarke (f)	asimon	אָסִימוֹן (ז)
gewinnen (vt)	lizkot	לִזְכּוֹת
Gewinn (m)	zχiya	זְכִיָה (נ)

| verlieren (vt) | lehafsid | לְהַפְסִיד |
| Verlust (m) | hefsed | הֶפְסֵד (ז) |

Spieler (m)	saxkan	שַׂחְקָן (ז)
Blackjack (n)	esrim ve'exad	עֶשְׂרִים וְאֶחָד (ז)
Würfelspiel (n)	misxak kubiyot	מִשְׂחַק קוּבִּיּוֹת (ז)
Würfeln (pl)	kubiyot	קוּבִּיּוֹת (נ״ר)
Spielautomat (m)	mexonat misxak	מְכוֹנַת מִשְׂחָק (נ)

162. Erholung. Spiele. Verschiedenes

spazieren gehen (vi)	letayel ba'regel	לְטַיֵּל בָּרֶגֶל
Spaziergang (m)	tiyul ragli	טִיּוּל רַגְלִי (ז)
Fahrt (im Wagen)	nesi'a bamexonit	נְסִיעָה בַּמְכוֹנִית (נ)
Abenteuer (n)	harpatka	הַרְפַּתְקָה (נ)
Picknick (n)	'piknik	פִּיקְנִיק (ז)

Spiel (n)	misxak	מִשְׂחָק (ז)
Spieler (m)	saxkan	שַׂחְקָן (ז)
Partie (f)	misxak	מִשְׂחָק (ז)

Sammler (m)	asfan	אַסְפָן (ז)
sammeln (vt)	le'esof	לֶאֱסוֹף
Sammlung (f)	'osef	אוֹסֶף (ז)

Kreuzworträtsel (n)	taʃbets	תַּשְׁבֵּץ (ז)
Rennbahn (f)	hipodrom	הִיפּוֹדְרוֹם (ז)
Diskothek (f)	diskotek	דִּיסְקוֹטֶק (ז)

| Sauna (f) | 'sa'una | סָאוּנָה (נ) |
| Lotterie (f) | 'loto | לוֹטוֹ (ז) |

Wanderung (f)	tiyul maxana'ut	טִיּוּל מַחֲנָאוּת (ז)
Lager (n)	maxane	מַחֲנֶה (ז)
Zelt (n)	'ohel	אוֹהֶל (ז)
Kompass (m)	matspen	מַצְפֵּן (ז)
Tourist (m)	maxnai	מַחֲנַאי (ז)

fernsehen (vi)	lir'ot	לִרְאוֹת
Fernsehzuschauer (m)	tsofe	צוֹפֶה (ז)
Fernsehsendung (f)	toxnit tele'vizya	תּוֹכְנִית טֶלֶוִיזְיָה (נ)

163. Fotografie

| Kamera (f) | matslema | מַצְלֵמָה (נ) |
| Foto (n) | tmuna | תְּמוּנָה (נ) |

Fotograf (m)	tsalam	צַלָּם (ז)
Fotostudio (n)	'studyo letsilum	סְטוּדִיוֹ לְצִילוּם (ז)
Fotoalbum (n)	albom tmunot	אַלְבּוֹם תְּמוּנוֹת (ז)
Objektiv (n)	adaʃa	עֲדָשָׁה (נ)
Teleobjektiv (n)	a'deʃet teleskop	עֲדָשֶׁת טֶלֶסְקוֹפ (נ)

| Filter (n) | masnen | מַסְנֵן (ז) |
| Linse (f) | adaʃa | עֲדָשָׁה (נ) |

Optik (f)	'optika	אוֹפְּטִיקָה (נ)
Blende (f)	tsamtsam	צַמְצָם (ז)
Belichtungszeit (f)	zman hahe'ara	זְמַן הַהָאָרָה (ז)
Sucher (m)	einit	עֵינִית (נ)

Digitalkamera (f)	matslema digi'talit	מַצְלֵמָה דִיגִיטָלִית (נ)
Stativ (n)	χatsuva	חֲצוּבָה (נ)
Blitzgerät (n)	mavzek	מַבְזֵק (ז)

fotografieren (vt)	letsalem	לְצַלֵם
aufnehmen (vt)	letsalem	לְצַלֵם
sich fotografieren lassen	lehitstalem	לְהִצְטַלֵם

Fokus (m)	moked	מוֹקֵד (ז)
den Fokus einstellen	lemaked	לְמַקֵד
scharf (~ abgebildet)	χad, memukad	חַד, מְמוּקָד
Schärfe (f)	χadut	חַדוּת (נ)

| Kontrast (m) | nigud | נִיגוּד (ז) |
| kontrastreich | menugad | מְנוּגָד |

Aufnahme (f)	tmuna	תְמוּנָה (נ)
Negativ (n)	taʃlil	תַשְׁלִיל (ז)
Rollfilm (m)	'seret	סֶרֶט (ז)
Einzelbild (n)	freim	פְרֵיים (ז)
drucken (vt)	lehadpis	לְהַדְפִּיס

164. Strand. Schwimmen

Strand (m)	χof yam	חוֹף יָם (ז)
Sand (m)	χol	חוֹל (ז)
menschenleer	ʃomem	שׁוֹמֵם

Bräune (f)	ʃizuf	שִׁיזוּף (ז)
sich bräunen	lehiʃtazef	לְהִשְׁתַזֵף
gebräunt	ʃazuf	שָׁזוּף
Sonnencreme (f)	krem hagana	קְרֶם הֲגָנָה (ז)

Bikini (m)	bi'kini	בִּיקִינִי (ז)
Badeanzug (m)	'beged yam	בֶּגֶד יָם (ז)
Badehose (f)	'beged yam	בֶּגֶד יָם (ז)

Schwimmbad (n)	breχa	בְּרֵיכָה (נ)
schwimmen (vi)	lisχot	לִשְׂחוֹת
Dusche (f)	mik'laχat	מִקְלַחַת (נ)
sich umkleiden	lehaχlif bgadim	לְהַחְלִיף בְּגָדִים
Handtuch (n)	ma'gevet	מַגֶבֶת (נ)

Boot (n)	sira	סִירָה (נ)
Motorboot (n)	sirat ma'no'a	סִירַת מָנוֹעַ (נ)
Wasserski (m)	ski 'mayim	סְקִי מַיִם (ז)

Tretboot (n)	sirat pe'dalim	סִירַת פֶּדָלִים (נ)
Surfen (n)	glifat galim	גלִישַׁת גַּלִים
Surfer (m)	golef	גּוֹלֵשׁ (ז)

Tauchgerät (n)	'skuba	סקוּבָּה (נ)
Schwimmflossen (pl)	snapirim	סנַפִּירִים (ז"ר)
Maske (f)	masexa	מַסֵכָה (נ)
Taucher (m)	tsolelan	צוֹלְלָן (ז)
tauchen (vi)	litslol	לִצלוֹל
unter Wasser	mi'taxat lifnei ha'mayim	מִתַּחַת לִפנֵי הַמַּיִם

Sonnenschirm (m)	fimfiya	שִׁמשִׁיָה (נ)
Liege (f)	kise 'noax	כִּיסֵא נוֹחַ (ז)
Sonnenbrille (f)	mifkefei 'femef	מִשׁקְפֵי שֶׁמֶשׁ (ז"ר)
Schwimmmatratze (f)	mizron mitna'peax	מִזרוֹן מִתנַפֵּחַ (ז)

| spielen (vi, vt) | lesaxek | לְשַׂחֵק |
| schwimmen gehen | lehitraxets | לְהִתרַחֵץ |

Ball (m)	kadur yam	כַּדוּר יָם (ז)
aufblasen (vt)	lena'peax	לְנַפֵּחַ
aufblasbar	menupax	מְנוּפָּח

Welle (f)	gal	גַּל (ז)
Boje (f)	matsof	מָצוֹף (ז)
ertrinken (vi)	lit'bo'a	לִטבּוֹעַ

retten (vt)	lehatsil	לְהַצִיל
Schwimmweste (f)	xagorat hatsala	חֲגוֹרַת הַצָלָה (נ)
beobachten (vt)	litspot, lehafkif	לִצפּוֹת, לְהַשׁקִיף
Bademeister (m)	matsil	מַצִיל (ז)

TECHNISCHES ZUBEHÖR. TRANSPORT

Technisches Zubehör

165. Computer

Computer (m)	maxʃev	מַחְשֵׁב (ז)
Laptop (m), Notebook (n)	maxʃev nayad	מַחְשֵׁב נַיָּד (ז)
einschalten (vt)	lehadlik	לְהַדְלִיק
abstellen (vt)	leχabot	לְכַבּוֹת
Tastatur (f)	mik'ledet	מִקְלֶדֶת (נ)
Taste (f)	makaʃ	מַקָּשׁ (ז)
Maus (f)	aχbar	עַכְבָּר (ז)
Mousepad (n)	ʃa'tiaχ le'aχbar	שְׁטִיחַ לְעַכְבָּר (ז)
Knopf (m)	kaftor	כַּפְתּוֹר (ז)
Cursor (m)	saman	סַמָּן (ז)
Monitor (m)	masaχ	מָסָךְ (ז)
Schirm (m)	tsag	צַג (ז)
Festplatte (f)	disk ka'ʃiaχ	דִּיסְק קָשִׁיחַ (ז)
Festplattengröße (f)	'nefaχ disk ka'ʃiaχ	נֶפַח דִּיסְק קָשִׁיחַ (ז)
Speicher (m)	zikaron	זִיכָּרוֹן (ז)
Arbeitsspeicher (m)	zikaron giʃa akra'it	זִיכָּרוֹן גִּישָׁה אַקְרָאִית (ז)
Datei (f)	'kovets	קוֹבֶץ (ז)
Ordner (m)	tikiya	תִּיקִייָה (נ)
öffnen (vt)	lif'toaχ	לִפְתּוֹחַ
schließen (vt)	lisgor	לִסְגּוֹר
speichern (vt)	liʃmor	לִשְׁמוֹר
löschen (vt)	limχok	לִמְחוֹק
kopieren (vt)	leha'atik	לְהַעֲתִיק
sortieren (vt)	lemayen	לְמַיֵּן
transferieren (vt)	leha'avir	לְהַעֲבִיר
Programm (n)	toχna	תּוֹכְנָה (נ)
Software (f)	toχna	תּוֹכְנָה (נ)
Programmierer (m)	metaχnet	מְתַכְנֵת (ז)
programmieren (vt)	letaχnet	לְתַכְנֵת
Hacker (m)	'haker	הָאקֶר (ז)
Kennwort (n)	sisma	סִיסְמָה (נ)
Virus (m, n)	'virus	וִירוּס (ז)
entdecken (vt)	limtso, le'ater	לִמְצוֹא, לְאַתֵּר
Byte (n)	bait	בַּייְט (ז)

Megabyte (n)	megabait	מֶגָבַּייט (ז)
Daten (pl)	netunim	נְתוּנִים (ז"ר)
Datenbank (f)	bsis netunim	בְּסִיס נְתוּנִים (ז)

Kabel (n)	'kevel	כֶּבֶל (ז)
trennen (vt)	lenatek	לְנַתֵּק
anschließen (vt)	leχaber	לְחַבֵּר

166. Internet. E-Mail

Internet (n)	'internet	אִינְטֶרְנֶט (ז)
Browser (m)	dafdefan	דַפְדְּפָן (ז)
Suchmaschine (f)	ma'no'a χipus	מָנוֹעַ חִיפּוּשׁ (ז)
Provider (m)	sapak	סַפָּק (ז)

Webmaster (m)	menahel ha'atar	מְנַהֵל הָאֲתָר (ז)
Website (f)	atar	אֲתָר (ז)
Webseite (f)	daf 'internet	דַף אִינְטֶרְנֶט (ז)

| Adresse (f) | 'ktovet | כְּתוֹבֶת (נ) |
| Adressbuch (n) | 'sefer ktovot | סֵפֶר כְּתוֹבוֹת (ז) |

Mailbox (f)	teivat 'do'ar	תֵּיבַת דּוֹאַר (נ)
Post (f)	'do'ar, 'do'al	דּוֹאַר (ז), דּוֹא"ל (ז)
überfüllt (-er Briefkasten)	gaduʃ	גָּדוּשׁ

Mitteilung (f)	hoda'a	הוֹדָעָה (נ)
eingehenden Nachrichten	hoda'ot niχnasot	הוֹדָעוֹת נִכְנָסוֹת (נ"ר)
ausgehenden Nachrichten	hoda'ot yots'ot	הוֹדָעוֹת יוֹצְאוֹת (נ"ר)
Absender (m)	ʃo'leaχ	שׁוֹלֵחַ (ז)
senden (vt)	liʃ'loaχ	לִשְׁלוֹחַ
Absendung (f)	ʃliχa	שְׁלִיחָה (נ)
Empfänger (m)	nim'an	נִמְעָן (ז)
empfangen (vt)	lekabel	לְקַבֵּל

| Briefwechsel (m) | hitkatvut | הִתְכַּתְּבוּת (נ) |
| im Briefwechsel stehen | lehitkatev | לְהִתְכַּתֵּב |

Datei (f)	'kovets	קוֹבֶץ (ז)
herunterladen (vt)	lehorid	לְהוֹרִיד
schaffen (vt)	litsor	לִיצוֹר
löschen (vt)	limχok	לִמְחוֹק
gelöscht (Datei)	maχuk	מָחוּק

Verbindung (f)	χibur	חִיבּוּר (ז)
Geschwindigkeit (f)	mehirut	מְהִירוּת (נ)
Modem (n)	'modem	מוֹדֶם (ז)
Zugang (m)	giʃa	גִּישָׁה (נ)
Port (m)	port	פּוֹרְט (ז)

Anschluss (m)	χibur	חִיבּוּר (ז)
sich anschließen	lehitχaber	לְהִתְחַבֵּר
auswählen (vt)	livχor	לִבְחוֹר
suchen (vt)	leχapes	לְחַפֵּשׂ

167. Elektrizität

Elektrizität (f)	χaʃmal	חַשְׁמַל (ז)
elektrisch	χaʃmali	חַשְׁמַלִי
Elektrizitätswerk (n)	taχanat 'koaχ	תַּחֲנַת כּוֹחַ (נ)
Energie (f)	e'nergya	אֶנֶרְגְיָה (נ)
Strom (m)	e'nergya χaʃmalit	אֶנֶרְגְיָה חַשְׁמַלִית (נ)
Glühbirne (f)	nura	נוּרָה (נ)
Taschenlampe (f)	panas	פָּנַס (ז)
Straßenlaterne (f)	panas reχov	פָּנַס רְחוֹב (ז)
Licht (n)	or	אוֹר (ז)
einschalten (vt)	lehadlik	לְהַדְלִיק
ausschalten (vt)	leχabot	לְכַבּוֹת
das Licht ausschalten	leχabot	לְכַבּוֹת
durchbrennen (vi)	lehisaref	לְהִישָׂרֵף
Kurzschluss (m)	'ketser	קֶצֶר (ז)
Riß (m)	χut ka'ru'a	חוּט קָרוּעַ (ז)
Kontakt (m)	maga	מַגָּע (ז)
Schalter (m)	'meteg	מֶתֶג (ז)
Steckdose (f)	'ʃeka	שֶׁקַע (ז)
Stecker (m)	'teka	תֶּקַע (ז)
Verlängerung (f)	'kabel ma'ariχ	כֶּבֶל מַאֲרִיךְ (ז)
Sicherung (f)	natiχ	נָתִיךְ (ז)
Leitungsdraht (m)	χut	חוּט (ז)
Verdrahtung (f)	χivut	חִיווּט (ז)
Ampere (n)	amper	אַמְפֵּר (ז)
Stromstärke (f)	'zerem χaʃmali	זֶרֶם חַשְׁמַלִי (ז)
Volt (n)	volt	ווֹלְט (ז)
Voltspannung (f)	'metaχ	מֶתַח (ז)
Elektrogerät (n)	maχʃir χaʃmali	מַכְשִׁיר חַשְׁמַלִי (ז)
Indikator (m)	maχvan	מַחְווָן (ז)
Elektriker (m)	χaʃmalai	חַשְׁמַלַאי (ז)
löten (vt)	lehalχim	לְהַלְחִים
Lötkolben (m)	malχem	מַלְחֵם (ז)
Strom (m)	'zerem	זֶרֶם (ז)

168. Werkzeug

Werkzeug (n)	kli	כְּלִי (ז)
Werkzeuge (pl)	klei avoda	כְּלֵי עֲבוֹדָה (ז"ר)
Ausrüstung (f)	tsiyud	צִיוּד (ז)
Hammer (m)	patiʃ	פַּטִישׁ (ז)
Schraubenzieher (m)	mavreg	מַבְרֵג (ז)
Axt (f)	garzen	גַרְזֶן (ז)

147

Säge (f)	masor	מַסּוֹר (ז)
sägen (vt)	lenaser	לְנַסֵּר
Hobel (m)	maktso'a	מַקְצוּעָה (נ)
hobeln (vt)	lehak'tsi'a	לְהַקְצִיעַ
Lötkolben (m)	malxem	מַלְחֵם (ז)
löten (vt)	lehalxim	לְהַלְחִים

Feile (f)	ptsira	פְּצִירָה (נ)
Kneifzange (f)	tsvatot	צְבָתוֹת (נ"ר)
Flachzange (f)	mel'kaxat	מֶלְקָחַת (נ)
Stemmeisen (n)	izmel	אִזְמֵל (ז)

Bohrer (m)	mak'deax	מַקְדֵּחַ (ז)
Bohrmaschine (f)	makdexa	מַקְדֵּחָה (נ)
bohren (vt)	lik'doax	לִקְדּוֹחַ

Messer (n)	sakin	סַכִּין (ז, נ)
Taschenmesser (n)	olar	אוֹלָר (ז)
Klinge (f)	'lahav	לַהַב (ז)

scharf (-e Messer usw.)	xad	חַד
stumpf	kehe	קֵהֶה
stumpf werden (vi)	lehitkahot	לְהִתְקַהוֹת
schärfen (vt)	lehafxiz	לְהַשְׁחִיז

Bolzen (m)	'boreg	בּוֹרֶג (ז)
Mutter (f)	om	אֹם (ז)
Gewinde (n)	tavrig	תַּבְרִיג (ז)
Holzschraube (f)	'boreg	בּוֹרֶג (ז)

Nagel (m)	masmer	מַסְמֵר (ז)
Nagelkopf (m)	rof hamasmer	רֹאשׁ הַמַּסְמֵר (ז)

Lineal (n)	sargel	סַרְגֵּל (ז)
Metermaß (n)	'seret meida	סֶרֶט מֵידָה (ז)
Wasserwaage (f)	'peles	פֶּלֶס (ז)
Lupe (f)	zxuxit mag'delet	זְכוּכִית מַגְדֶּלֶת (נ)

Messinstrument (n)	maxfir medida	מַכְשִׁיר מְדִידָה (ז)
messen (vt)	limdod	לִמְדּוֹד
Skala (f)	'skala	סְקָאלָה (נ)
Ablesung (f)	medida	מְדִידָה (נ)

Kompressor (m)	madxes	מַדְחֵס (ז)
Mikroskop (n)	mikroskop	מִיקְרוֹסְקוֹפּ (ז)

Pumpe (f)	mafeva	מַשְׁאֵבָה (נ)
Roboter (m)	robot	רוֹבּוֹט (ז)
Laser (m)	'leizer	לֵייזֶר (ז)

Schraubenschlüssel (m)	maf'teax bragim	מַפְתֵּחַ בְּרָגִים (ז)
Klebeband (n)	neyar 'devek	נְייַר דֶּבֶק (ז)
Klebstoff (m)	'devek	דֶּבֶק (ז)

Sandpapier (n)	neyar zxuxit	נְייַר זְכוּכִית (ז)
Sprungfeder (f)	kfits	קְפִיץ (ז)

| Magnet (m) | magnet | מַגְנֵט (ז) |
| Handschuhe (pl) | kfafot | כְּפָפוֹת (נ"ר) |

Leine (f)	'χevel	חֶבֶל (ז)
Schnur (f)	sroχ	שְׂרוֹך (ז)
Draht (m)	χut	חוּט (ז)
Kabel (n)	'kevel	כֶּבֶל (ז)

schwerer Hammer (m)	kurnas	קוּרְנָס (ז)
Brecheisen (n)	lom	לוֹם (ז)
Leiter (f)	sulam	סוּלָם (ז)
Trittleiter (f)	sulam	סוּלָם (ז)

zudrehen (vt)	lehavrig	לְהַבְרִיג
abdrehen (vt)	lif'toaχ, lehavrig	לִפְתּוֹחַ, לְהַבְרִיג
zusammendrücken (vt)	lehadek	לְהַדֵק
ankleben (vt)	lehadbik	לְהַדְבִּיק
schneiden (vt)	laχtoχ	לַחְתּוֹך

Störung (f)	takala	תַּקָלָה (נ)
Reparatur (f)	tikun	תִּיקוּן (ז)
reparieren (vt)	letaken	לְתַקֵּן
einstellen (vt)	leχavnen	לְכַווֵּן

prüfen (vt)	livdok	לִבְדוֹק
Prüfung (f)	bdika	בְּדִיקָה (נ)
Ablesung (f)	kri'a	קְרִיאָה (נ)

| sicher (zuverlässigen) | amin | אָמִין |
| kompliziert (Adj) | murkav | מוּרְכָּב |

verrosten (vi)	lehaχlid	לְהַחְלִיד
rostig	χalud	חָלוּד
Rost (m)	χaluda	חֲלוּדָה (נ)

Transport

169. Flugzeug

Flugzeug (n)	matos	מָטוֹס (ז)
Flugticket (n)	kartis tisa	כַּרְטִיס טִיסָה (ז)
Fluggesellschaft (f)	xevrat te'ufa	חֶבְרַת תְּעוּפָה (נ)
Flughafen (m)	nemal te'ufa	נְמַל תְּעוּפָה (ז)
Überschall-	al koli	עַל קוֹלִי
Flugkapitän (m)	kabarnit	קַבַּרְנִיט (ז)
Besatzung (f)	'tsevet	צֶוֶות (ז)
Pilot (m)	tayas	טַיָּס (ז)
Flugbegleiterin (f)	da'yelet	דַּיֶּלֶת (נ)
Steuermann (m)	navat	נַוָּוט (ז)
Flügel (pl)	kna'fayim	כְּנָפַיִם (נ"ר)
Schwanz (m)	zanav	זָנָב (ז)
Kabine (f)	'kokpit	קוֹקְפִּיט (ז)
Motor (m)	ma'no'a	מָנוֹעַ (ז)
Fahrgestell (n)	kan nesi'a	כַּן נְסִיעָה (ז)
Turbine (f)	tur'bina	טוּרְבִּינָה (נ)
Propeller (m)	madxef	מַדְחֵף (ז)
Flugschreiber (m)	kufsa ʃxora	קוּפְסָה שְׁחוֹרָה (נ)
Steuerrad (n)	'hege	הֶגֶה (ז)
Treibstoff (m)	'delek	דֶּלֶק (ז)
Sicherheitskarte (f)	hora'ot betixut	הוֹרָאוֹת בְּטִיחוּת (נ"ר)
Sauerstoffmaske (f)	masexat xamtsan	מַסֵּיכַת חַמְצָן (נ)
Uniform (f)	madim	מַדִּים (ז"ר)
Rettungsweste (f)	xagorat hatsala	חֲגוֹרַת הַצָּלָה (נ)
Fallschirm (m)	mitsnax	מִצְנָח (ז)
Abflug, Start (m)	hamra'a	הַמְרָאָה (נ)
starten (vi)	lehamri	לְהַמְרִיא
Startbahn (f)	maslul hamra'a	מַסְלוּל הַמְרָאָה (ז)
Sicht (f)	re'ut	רְאוּת (נ)
Flug (m)	tisa	טִיסָה (נ)
Höhe (f)	'gova	גּוֹבַה (ז)
Luftloch (n)	kis avir	כִּיס אֲוֵויר (ז)
Platz (m)	moʃav	מוֹשָׁב (ז)
Kopfhörer (m)	ozniyot	אוֹזְנִיּוֹת (נ"ר)
Klapptisch (m)	magaʃ mitkapel	מַגָּשׁ מִתְקַפֵּל (ז)
Bullauge (n)	tsohar	צוֹהַר (ז)
Durchgang (m)	ma'avar	מַעֲבָר (ז)

170. Zug

Zug (m)	ra'kevet	רַכֶּבֶת (נ)
elektrischer Zug (m)	ra'kevet parvarim	רַכֶּבֶת פַרְבָרִים (נ)
Schnellzug (m)	ra'kevet mehira	רַכֶּבֶת מְהִירָה (נ)
Diesellok (f)	katar 'dizel	קַטָר דִיזֶל (ז)
Dampflok (f)	katar	קַטָר (ז)

Personenwagen (m)	karon	קָרוֹן (ז)
Speisewagen (m)	kron mis'ada	קְרוֹן מִסְעָדָה (ז)

Schienen (pl)	mesilot	מְסִילוֹת (נ"ר)
Eisenbahn (f)	mesilat barzel	מְסִילַת בַּרְזֶל (נ)
Bahnschwelle (f)	'eden	אֶדֶן (ז)

Bahnsteig (m)	ratsif	רָצִיף (ז)
Gleis (n)	mesila	מְסִילָה (נ)
Eisenbahnsignal (n)	ramzor	רַמְזוֹר (ז)
Station (f)	taxana	תַחֲנָה (נ)

Lokomotivführer (m)	nahag ra'kevet	נֶהַג רַכֶּבֶת (ז)
Träger (m)	sabal	סַבָּל (ז)
Schaffner (m)	sadran ra'kevet	סַדְרָן רַכֶּבֶת (ז)
Fahrgast (m)	no'se'a	נוֹסֵעַ (ז)
Fahrkartenkontrolleur (m)	bodek	בּוֹדֵק (ז)

Flur (m)	prozdor	פְרוֹזְדוֹר (ז)
Notbremse (f)	ma'atsar xirum	מַעֲצָר חֵירוּם (ז)

Abteil (n)	ta	תָא (ז)
Liegeplatz (m), Schlafkoje (f)	dargaʃ	דַרְגָשׁ (ז)
oberer Liegeplatz (m)	dargaʃ elyon	דַרְגָשׁ עֶלְיוֹן (ז)
unterer Liegeplatz (m)	dargaʃ taxton	דַרְגָשׁ תַחְתוֹן (ז)
Bettwäsche (f)	matsa'im	מַצָעִים (ז"ר)

Fahrkarte (f)	kartis	כַּרְטִיס (ז)
Fahrplan (m)	'luax zmanim	לוּחַ זְמַנִים (ז)
Anzeigetafel (f)	'ʃelet meida	שֶׁלֶט מֵידָע (ז)

abfahren (der Zug)	latset	לָצֵאת
Abfahrt (f)	yetsi'a	יְצִיאָה (נ)

ankommen (der Zug)	leha'gi'a	לְהַגִיעַ
Ankunft (f)	haga'a	הַגָעָה (נ)

mit dem Zug kommen	leha'gi'a bera'kevet	לְהַגִיעַ בְּרַכֶּבֶת
in den Zug einsteigen	la'alot lera'kevet	לַעֲלוֹת לְרַכֶּבֶת
aus dem Zug aussteigen	la'redet mehara'kevet	לָרֶדֶת מֵהַכַּבֶּת

Zugunglück (n)	hitraskut	הִתְרַסְקוּת (נ)
entgleisen (vi)	la'redet mipasei ra'kevet	לָרֶדֶת מִפַּסֵי רַכֶּבֶת
Dampflok (f)	katar	קַטָר (ז)
Heizer (m)	masik	מַסִיק (ז)
Feuerbüchse (f)	kivʃan	כִּבְשָׁן (ז)
Kohle (f)	pexam	פֶּחָם (ז)

171. Schiff

| Schiff (n) | sfina | סְפִינָה (נ) |
| Fahrzeug (n) | sfina | סְפִינָה (נ) |

Dampfer (m)	oniyat kitor	אוֹנִיַת קִיטוֹר (נ)
Motorschiff (n)	sfinat nahar	סְפִינַת נָהָר (נ)
Kreuzfahrtschiff (n)	oniyat ta'anugot	אוֹנִיַת תַעֲנוּגוֹת (נ)
Kreuzer (m)	sa'yeret	סַיֶירֶת (נ)

Jacht (f)	'yaχta	יַכְטָה (נ)
Schlepper (m)	go'reret	גוֹרֶרֶת (נ)
Lastkahn (m)	arba	אַרְבָּה (נ)
Fähre (f)	ma'a'boret	מַעֲבּוֹרֶת (נ)

| Segelschiff (n) | sfinat mifras | סְפִינַת מִפְרָשׂ (נ) |
| Brigantine (f) | briganit | בְּרִיגַנִית (נ) |

| Eisbrecher (m) | ʃo'veret 'keraχ | שׁוֹבֶרֶת קֶרַח (נ) |
| U-Boot (n) | tso'lelet | צוֹלֶלֶת (נ) |

Boot (n)	sira	סִירָה (נ)
Dingi (n), Beiboot (n)	sira	סִירָה (נ)
Rettungsboot (n)	sirat hatsala	סִירַת הַצָלָה (נ)
Motorboot (n)	sirat ma'no'a	סִירַת מָנוֹעַ (נ)

Kapitän (m)	rav χovel	רַב-חוֹבֵל (ז)
Matrose (m)	malaχ	מַלָח (ז)
Seemann (m)	yamai	יַמַאי (ז)
Besatzung (f)	'tsevet	צֶוֶת (ז)

Bootsmann (m)	rav malaχim	רַב-מַלָחִים (ז)
Schiffsjunge (m)	'na'ar sipun	נַעַר סִיפּוּן (ז)
Schiffskoch (m)	tabaχ	טַבָּח (ז)
Schiffsarzt (m)	rofe ha'oniya	רוֹפֵא הָאוֹנִיָה (ז)

Deck (n)	sipun	סִיפּוּן (ז)
Mast (m)	'toren	תוֹרֶן (ז)
Segel (n)	mifras	מִפְרָשׂ (ז)

Schiffsraum (m)	'beten oniya	בֶּטֶן אוֹנִיָה (נ)
Bug (m)	χartom	חַרְטוֹם (ז)
Heck (n)	yarketei hasfina	יַרְכְּתֵי הַסְפִינָה (ז"ר)
Ruder (n)	maʃot	מָשׁוֹט (ז)
Schraube (f)	madχef	מַדְחֵף (ז)

Kajüte (f)	ta	תָא (ז)
Messe (f)	mo'adon ktsinim	מוֹעֲדוֹן קְצִינִים (ז)
Maschinenraum (m)	χadar meχonot	חֲדַר מְכוֹנוֹת (ז)
Kommandobrücke (f)	'geʃer hapikud	גֶשֶׁר הַפִּיקוּד (ז)
Funkraum (m)	ta alχutan	תָא אַלְחוּטָן (ז)
Radiowelle (f)	'teder	תֶדֶר (ז)
Schiffstagebuch (n)	yoman ha'oniya	יוֹמַן הָאוֹנִיָה (ז)
Fernrohr (n)	miʃ'kefet	מִשְׁקֶפֶת (נ)
Glocke (f)	pa'amon	פַּעֲמוֹן (ז)

Fahne (f)	'degel	דֶּגֶל (ז)
Seil (n)	avot ha'oniya	עֲבוֹת הָאוֹנִיָּה (נ)
Knoten (m)	'keʃer	קֶשֶׁר (ז)

| Geländer (n) | ma'ake hasipun | מַעֲקֶה הַסִּפּוּן (ז) |
| Treppe (f) | 'keveʃ | כֶּבֶשׁ (ז) |

Anker (m)	'ogen	עֹגֶן (ז)
den Anker lichten	leharim 'ogen	לְהָרִים עֹגֶן
Anker werfen	la'agon	לַעֲגוֹן
Ankerkette (f)	ʃar'ʃeret ha'ogen	שַׁרְשֶׁרֶת הָעֹגֶן (נ)

Hafen (m)	namal	נָמֵל (ז)
Anlegestelle (f)	'mezaχ	מֶזַח (ז)
anlegen (vi)	la'agon	לַעֲגוֹן
abstoßen (vt)	lehaflig	לְהַפְלִיג

Reise (f)	masa, tiyul	מַסָּע (ז), טִיּוּל (ז)
Kreuzfahrt (f)	'ʃayit	שַׁיִט (ז)
Kurs (m), Richtung (f)	kivun	כִּיווּן (ז)
Reiseroute (f)	nativ	נָתִיב (ז)

Fahrwasser (n)	nativ 'ʃayit	נְתִיב שַׁיִט (ז)
Untiefe (f)	sirton	שִׂרְטוֹן (ז)
stranden (vi)	la'alot al hasirton	לַעֲלוֹת עַל הַשִּׂרְטוֹן

Sturm (m)	sufa	סוּפָה (נ)
Signal (n)	ot	אוֹת (ז)
untergehen (vi)	lit'bo'a	לִטְבּוֹעַ
Mann über Bord!	adam ba'mayim!	אָדָם בַּמַּיִם!
SOS	kri'at hatsala	קְרִיאַת הַצָּלָה
Rettungsring (m)	galgal hatsala	גַּלְגַּל הַצָּלָה (ז)

172. Flughafen

Flughafen (m)	nemal te'ufa	נְמֵל תְּעוּפָה (ז)
Flugzeug (n)	matos	מָטוֹס (ז)
Fluggesellschaft (f)	χevrat te'ufa	חֶבְרַת תְּעוּפָה (נ)
Fluglotse (m)	bakar tisa	בַּקָּר טִיסָה (ז)

Abflug (m)	hamra'a	הַמְרָאָה (נ)
Ankunft (f)	neχita	נְחִיתָה (נ)
anfliegen (vi)	leha'gi'a betisa	לְהַגִּיעַ בְּטִיסָה

| Abflugzeit (f) | zman hamra'a | זְמַן הַמְרָאָה (ז) |
| Ankunftszeit (f) | zman neχita | זְמַן נְחִיתָה (ז) |

| sich verspäten | lehit'akev | לְהִתְעַכֵּב |
| Abflugverspätung (f) | ikuv hatisa | עִיכּוּב הַטִּיסָה (ז) |

Anzeigetafel (f)	'luaχ meida	לוּחַ מֵידָע (ז)
Information (f)	meida	מֵידָע (ז)
ankündigen (vt)	leho'dia	לְהוֹדִיעַ
Flug (m)	tisa	טִיסָה (נ)

| Zollamt (n) | 'meχes | מֶכֶס (ז) |
| Zollbeamter (m) | pakid 'meχes | פְּקִיד מֶכֶס (ז) |

Zolldeklaration (f)	hatsharat meχes	הַצְהָרַת מֶכֶס (נ)
ausfüllen (vt)	lemale	לְמַלֵּא
die Zollerklärung ausfüllen	lemale 'tofes hatshara	לְמַלֵּא טוֹפֶס הַצְהָרָה
Passkontrolle (f)	bdikat darkonim	בְּדִיקַת דַרְכּוֹנִים (נ)

Gepäck (n)	kvuda	כְּבוּדָה (נ)
Handgepäck (n)	kvudat yad	כְּבוּדַת יָד (נ)
Kofferkuli (m)	eglat kvuda	עֶגְלַת כְּבוּדָה (נ)

Landung (f)	neχita	נְחִיתָה (נ)
Landebahn (f)	maslul neχita	מַסְלוּל נְחִיתָה (ז)
landen (vi)	linχot	לִנְחוֹת
Fluggasttreppe (f)	'keveʃ	כֶּבֶשׁ (ז)

Check-in (n)	tʃek in	צֶ'ק אִין (ז)
Check-in-Schalter (m)	dalpak tʃek in	דַלְפַּק צֶ'ק אִין (ז)
sich registrieren lassen	leva'tse'a tʃek in	לְבַצֵּעַ צֶ'ק אִין
Bordkarte (f)	kartis aliya lematos	כַּרְטִיס עֲלִיָה לְמָטוֹס (ז)
Abfluggate (n)	'ʃa'ar yetsi'a	שַׁעַר יְצִיאָה (ז)

Transit (m)	ma'avar	מַעֲבָר (ז)
warten (vi)	lehamtin	לְהַמְתִּין
Wartesaal (m)	traklin tisa	טְרַקְלִין טִיסָה (ז)
begleiten (vt)	lelavot	לְלַוּוֹת
sich verabschieden	lomar lehitra'ot	לוֹמַר לְהִתְרָאוֹת

173. Fahrrad. Motorrad

Fahrrad (n)	ofa'nayim	אוֹפַנַּיִים (ז"ר)
Motorroller (m)	kat'no'a	קַטְנוֹעַ (ז)
Motorrad (n)	of'no'a	אוֹפַנוֹעַ (ז)

Rad fahren	lirkov al ofa'nayim	לִרְכּוֹב עַל אוֹפַנַּיִים
Lenkstange (f)	kidon	כִּידוֹן (ז)
Pedal (n)	davʃa	דַוְושָׁה (נ)
Bremsen (pl)	blamim	בְּלָמִים (ז"ר)
Sattel (m)	ukaf	אוּכָּף (ז)

Pumpe (f)	maʃeva	מַשְׁאֵבָה (נ)
Gepäckträger (m)	sabal	סַבָּל (ז)
Scheinwerfer (m)	panas kidmi	פָּנָס קִדְמִי (ז)
Helm (m)	kasda	קַסְדָה (נ)

Rad (n)	galgal	גַלְגַּל (ז)
Schutzblech (n)	kanaf	כָּנָף (נ)
Felge (f)	χiʃuk	חִישּׁוּק (ז)
Speiche (f)	χiʃur	חִישּׁוּר (ז)

Autos

174. Autotypen

Auto (n)	meχonit	מְכוֹנִית (נ)
Sportwagen (m)	meχonit sport	מְכוֹנִית סְפּוֹרְט (נ)
Limousine (f)	limu'zina	לִימוּזִינָה (נ)
Geländewagen (m)	'reχev 'ʃetaχ	רֶכֶב שֶׁטַח (ז)
Kabriolett (n)	meχonit gag niftaχ	מְכוֹנִית גַּג נִפְתָּח (נ)
Kleinbus (m)	'minibus	מִינִיבּוּס (ז)
Krankenwagen (m)	'ambulans	אַמְבּוּלַנְס (ז)
Schneepflug (m)	mafleset 'ʃeleg	מַפְלֶסֶת שֶׁלֶג (נ)
Lastkraftwagen (m)	masa'it	מַשָּׂאִית (נ)
Tankwagen (m)	meχalit 'delek	מֵיכָלִית דֶּלֶק (נ)
Kastenwagen (m)	masa'it kala	מַשָּׂאִית קַלָּה (נ)
Sattelzug (m)	gorer	גּוֹרֵר (ז)
Anhänger (m)	garur	גָּרוּר (ז)
komfortabel	'noaχ	נוֹחַ
gebraucht	meʃumaʃ	מְשׁוּמָשׁ

175. Autos. Karosserie

Motorhaube (f)	miχse hama'no'a	מִכְסֶה הַמָּנוֹעַ (ז)
Kotflügel (m)	kanaf	כָּנָף (נ)
Dach (n)	gag	גַּג (ז)
Windschutzscheibe (f)	ʃimʃa kidmit	שִׁמְשָׁה קִדְמִית (נ)
Rückspiegel (m)	mar'a aχorit	מַרְאָה אֲחוֹרִית (נ)
Scheibenwaschanlage (f)	mataz	מַתָּז (ז)
Scheibenwischer (m)	magev	מַגֵּב (ז)
Seitenscheibe (f)	ʃimʃat tsad	שִׁמְשַׁת צַד (נ)
Fensterheber (m)	χalon χaʃmali	חַלּוֹן חַשְׁמַלִי (ז)
Antenne (f)	an'tena	אַנְטֶנָה (נ)
Schiebedach (n)	χalon gag	חַלּוֹן גַּג (ז)
Stoßstange (f)	pagoʃ	פָּגוֹשׁ (ז)
Kofferraum (m)	ta mit'an	תָּא מִטְעָן (ז)
Dachgepäckträger (m)	gagon	גַּגוֹן (ז)
Wagenschlag (m)	'delet	דֶּלֶת (נ)
Türgriff (m)	yadit	יָדִית (נ)
Türschloss (n)	man'ul	מַנְעוּל (ז)
Nummernschild (n)	luχit riʃui	לוּחִית רִישׁוּי (נ)
Auspufftopf (m)	am'am	עַמְעָם (ז)

Benzintank (m)	meiẋal 'delek	מֵיכַל דֶּלֶק (ז)
Auspuffrohr (n)	maflet	מַפְלֵט (ז)

Gas (n)	gaz	גַּז (ז)
Pedal (n)	davʃa	דַּוְושָׁה (נ)
Gaspedal (n)	davʃat gaz	דַּוְושַׁת גַּז (נ)

Bremse (f)	'belem	בֶּלֶם (ז)
Bremspedal (n)	davʃat hablamim	דַּוְושַׁת הַבְּלָמִים (נ)
bremsen (vi)	livlom	לִבְלֹום
Handbremse (f)	'belem ẋaniya	בֶּלֶם חֲנָיָה (ז)

Kupplung (f)	matsmed	מַצְמֵד (ז)
Kupplungspedal (n)	davʃat hamatsmed	דַּוְושַׁת הַמַּצְמֵד (נ)
Kupplungsscheibe (f)	luẋit hamatsmed	לוּחִית הַמַּצְמֵד (נ)
Stoßdämpfer (m)	bolem za'a'zu'a	בּוֹלֵם זַעֲזוּעִים (ז)

Rad (n)	galgal	גַּלְגַּל (ז)
Reserverad (n)	galgal ẋilufi	גַּלְגַּל חִילוּפִי (ז)
Reifen (m)	tsmig	צְמִיג (ז)
Radkappe (f)	tsa'laẋat galgal	צַלַּחַת גַּלְגַּל (נ)

Triebräder (pl)	galgalim meni'im	גַּלְגַּלִים מֵנִיעִים (ז"ר)
mit Vorderantrieb	shel hana'a kidmit	שֶׁל הֲנָעָה קִדְמִית
mit Hinterradantrieb	shel hana'a aẋorit	שֶׁל הֲנָעָה אֲחוֹרִית
mit Allradantrieb	shel hana'a male'a	שֶׁל הֲנָעָה מָלֵאָה

Getriebe (n)	teivat hiluẋim	תֵּיבַת הִילוּכִים (נ)
Automatik-	oto'mati	אוֹטוֹמָטִי
Schalt-	me'ẋani	מֵכָנִי
Schalthebel (m)	yadit hiluẋim	יָדִית הִילוּכִים (נ)

Scheinwerfer (m)	panas kidmi	פָּנָס קִדְמִי (ז)
Scheinwerfer (pl)	panasim	פָּנָסִים (ז"ר)

Abblendlicht (n)	or namuẋ	אוֹר נָמוּךְ (ז)
Fernlicht (n)	or ga'voha	אוֹר גָּבוֹהַּ (ז)
Stopplicht (n)	or 'belem	אוֹר בֶּלֶם (ז)

Standlicht (n)	orot ẋanaya	אוֹרוֹת חֲנָיָה (ז"ר)
Warnblinker (m)	orot ẋerum	אוֹרוֹת חִירוּם (ז"ר)
Nebelscheinwerfer (pl)	orot arafel	אוֹרוֹת עֲרָפֶל (ז"ר)
Blinker (m)	panas itut	פָּנָס אִיתּוּת (ז)
Rückfahrscheinwerfer (m)	orot revers	אוֹרוֹת רֶבֶרְס (ז"ר)

176. Autos. Fahrgastraum

Wageninnere (n)	ta hanos'im	תָּא הַנּוֹסְעִים (ז)
Leder-	asui me'or	עָשׂוּי מֵעוֹר
aus Velours	ktifati	קְטִיפָתִי
Polster (n)	ripud	רִיפּוּד (ז)

Instrument (n)	maẋven	מַכְוֵון (ז)
Armaturenbrett (n)	'luaẋ maẋvenim	לוּחַ מַכְוֵונִים (ז)

| Tachometer (m) | mad mehirut | מַד מְהִירוּת (ז) |
| Nadel (f) | 'maxat | מַחַט (נ) |

Kilometerzähler (m)	mad merxak	מַד מֶרְחָק (ז)
Anzeige (Temperatur-)	xaiʃan	חַיְישָׁן (ז)
Pegel (m)	ramat mi'lui	רָמַת מִילּוּי (נ)
Kontrollleuchte (f)	nurat azhara	נוּרַת אַזְהָרָה (נ)

Steuerrad (n)	'hege	הֶגֶה (ז)
Hupe (f)	ʦofar	צוֹפָר (ז)
Knopf (m)	kaftor	כַּפְתּוֹר (ז)
Umschalter (m)	'meteg	מֶתֶג (ז)

Sitz (m)	moʃav	מוֹשָׁב (ז)
Rückenlehne (f)	miʃʰenet	מִשְׁעֶנֶת (נ)
Kopfstütze (f)	miʃʰenet roʃ	מִשְׁעֶנֶת רֹאשׁ (נ)
Sicherheitsgurt (m)	xagorat betixut	חֲגוֹרַת בְּטִיחוּת (נ)
sich anschnallen	lehadek xagora	לְהַדֵּק חֲגוֹרָה
Einstellung (f)	kivnun	כִּיווּנוּן (ז)

| Airbag (m) | karit avir | כָּרִית אֲווִיר (נ) |
| Klimaanlage (f) | mazgan | מַזְגָּן (ז) |

Radio (n)	'radyo	רַדְיוֹ (ז)
CD-Spieler (m)	'diskmen	דִיסְקְמֶן (ז)
einschalten (vt)	lehadlik	לְהַדְלִיק
Antenne (f)	an'tena	אַנְטֶנָה (נ)
Handschuhfach (n)	ta kfafot	תָּא כְּפָפוֹת (ז)
Aschenbecher (m)	ma'afera	מַאֲפֵרָה (נ)

177. Autos. Motor

Triebwerk (n)	ma'noʻa	מָנוֹעַ (ז)
Motor (m)	ma'noʻa	מָנוֹעַ (ז)
Diesel-	ʃel 'dizel	שֶׁל דִיזֶל
Benzin-	'delek	דֶּלֶק

Hubraum (m)	'nefax ma'noʻa	נֶפַח מָנוֹעַ (ז)
Leistung (f)	oʦma	עוֹצְמָה (נ)
Pferdestärke (f)	'koax sus	כּוֹח סוּס (ז)
Kolben (m)	buxna	בּוּכְנָה (נ)
Zylinder (m)	ʦi'linder	צִילִינְדָר (ז)
Ventil (n)	ʃastom	שַׁסְתּוֹם (ז)

Injektor (m)	mazrek	מַזְרֵק (ז)
Generator (m)	mexolel	מְחוֹלֵל (ז)
Vergaser (m)	me'ayed	מְאַיֵּד (ז)
Motoröl (n)	'ʃemen manoʻim	שֶׁמֶן מָנוֹעִים (ז)

Kühler (m)	maʦnen	מַצְנֵן (ז)
Kühlflüssigkeit (f)	nozel kirur	נוֹזֵל קִירוּר (ז)
Ventilator (m)	me'avrer	מְאַווְרֵר (ז)
Autobatterie (f)	maʦber	מַצְבֵּר (ז)
Anlasser (m)	mat'neʻa	מַתְנֵעַ (ז)

| Zündung (f) | hatsata | הַצָּתָה (נ) |
| Zündkerze (f) | matset | מַצֵּת (ז) |

Klemme (f)	'hedek	הֶדֵק (ז)
Pluspol (m)	'hedek χiyuvi	הֶדֵק חִיּוּבִי (ז)
Minuspol (m)	'hedek ʃlili	הֶדֵק שְׁלִילִי (ז)
Sicherung (f)	natiχ	נָתִיךְ (ז)

Luftfilter (m)	masnen avir	מַסְנֵן אֲוִיר (ז)
Ölfilter (m)	masnen 'ʃemen	מַסְנֵן שֶׁמֶן (ז)
Treibstofffilter (m)	masnen 'delek	מַסְנֵן דֶּלֶק (ז)

178. Autos. Unfall. Reparatur

Unfall (m)	te'una	תְּאוּנָה (נ)
Verkehrsunfall (m)	te'unat draχim	תְּאוּנַת דְּרָכִים (נ)
fahren gegen …	lehitn ageʃ	לְהִתְנַגֵּשׁ
verunglücken (vi)	lehima'eχ	לְהִימָעֵךְ
Schaden (m)	'nezek	נֶזֶק (ז)
heil (Adj)	ʃalem	שָׁלֵם

Panne (f)	takala	תַּקָּלָה (נ)
kaputtgehen (vi)	lehitkalkel	לְהִתְקַלְקֵל
Abschleppseil (n)	'χevel grar	חֶבֶל גְּרָר (ז)

Reifenpanne (f)	'teker	תֶּקֶר (ז)
platt sein	lehitpantʃer	לְהִתְפַּנְצֵ'ר
pumpen (vt)	lena'peaχ	לְנַפֵּחַ
Reifendruck (m)	'laχats	לַחַץ (ז)
prüfen (vt)	livdok	לִבְדּוֹק

Reparatur (f)	ʃiputs	שִׁפּוּץ (ז)
Reparaturwerkstatt (f)	musaχ	מוּסָךְ (ז)
Ersatzteil (n)	'χelek χiluf	חֵלֶק חִילּוּף (ז)
Einzelteil (n)	'χelek	חֵלֶק (ז)

Bolzen (m)	'boreg	בּוֹרֶג (ז)
Schraube (f)	'boreg	בּוֹרֶג (ז)
Schraubenmutter (f)	om	אוֹם (ז)
Scheibe (f)	diskit	דִּיסְקִית (נ)
Lager (n)	mesav	מֵסַב (ז)

Rohr (Abgas-)	tsinorit	צִינּוֹרִית (נ)
Dichtung (f)	'etem	אֶטֶם (ז)
Draht (m)	χut	חוּט (ז)

Wagenheber (m)	dʒek	גַ'ק (ז)
Schraubenschlüssel (m)	maf'teaχ bragim	מַפְתֵּחַ בְּרָגִים (ז)
Hammer (m)	patiʃ	פַּטִּישׁ (ז)
Pumpe (f)	maʃ'eva	מַשְׁאֵבָה (נ)
Schraubenzieher (m)	mavreg	מַבְרֵג (ז)

| Feuerlöscher (m) | mataf | מַטָּף (ז) |
| Warndreieck (n) | meʃulaʃ χirum | מְשׁוּלַשׁ חֵירוּם (ז) |

abwürgen (Motor)	ledomem	לְדוֹמֵם
Anhalten (~ des Motors)	hadmama	הַדְמָמָה (נ)
kaputt sein	lihyot ʃavur	לִהְיוֹת שָׁבוּר

überhitzt werden (Motor)	lehitχamem yoter midai	לְהִתְחַמֵּם יוֹתֵר מִדַי
verstopft sein	lehisatem	לְהִיסָתֵם
einfrieren (Schloss, Rohr)	likpo	לִקְפּוֹא
zerplatzen (vi)	lehitpa'ke'a	לְהִתְפַּקֵּעַ

Druck (m)	'laχats	לַחַץ (ז)
Pegel (m)	ramat mi'lui	רָמַת מִילוּי (נ)
schlaff (z.B. -e Riemen)	rafe	רָפֶה

Delle (f)	dfika	דְפִיקָה (נ)
Klopfen (n)	'ra'aʃ	רַעַשׁ (ז)
Riß (m)	'sedek	סֶדֶק (ז)
Kratzer (m)	srita	שְׂרִיטָה (נ)

179. Autos. Straßen

Fahrbahn (f)	'dereχ	דֶּרֶךְ (נ)
Schnellstraße (f)	kviʃ mahir	כְּבִישׁ מָהִיר (ז)
Autobahn (f)	kviʃ mahir	כְּבִישׁ מָהִיר (ז)
Richtung (f)	kivun	כִּיווּן (ז)
Entfernung (f)	merχak	מֶרְחָק (ז)

Brücke (f)	'geʃer	גֶּשֶׁר (ז)
Parkplatz (m)	χanaya	חֲנָיָה (נ)
Platz (m)	kikar	כִּיכָּר (נ)
Autobahnkreuz (n)	meχlaf	מֶחְלָף (ז)
Tunnel (m)	minhara	מִנְהָרָה (נ)

Tankstelle (f)	taχanat 'delek	תַחֲנַת דֶלֶק (נ)
Parkplatz (m)	migraʃ χanaya	מִגְרַשׁ חֲנָיָה (ז)
Zapfsäule (f)	maʃevat 'delek	מַשְׁאֵבַת דֶלֶק (נ)
Reparaturwerkstatt (f)	musaχ	מוּסָךְ (ז)
tanken (vt)	letadlek	לְתַדְלֵק
Treibstoff (m)	'delek	דֶלֶק (ז)
Kanister (m)	'dʒerikan	גֶ'רִיקָן (ז)

Asphalt (m)	asfalt	אַסְפַלְט (ז)
Markierung (f)	simun	סִימוּן (ז)
Bordstein (m)	sfat midraχa	שְׂפַת מִדְרָכָה (נ)
Leitplanke (f)	ma'ake betiχut	מַעֲקֶה בְּטִיחוּת (ז)
Graben (m)	te'ala	תְּעָלָה (נ)
Straßenrand (m)	ʃulei ha'dereχ	שׁוּלֵי הַדֶּרֶךְ (ז"ר)
Straßenlaterne (f)	amud te'ura	עַמּוּד תְּאוּרָה (ז)

fahren (vt)	linhog	לִנְהוֹג
abbiegen (nach links ~)	lifnot	לִפְנוֹת
umkehren (vi)	leva'tse'a pniyat parsa	לְבַצֵּעַ פְּנִיַת פַּרְסָה
Rückwärtsgang (m)	hiluχ aχori	הִילוּךְ אֲחוֹרִי (ז)
hupen (vi)	litspor	לִצְפּוֹר
Hupe (f)	tsfira	צְפִירָה (נ)

stecken (im Schlamm ~)	lehitaka	לְהִיתָּקַע
durchdrehen (Räder)	lesovev et hagalgal al rek	לְסוֹבֵב אֶת הַגַּלְגַּלִּים עַל רֵיק
abstellen (Motor ~)	ledomem	לְדוֹמֵם

Geschwindigkeit (f)	mehirut	מְהִירוּת (נ)
Geschwindigkeit überschreiten	linhog bemehirut muf'rezet	לִנְהוֹג בְּמְהִירוּת מוּפְרֶזֶת
bestrafen (vt)	liknos	לִקְנֹס
Ampel (f)	ramzor	רַמְזוֹר (ז)
Führerschein (m)	rifyon nehiga	רִשְׁיוֹן נְהִיגָה (ז)

Bahnübergang (m)	ma'avar pasei ra'kevet	מַעֲבַר פַּסֵּי רַכֶּבֶת (ז)
Straßenkreuzung (f)	'tsomet	צוֹמֶת (ז)
Fußgängerüberweg (m)	ma'avar xatsaya	מַעֲבַר חֲצָיָה (ז)
Kehre (f)	pniya	פְּנִיָּה (נ)
Fußgängerzone (f)	midrexov	מִדְרְחוֹב (ז)

180. Verkehrszeichen

Verkehrsregeln (pl)	xukei hatnu'a	חוּקֵי הַתְּנוּעָה (ז"ר)
Verkehrszeichen (n)	tamrur	תַּמְרוּר (ז)
Überholen (n)	akifa	עֲקִיפָה (נ)
Kurve (f)	pniya	פְּנִיָּה (נ)
Wende (f)	sivuv parsa	סִיבוּב פַּרְסָה (ז)
Kreisverkehr (m)	ma'agal tnu'a	מַעֲגַל תְּנוּעָה (ז)

Einfahrt verboten	ein knisa	אֵין כְּנִיסָה
Verkehr verboten	ein knisat rexavim	אֵין כְּנִיסַת רְכָבִים
Überholverbot	akifa asura	עֲקִיפָה אֲסוּרָה
Parken verboten	xanaya asura	חֲנָיָה אֲסוּרָה
Halteverbot	atsira asura	עֲצִירָה אֲסוּרָה

gefährliche Kurve (f)	sivuv xad	סִיבוּב חַד (ז)
Gefälle (n)	yerida tlula	יְרִידָה תְּלוּלָה (נ)
Einbahnstraße (f)	tnu'a xad sitrit	תְּנוּעָה חַד־סְטְרִית (נ)
Fußgängerüberweg (m)	ma'avar xatsaya	מַעֲבַר חֲצָיָה (ז)
Schleudergefahr	kvif xalaklak	כְּבִישׁ חֲלַקְלַק (ז)
Vorfahrt gewähren!	zxut kdima	זְכוּת קְדִימָה

MENSCHEN. LEBENSEREIGNISSE

Lebensereignisse

181. Feiertage. Ereignis

Fest (n)	χagiga	חֲגִיגָה (נ)
Nationalfeiertag (m)	χag le'umi	חַג לְאוֹמִי (ז)
Feiertag (m)	yom χag	יוֹם חַג (ז)
feiern (vt)	laχgog	לַחְגוֹג
Ereignis (n)	hitraχaʃut	הִתְרַחֲשׁוּת (נ)
Veranstaltung (f)	ei'ru'a	אֵירוּעַ (ז)
Bankett (n)	se'uda χagigit	סְעוּדָה חֲגִיגִית (נ)
Empfang (m)	ei'ruaχ	אֵירוּחַ (ז)
Festmahl (n)	miʃte	מִשְׁתֶּה (ז)
Jahrestag (m)	yom haʃana	יוֹם הַשָּׁנָה (ז)
Jubiläumsfeier (f)	χag hayovel	חַג הַיּוֹבֵל (ז)
begehen (vt)	laχgog	לַחְגוֹג
Neujahr (n)	ʃana χadaʃa	שָׁנָה חֲדָשָׁה (נ)
Frohes Neues Jahr!	ʃana tova!	שָׁנָה טוֹבָה!
Weihnachtsmann (m)	'santa 'kla'us	סַנְטָה קְלָאוּס
Weihnachten (n)	χag hamolad	חַג הַמּוֹלָד (ז)
Frohe Weihnachten!	χag hamolad sa'meaχ!	חַג הַמּוֹלָד שָׂמֵחַ!
Tannenbaum (m)	ets χag hamolad	עֵץ חַג הַמּוֹלָד (ז)
Feuerwerk (n)	zikukim	זִיקוּקִים (ז"ר)
Hochzeit (f)	χatuna	חֲתוּנָה (נ)
Bräutigam (m)	χatan	חָתָן (ז)
Braut (f)	kala	כַּלָּה (נ)
einladen (vt)	lehazmin	לְהַזְמִין
Einladung (f)	hazmana	הַזְמָנָה (נ)
Gast (m)	o'reaχ	אוֹרֵחַ (ז)
besuchen (vt)	levaker	לְבַקֵּר
Gäste empfangen	lekabel orχim	לְקַבֵּל אוֹרְחִים
Geschenk (n)	matana	מַתָּנָה (נ)
schenken (vt)	latet matana	לָתֵת מַתָּנָה
Geschenke bekommen	lekabel matanot	לְקַבֵּל מַתָּנוֹת
Blumenstrauß (m)	zer	זֵר (ז)
Glückwunsch (m)	braχa	בְּרָכָה (נ)
gratulieren (vi)	levareχ	לְבָרֵךְ
Glückwunschkarte (f)	kartis braχa	פַּרְטִיס בְּרָכָה (ז)

| eine Karte abschicken | liʃ'loaχ gluya | לִשְׁלוֹחַ גְּלוּיָה |
| eine Karte erhalten | lekabel gluya | לְקַבֵּל גְּלוּיָה |

Trinkspruch (m)	leharim kosit	לְהָרִים כּוֹסִית
anbieten (vt)	leχabed	לְכַבֵּד
Champagner (m)	ʃam'panya	שַׁמְפַּנְיָה (נ)

sich amüsieren	lehanot	לֵיהָנוֹת
Fröhlichkeit (f)	aliʦut	עֲלִיצוּת (נ)
Freude (f)	simχa	שִׂמְחָה (נ)

| Tanz (m) | rikud | רִיקוּד (ז) |
| tanzen (vi, vt) | lirkod | לִרְקוֹד |

| Walzer (m) | vals | וַלְס (ז) |
| Tango (m) | 'tango | טַנְגוֹ (ז) |

182. Bestattungen. Begräbnis

Friedhof (m)	beit kvarot	בֵּית קְבָרוֹת (ז)
Grab (n)	'kever	קֶבֶר (ז)
Kreuz (n)	ʦlav	צְלָב (ז)
Grabstein (m)	maʦeva	מַצֵּבָה (נ)
Zaun (m)	gader	גָּדֵר (נ)
Kapelle (f)	beit tfila	בֵּית תְּפִילָה (ז)

Tod (m)	'mavet	מָוֶת (ז)
sterben (vi)	lamut	לָמוּת
Verstorbene (m)	niftar	נִפְטָר (ז)
Trauer (f)	'evel	אֵבֶל (ז)

begraben (vt)	likbor	לִקְבּוֹר
Bestattungsinstitut (n)	beit levayot	בֵּית לְוָיוֹת (ז)
Begräbnis (n)	levaya	לְוָיָה (נ)

Kranz (m)	zer	זֵר (ז)
Sarg (m)	aron metim	אֲרוֹן מֵתִים (ז)
Katafalk (m)	kron hamet	קְרוֹן הַמֵּת (ז)
Totenhemd (n)	taχriχim	תַּכְרִיכִים (ז"ר)

Trauerzug (m)	tahaluχat 'evel	תַּהֲלוּכַת אֵבֶל (נ)
Urne (f)	kad 'efer	כַּד אֵפֶר (ז)
Krematorium (n)	misrafa	מִשְׂרָפָה (נ)

Nachruf (m)	moda'at 'evel	מוֹדָעַת אֵבֶל (נ)
weinen (vi)	livkot	לִבְכּוֹת
schluchzen (vi)	lehitya'peaχ	לְהִתְיַפֵּחַ

183. Krieg. Soldaten

| Zug (m) | maχlaka | מַחְלָקָה (נ) |
| Kompanie (f) | pluga | פְּלוּגָה (נ) |

Regiment (n)	χativa	חֲטִיבָה (נ)
Armee (f)	tsava	צָבָא (ז)
Division (f)	ugda	אוּגְדָּה (נ)

| Abteilung (f) | kita | פִּיתָה (נ) |
| Heer (n) | 'χayil | חַיִל (ז) |

| Soldat (m) | χayal | חַיָּל (ז) |
| Offizier (m) | katsin | קָצִין (ז) |

Soldat (m)	turai	טוּרַאי (ז)
Feldwebel (m)	samal	סַמָּל (ז)
Leutnant (m)	'segen	סֶגֶן (ז)
Hauptmann (m)	'seren	סֶרֶן (ז)
Major (m)	rav 'seren	רַב־סֶרֶן (ז)
Oberst (m)	aluf miʃne	אַלוּף מִשְׁנֶה (ז)
General (m)	aluf	אַלוּף (ז)

Matrose (m)	yamai	יַמַּאי (ז)
Kapitän (m)	rav χovel	רַב־חוֹבֵל (ז)
Bootsmann (m)	rav malaχim	רַב־מַלָּחִים (ז)

Artillerist (m)	totχan	תּוֹתְחָן (ז)
Fallschirmjäger (m)	tsanχan	צַנְחָן (ז)
Pilot (m)	tayas	טַיָּס (ז)
Steuermann (m)	navat	נַוָּט (ז)
Mechaniker (m)	meχonai	מְכוֹנַאי (ז)

Pionier (m)	χablan	חַבְּלָן (ז)
Fallschirmspringer (m)	tsanχan	צַנְחָן (ז)
Aufklärer (m)	iʃ modi'in kravi	אִישׁ מוֹדִיעִין קְרָבִי (ז)
Scharfschütze (m)	tsalaf	צַלָּף (ז)

Patrouille (f)	siyur	סִיּוּר (ז)
patrouillieren (vi)	lefatrel	לְפַטְרֵל
Wache (f)	zakif	זָקִיף (ז)

| Krieger (m) | loχem | לוֹחֵם (ז) |
| Patriot (m) | patriyot | פַּטְרִיּוֹט (ז) |

| Held (m) | gibor | גִּיבּוֹר (ז) |
| Heldin (f) | gibora | גִּיבּוֹרָה (נ) |

| Verräter (m) | boged | בּוֹגֵד (ז) |
| verraten (vt) | livgod | לִבְגּוֹד |

| Deserteur (m) | arik | עָרִיק (ז) |
| desertieren (vi) | la'arok | לַעֲרוֹק |

Söldner (m)	sχir 'χerev	שְׂכִיר חֶרֶב (ז)
Rekrut (m)	tiron	טִירוֹן (ז)
Freiwillige (m)	mitnadev	מִתְנַדֵּב (ז)

Getoetete (m)	harug	הָרוּג (ז)
Verwundete (m)	pa'tsu'a	פָּצוּעַ (ז)
Kriegsgefangene (m)	ʃavui	שָׁבוּי (ז)

184. Krieg. Militärische Aktionen. Teil 1

Krieg (m)	milxama	מִלְחָמָה (נ)
Krieg führen	lehilaxem	לְהִילָחֵם
Bürgerkrieg (m)	mil'xemet ezraxim	מִלְחֶמֶת אֶזְרָחִים (נ)

heimtückisch (Adv)	bogdani	בּוֹגְדָנִי
Kriegserklärung (f)	haxrazat milxama	הַכְרָזַת מִלְחָמָה (נ)
erklären (den Krieg ~)	lehaxriz	לְהַכְרִיז
Aggression (f)	tokfanut	תּוֹקְפָנוּת (נ)
einfallen (Staat usw.)	litkof	לִתְקוֹף

einfallen (in ein Land ~)	lixbof	לִכְבּוֹשׁ
Invasoren (pl)	kovef	כּוֹבֵשׁ (ז)
Eroberer (m), Sieger (m)	kovef	כּוֹבֵשׁ (ז)

Verteidigung (f)	hagana	הֲגָנָה (נ)
verteidigen (vt)	lehagen al	לְהָגֵן עַל
sich verteidigen	lehitgonen	לְהִתְגּוֹנֵן

Feind (m)	oyev	אוֹיֵב (ז)
Gegner (m)	yariv	יָרִיב (ז)
Feind-	fel oyev	שֶׁל אוֹיֵב

| Strategie (f) | astra'tegya | אַסְטְרָטֶגְיָה (נ) |
| Taktik (f) | 'taktika | טַקְטִיקָה (נ) |

Befehl (m)	pkuda	פְּקוּדָה (נ)
Anordnung (f)	pkuda	פְּקוּדָה (נ)
befehlen (vt)	lifkod	לִפְקוֹד
Auftrag (m)	mesima	מְשִׂימָה (נ)
geheim (Adj)	sodi	סוֹדִי

Gefecht (n)	krav	קְרָב (ז)
Schlacht (f)	ma'araxa	מַעֲרָכָה (נ)
Kampf (m)	krav	קְרָב (ז)

Angriff (m)	hatkafa	הַתְקָפָה (נ)
Sturm (m)	hista'arut	הִסְתָּעֲרוּת (נ)
stürmen (vt)	lehista'er	לְהִסְתָּעֵר
Belagerung (f)	matsor	מָצוֹר (ז)

| Angriff (m) | mitkafa | מִתְקָפָה (נ) |
| angreifen (vt) | latset lemitkafa | לָצֵאת לְמִתְקָפָה |

| Rückzug (m) | nesiga | נְסִיגָה (נ) |
| sich zurückziehen | la'seget | לָסֶגֶת |

| Einkesselung (f) | kitur | כִּיתוּר (ז) |
| einkesseln (vt) | lexater | לְכַתֵּר |

Bombenangriff (m)	haftsatsa	הַפְצָצָה (נ)
eine Bombe abwerfen	lehatil ptsatsa	לְהָטִיל פְּצָצָה
bombardieren (vt)	lehaftsits	לְהַפְצִיץ
Explosion (f)	pitsuts	פִּיצוּץ (ז)

Schuss (m)	yeriya	יְרִיָּה (נ)
schießen (vt)	lirot	לִירוֹת
Schießerei (f)	'yeri	יֶרִי (ז)

zielen auf …	leχaven 'nefek	לְכַוֵּן נֶשֶׁק
richten (die Waffe)	leχaven	לְכַוֵּן
treffen (ins Schwarze ~)	lik'lo'a	לִקְלוֹעַ

versenken (vt)	lehat'bi'a	לְהַטְבִּיעַ
Loch (im Schiffsrumpf)	pirtsa	פִּרְצָה (נ)
versinken (Schiff)	lit'bo'a	לִטְבּוֹעַ

Front (f)	χazit	חֲזִית (נ)
Evakuierung (f)	pinui	פִּינּוּי (ז)
evakuieren (vt)	lefanot	לְפַנּוֹת

Schützengraben (m)	te'ala	תְּעָלָה (נ)
Stacheldraht (m)	'tayil dokrani	תַּיִל דּוֹקְרָנִי (ז)
Sperre (z.B. Panzersperre)	maχsom	מַחְסוֹם (ז)
Wachtturm (m)	migdal fmira	מִגְדָּל שְׁמִירָה (ז)

Lazarett (n)	beit χolim tsva'i	בֵּית חוֹלִים צְבָאִי (ז)
verwunden (vt)	lif'tso'a	לִפְצוֹעַ
Wunde (f)	'petsa	פֶּצַע (ז)
Verwundete (m)	pa'tsu'a	פָּצוּעַ (ז)
verletzt sein	lehipatsa	לְהִיפָּצַע
schwer (-e Verletzung)	kafe	קָשֶׁה

185. Krieg. Militärische Aktionen. Teil 2

Gefangenschaft (f)	'fevi	שֶׁבִי (ז)
gefangen nehmen (vt)	la'kaχat be'fevi	לָקַחַת בְּשֶׁבִי
in Gefangenschaft sein	lihyot be'fevi	לִהְיוֹת בְּשֶׁבִי
in Gefangenschaft geraten	lipol be'fevi	לִיפּוֹל בְּשֶׁבִי

Konzentrationslager (n)	maχane rikuz	מַחֲנֶה רִיכּוּז (ז)
Kriegsgefangene (m)	favui	שָׁבוּי (ז)
fliehen (vi)	liv'roaχ	לִבְרוֹחַ

verraten (vt)	livgod	לִבְגּוֹד
Verräter (m)	boged	בּוֹגֵד (ז)
Verrat (m)	bgida	בְּגִידָה (נ)

erschießen (vt)	lehotsi la'horeg	לְהוֹצִיא לַהוֹרֵג
Erschießung (f)	hotsa'a le'horeg	הוֹצָאָה לַהוֹרֵג (נ)

Ausrüstung (persönliche ~)	tsiyud	צִיּוּד (ז)
Schulterstück (n)	ko'tefet	כּוֹתֶפֶת (נ)
Gasmaske (f)	maseχat 'abaχ	מַסֵּיכַת אַבַּ"ךְ (נ)

Funkgerät (n)	maχfir 'kefer	מַכְשִׁיר קֶשֶׁר (ז)
Chiffre (f)	'tsofen	צוֹפֶן (ז)
Geheimhaltung (f)	χafa'iut	חֲשָׁאִיּוּת (נ)
Kennwort (n)	sisma	סִיסְמָה (נ)

Mine (f)	mokeʃ	מוֹקֵשׁ (ז)
Minen legen	lemakeʃ	לְמַקֵּשׁ
Minenfeld (n)	sde mokʃim	שְׂדֵה מוֹקְשִׁים (ז)

Luftalarm (m)	az'aka	אַזְעָקָה (נ)
Alarm (m)	az'aka	אַזְעָקָה (נ)
Signal (n)	ot	אוֹת (ז)
Signalrakete (f)	zikuk az'aka	זִיקּוּק אַזְעָקָה (ז)

Hauptquartier (n)	mifkada	מִפְקָדָה (נ)
Aufklärung (f)	isuf modi'in	אִיסוּף מוֹדִיעִין (ז)
Lage (f)	matsav	מַצָּב (ז)
Bericht (m)	doχ	דוֹ"ח (ז)
Hinterhalt (m)	ma'arav	מַאֲרָב (ז)
Verstärkung (f)	tig'boret	תִּגְבּוֹרֶת (נ)

Zielscheibe (f)	matara	מַטָּרָה (נ)
Schießplatz (m)	sde imunim	שְׂדֵה אִימּוּנִים (ז)
Manöver (n)	timronim	תִּמְרוֹנִים (ז"ר)

Panik (f)	behala	בֶּהָלָה (נ)
Verwüstung (f)	'heres	הֶרֶס (ז)
Trümmer (pl)	harisot	הֲרִיסוֹת (נ"ר)
zerstören (vt)	laharos	לַהֲרוֹס

überleben (vi)	lisrod	לִשְׂרוֹד
entwaffnen (vt)	lifrok mi'neʃek	לִפְרוֹק מֶנֶשֶׁק
handhaben (vt)	lehiʃtameʃ be…	לְהִשְׁתַּמֵּשׁ בְּ...

| Stillgestanden! | amod dom! | עֲמוֹד דּוֹם! |
| Rühren! | amod 'noaχ! | עֲמוֹד נוֹחַ! |

Heldentat (f)	ma'ase gvura	מַעֲשֵׂה גְבוּרָה (ז)
Eid (m), Schwur (m)	ʃvu'a	שְׁבוּעָה (נ)
schwören (vi, vt)	lehiʃava	לְהִישָּׁבַע

Lohn (Orden, Medaille)	itur	עִיטּוּר (ז)
auszeichnen (mit Orden)	leha'anik	לְהַעֲנִיק
Medaille (f)	me'dalya	מֶדַלְיָה (נ)
Orden (m)	ot hitstainut	אוֹת הַצְטַיְינוּת (ז)

Sieg (m)	nitsaχon	נִיצָּחוֹן (ז)
Niederlage (f)	tvusa	תְּבוּסָה (נ)
Waffenstillstand (m)	hafsakat eʃ	הַפְסָקַת אֵשׁ (נ)

Fahne (f)	'degel	דֶּגֶל (ז)
Ruhm (m)	tehila	תְּהִילָּה (נ)
Parade (f)	mits'ad	מִצְעָד (ז)
marschieren (vi)	lits'od	לִצְעוֹד

186. Waffen

| Waffe (f) | 'neʃek | נֶשֶׁק (ז) |
| Schusswaffe (f) | 'neʃek χam | נֶשֶׁק חַם (ז) |

blanke Waffe (f)	'neʃek kar	נֶשֶׁק קַר (ז)
chemischen Waffen (pl)	'neʃek 'χimi	נֶשֶׁק כִּימִי (ז)
Kern-, Atom-	gar'ini	גַּרְעִינִי
Kernwaffe (f)	'neʃek gar'ini	נֶשֶׁק גַּרְעִינִי (ז)

Bombe (f)	ptsatsa	פְּצָצָה (נ)
Atombombe (f)	ptsatsa a'tomit	פְּצָצָה אָטוֹמִית (נ)

Pistole (f)	ekdaχ	אֶקְדָּח (ז)
Gewehr (n)	rove	רוֹבֶה (ז)
Maschinenpistole (f)	tat mak'le'a	תַּת־מַקְלֵעַ (ז)
Maschinengewehr (n)	mak'le'a	מַקְלֵעַ (ז)

Mündung (f)	kane	קָנֶה (ז)
Lauf (Gewehr-)	kane	קָנֶה (ז)
Kaliber (n)	ka'liber	קָלִיבֶּר (ז)

Abzug (m)	'hedek	הֶדֶק (ז)
Visier (n)	ka'venet	כַּוֶּנֶת (נ)
Magazin (n)	maχsanit	מַחְסָנִית (נ)
Kolben (m)	kat	קַת (נ)

Handgranate (f)	rimon	רִימוֹן (ז)
Sprengstoff (m)	'χomer 'nefets	חוֹמֶר נֶפֶץ (ז)

Kugel (f)	ka'li'a	קְלִיעַ (ז)
Patrone (f)	kadur	כַּדּוּר (ז)
Ladung (f)	te'ina	טְעִינָה (נ)
Munition (f)	taχ'moʃet	תַּחְמוֹשֶׁת (נ)

Bomber (m)	maftsits	מַפְצִיץ (ז)
Kampfflugzeug (n)	metos krav	מְטוֹס קְרָב (ז)
Hubschrauber (m)	masok	מָסוֹק (ז)

Flugabwehrkanone (f)	totaχ 'neged metosim	תּוֹתָח נֶגֶד מְטוֹסִים (ז)
Panzer (m)	tank	טַנְק (ז)
Panzerkanone (f)	totaχ	תּוֹתָח (ז)

Artillerie (f)	arti'lerya	אַרְטִילֶרְיָה (נ)
Kanone (f)	totaχ	תּוֹתָח (ז)
richten (die Waffe)	leχaven	לְכַוֵּן

Geschoß (n)	pagaz	פָּגָז (ז)
Wurfgranate (f)	ptsatsat margema	פְּצָצַת מַרְגֵּמָה (נ)
Granatwerfer (m)	margema	מַרְגֵּמָה (נ)
Splitter (m)	resis	רְסִיס (ז)

U-Boot (n)	tso'lelet	צוֹלֶלֶת (נ)
Torpedo (m)	tor'pedo	טוֹרְפֶּדוֹ (ז)
Rakete (f)	til	טִיל (ז)

laden (Gewehr)	lit'on	לִטְעוֹן
schießen (vi)	lirot	לִירוֹת
zielen auf ...	leχaven	לְכַוֵּן
Bajonett (n)	kidon	כִּידוֹן (ז)
Degen (m)	'χerev	חֶרֶב (נ)

Säbel (m)	'χerev paraʃim	חֶרֶב פְּרָשִׁים (ז)
Speer (m)	χanit	חֲנִית (נ)
Bogen (m)	'keʃet	קֶשֶׁת (נ)
Pfeil (m)	χets	חֵץ (ז)
Muskete (f)	musket	מוּסְקֶט (ז)
Armbrust (f)	'keʃet metsu'levet	קֶשֶׁת מְצוּלֶבֶת (נ)

187. Menschen der Antike

vorzeitlich	kadmon	קַדְמוֹן
prähistorisch	prehis'tori	פְּרֶהִיסְטוֹרִי
alt (antik)	atik	עַתִּיק

Steinzeit (f)	idan ha''even	עִידָן הָאֶבֶן (ז)
Bronzezeit (f)	idan ha'arad	עִידָן הָאָרָד (ז)
Eiszeit (f)	idan ha'keraχ	עִידָן הַקֶּרַח (ז)

Stamm (m)	'ʃevet	שֵׁבֶט (ז)
Kannibale (m)	oχel adam	אוֹכֵל אָדָם (ז)
Jäger (m)	tsayad	צַיָּיד (ז)
jagen (vi)	latsud	לָצוּד
Mammut (n)	ma'muta	מָמוּטָה (נ)

Höhle (f)	me'ara	מְעָרָה (נ)
Feuer (n)	eʃ	אֵשׁ (נ)
Lagerfeuer (n)	medura	מְדוּרָה (נ)
Höhlenmalerei (f)	pet'roglif	פֶּטְרוֹגְלִיף (ז)

Werkzeug (n)	kli	כְּלִי (ז)
Speer (m)	χanit	חֲנִית (נ)
Steinbeil (n), Steinaxt (f)	garzen ha'even	גַּרְזֶן הָאֶבֶן (ז)
Krieg führen	lehilaχem	לְהִילָּחֵם
domestizieren (vt)	levayet	לְבַיֵּית

| Idol (n) | 'pesel | פֶּסֶל (ז) |
| anbeten (vt) | la'avod et | לַעֲבוֹד אֶת |

| Aberglaube (m) | emuna tfela | אֱמוּנָה תְּפֵלָה (נ) |
| Brauch (m), Ritus (m) | 'tekes | טֶקֶס (ז) |

| Evolution (f) | evo'lutsya | אֶבוֹלוּצְיָה (נ) |
| Entwicklung (f) | hitpatχut | הִתְפַּתְּחוּת (נ) |

| Verschwinden (n) | he'almut | הֵיעָלְמוּת (נ) |
| sich anpassen | lehistagel | לְהִסְתַּגֵּל |

Archäologie (f)	arχe'o'logya	אַרְכֵיאוֹלוֹגְיָה (נ)
Archäologe (m)	arχe'olog	אַרְכֵיאוֹלוֹג (ז)
archäologisch	arχe'o'logi	אַרְכֵיאוֹלוֹגִי

Ausgrabungsstätte (f)	atar χafirot	אֲתַר חֲפִירוֹת (ז)
Ausgrabungen (pl)	χafirot	חֲפִירוֹת (נ"ר)
Fund (m)	mimtsa	מִמְצָא (ז)
Fragment (n)	resis	רְסִיס (ז)

188. Mittelalter

Volk (n)	am	עַם (ז)
Völker (pl)	amim	עַמִים (ז"ר)
Stamm (m)	'ʃevet	שֵׁבֶט (ז)
Stämme (pl)	ʃvatim	שְׁבָטִים (ז"ר)
Barbaren (pl)	bar'barim	בַּרבָּרִים (ז"ר)
Gallier (pl)	'galim	גָאלִים (ז"ר)
Goten (pl)	'gotim	גוֹתִים (ז"ר)
Slawen (pl)	'slavim	סלָאבִים (ז"ר)
Wikinger (pl)	'vikingim	וִיקִינגִים (ז"ר)
Römer (pl)	roma'im	רוֹמָאִים (ז"ר)
römisch	'romi	רוֹמִי
Byzantiner (pl)	bi'zantim	בִּיזַנטִים (ז"ר)
Byzanz (n)	bizantion, bizants	בִּיזַנטִיוֹן, בִּיזַנץ (נ)
byzantinisch	bi'zanti	בִּיזַנטִי
Kaiser (m)	keisar	קֵיסָר (ז)
Häuptling (m)	manhig	מַנהִיג (ז)
mächtig (Kaiser usw.)	rav 'koax	רַב-כּוֹחַ
König (m)	'melex	מֶלֶך (ז)
Herrscher (Monarch)	ʃalit	שַׁלִיט (ז)
Ritter (m)	abir	אַבִּיר (ז)
Feudalherr (m)	fe'odal	פֵיאוֹדָל (ז)
feudal, Feudal-	fe'o'dali	פֵיאוֹדָלִי
Vasall (m)	vasal	וַסָל (ז)
Herzog (m)	dukas	דוּכָּס (ז)
Graf (m)	rozen	רוֹזֵן (ז)
Baron (m)	baron	בָּרוֹן (ז)
Bischof (m)	'biʃof	בִּישׁוֹף (ז)
Rüstung (f)	ʃiryon	שִׁריוֹן (ז)
Schild (m)	magen	מָגֵן (ז)
Schwert (n)	'xerev	חֶרֶב (נ)
Visier (n)	magen panim	מָגֵן פָּנִים (ז)
Panzerhemd (n)	ʃiryon kaskasim	שִׁריוֹן קַשׂקַשִׂים (ז)
Kreuzzug (m)	masa tslav	מַסַע צלָב (ז)
Kreuzritter (m)	tsalban	צַלבָּן (ז)
Territorium (n)	'ʃetax	שֶׁטַח (ז)
einfallen (vt)	litkof	לִתקוֹף
erobern (vt)	lixboʃ	לִכבּוֹש
besetzen (Land usw.)	lehiʃtalet	לְהִשׁתַּלֵט
Belagerung (f)	matsor	מָצוֹר (ז)
belagert	natsur	נָצוּר
belagern (vt)	latsur	לָצוּר
Inquisition (f)	inkvi'zitsya	אִינקבִיזִיציָה (נ)
Inquisitor (m)	inkvi'zitor	אִינקבִיזִיטוֹר (ז)

Folter (f)	inui	עִינוּי (ז)
grausam (-e Folter)	aχzari	אַכְזָרִי
Häretiker (m)	kofer	כּוֹפֵר (ז)
Häresie (f)	kfira	כְּפִירָה (נ)

Seefahrt (f)	haflaga bayam	הַפְלָגָה בַּיָּם (נ)
Seeräuber (m)	ʃoded yam	שׁוֹדֵד יָם (ז)
Seeräuberei (f)	pi'ratiyut	פִּירָטִיּוּת (נ)
Enterung (f)	la'alot al	לַעֲלוֹת עַל
Beute (f)	ʃalal	שָׁלָל (ז)
Schätze (pl)	otsarot	אוֹצָרוֹת (ז״ר)

Entdeckung (f)	taglit	תַּגְלִית (נ)
entdecken (vt)	legalot	לְגַלּוֹת
Expedition (f)	miʃ'laχat	מִשְׁלַחַת (נ)

Musketier (m)	musketer	מוּסְקֵטֶר (ז)
Kardinal (m)	χaʃman	חַשְׁמָן (ז)
Heraldik (f)	he'raldika	הֶרַלְדִּיקָה (נ)
heraldisch	he'raldi	הֶרַלְדִּי

189. Führungspersonen. Chef. Behörden

König (m)	'meleχ	מֶלֶךְ (ז)
Königin (f)	malka	מַלְכָּה (נ)
königlich	malχuti	מַלְכוּתִי
Königreich (n)	mamlaχa	מַמְלָכָה (נ)

| Prinz (m) | nasiχ | נָסִיךְ (ז) |
| Prinzessin (f) | nesiχa | נְסִיכָה (נ) |

Präsident (m)	nasi	נָשִׂיא (ז)
Vizepräsident (m)	sgan nasi	סְגַן נָשִׂיא (ז)
Senator (m)	se'nator	סֶנָאטוֹר (ז)

Monarch (m)	'meleχ	מֶלֶךְ (ז)
Herrscher (m)	ʃalit	שַׁלִּיט (ז)
Diktator (m)	rodan	רוֹדָן (ז)
Tyrann (m)	aruts	עָרוּץ (ז)
Magnat (m)	eil hon	אֵיל הוֹן (ז)

Direktor (m)	menahel	מְנַהֵל (ז)
Chef (m)	menahel, roʃ	מְנַהֵל (ז), רֹאשׁ (ז)
Leiter (einer Abteilung)	menahel	מְנַהֵל (ז)
Boss (m)	bos	בּוֹס (ז)
Eigentümer (m)	'ba'al	בַּעַל (ז)

Führer (m)	manhig	מַנְהִיג (ז)
Leiter (Delegations-)	roʃ	רֹאשׁ (ז)
Behörden (pl)	ʃiltonot	שִׁלְטוֹנוֹת (ז״ר)
Vorgesetzten (pl)	memunim	מְמוּנִים (ז״ר)

| Gouverneur (m) | moʃel | מוֹשֵׁל (ז) |
| Konsul (m) | 'konsul | קוֹנְסוּל (ז) |

Diplomat (m)	diplomat	דִיפְּלוֹמָט (ז)
Bürgermeister (m)	roʃ ha'ir	רֹאש הָעִיר (ז)
Sheriff (m)	ʃerif	שָׁרִיף (ז)

Kaiser (m)	keisar	קֵיסָר (ז)
Zar (m)	tsar	צָאר (ז)
Pharao (m)	par'o	פַּרְעֹה (ז)
Khan (m)	χan	חָאן (ז)

190. Straße. Weg. Richtungen

| Fahrbahn (f) | 'dereχ | דֶּרֶךְ (נ) |
| Weg (m) | kivun | כִּיוּוּן (ז) |

Autobahn (f)	kviʃ mahir	כְּבִיש מָהִיר (ז)
Schnellstraße (f)	kviʃ mahir	כְּבִיש מָהִיר (ז)
Bundesstraße (f)	kviʃ le'umi	כְּבִיש לְאוּמִי (ז)

| Hauptstraße (f) | kviʃ raʃi | כְּבִיש רָאשִׁי (ז) |
| Feldweg (m) | 'dereχ afar | דֶּרֶךְ עָפָר (נ) |

| Pfad (m) | ʃvil | שְׁבִיל (ז) |
| Fußweg (m) | ʃvil | שְׁבִיל (ז) |

Wo?	'eifo?	אֵיפֹה?
Wohin?	le'an?	לְאָן?
Woher?	me''eifo?	מֵאֵיפֹה?

| Richtung (f) | kivun | כִּיוּוּן (ז) |
| zeigen (vt) | lenatev | לְנַתֵּב |

nach links	'smola	שְׂמֹאלָה
nach rechts	ya'mina	יָמִינָה
geradeaus	yaʃar	יָשָׁר
zurück	a'χora	אֲחוֹרָה

Kurve (f)	ikul	עִיקּוּל (ז)
abbiegen (nach links ~)	lifnot	לִפְנוֹת
umkehren (vi)	leva'tse'a pniyat parsa	לְבַצֵּעַ פְּנִיַּת פַּרְסָה

| sichtbar sein | lihyot nir'a | לִהְיוֹת נִרְאֶה |
| erscheinen (vi) | leho'fi'a | לְהוֹפִיעַ |

Aufenthalt (m)	taχana	תַּחֲנָה (נ)
sich erholen	la'nuaχ	לָנוּחַ
Erholung (f)	menuχa	מְנוּחָה (נ)

sich verirren	lit'ot	לִתְעוֹת
führen nach … (Straße usw.)	lehovil le…	לְהוֹבִיל לְ…
ankommen in …	latset le…	לָצֵאת לְ…
Strecke (f)	'keta	קֶטַע (ז)

| Asphalt (m) | asfalt | אַסְפַלְט (ז) |
| Bordstein (m) | sfat midraχa | שְׂפַת מִדְרָכָה (נ) |

Graben (m)	te'ala	תְּעָלָה (נ)
Gully (m)	bor	בּוֹר (ז)
Straßenrand (m)	ʃulei ha'dereχ	שׁוּלֵי הַדֶּרֶךְ (ז"ר)
Schlagloch (n)	bor	בּוֹר (ז)

| gehen (zu Fuß gehen) | la'leχet | לָלֶכֶת |
| überholen (vt) | la'akof | לַעֲקוֹף |

| Schritt (m) | 'tsa'ad | צַעַד (ז) |
| zu Fuß | ba'regel | בְּרֶגֶל |

blockieren (Straße usw.)	laχsom	לַחְסוֹם
Schlagbaum (m)	maχsom	מַחְסוֹם (ז)
Sackgasse (f)	mavoi satum	מָבוֹי סָתוּם (ז)

191. Gesetzesverstoß Verbrecher. Teil 1

Bandit (m)	ʃoded	שׁוֹדֵד (ז)
Verbrechen (n)	'peʃa	פֶּשַׁע (ז)
Verbrecher (m)	po'ʃe'a	פּוֹשֵׁעַ (ז)

Dieb (m)	ganav	גַּנָּב (ז)
stehlen (vt)	lignov	לִגְנוֹב
Diebstahl (Aktivität)	gneva	גְּנֵיבָה (נ)
Stehlen (n)	gneva	גְּנֵיבָה (נ)

kidnappen (vt)	laχatof	לַחֲטוֹף
Kidnapping (n)	χatifa	חֲטִיפָה (נ)
Kidnapper (m)	χotef	חוֹטֵף (ז)

| Lösegeld (n) | 'kofer | כּוֹפֶר (ז) |
| Lösegeld verlangen | lidroʃ 'kofer | לִדְרוֹשׁ כּוֹפֶר |

rauben (vt)	liʃdod	לִשְׁדּוֹד
Raub (m)	ʃod	שׁוֹד (ז)
Räuber (m)	ʃoded	שׁוֹדֵד (ז)

erpressen (vt)	lisχot	לִסְחוֹט
Erpresser (m)	saχtan	סַחְטָן (ז)
Erpressung (f)	saχtanut	סַחְטָנוּת (נ)

morden (vt)	lir'tsoaχ	לִרְצוֹחַ
Mord (m)	'retsaχ	רֶצַח (ז)
Mörder (m)	ro'tseaχ	רוֹצֵחַ (ז)

Schuss (m)	yeriya	יְרִיָּה (נ)
schießen (vt)	lirot	לִירוֹת
erschießen (vt)	lirot la'mavet	לִירוֹת לַמָּוֶת
feuern (vi)	lirot	לִירוֹת
Schießerei (f)	'yeri	יֶרִי (ז)

Vorfall (m)	takrit	תַּקְרִית (נ)
Schlägerei (f)	ktata	קְטָטָה (נ)
Hilfe!	ha'tsilu!	הַצִּילוּ!

Opfer (n)	nifga	נִפְגָע (ז)
beschädigen (vt)	lekalkel	לְקַלְקֵל
Schaden (m)	'nezek	נֶזֶק (ז)
Leiche (f)	gufa	גּוּפָה (נ)
schwer (-es Verbrechen)	χamur	חָמוּר

angreifen (vt)	litkof	לִתְקוֹף
schlagen (vt)	lehakot	לְהַכּוֹת
verprügeln (vt)	lehakot	לְהַכּוֹת
wegnehmen (vt)	la'kaχat be'koaχ	לָקַחַת בְּכוֹחַ
erstechen (vt)	lidkor le'mavet	לִדְקוֹר לָמָוֶת
verstümmeln (vt)	lehatil mum	לְהָטִיל מוּם
verwunden (vt)	lif'tso'a	לִפְצוֹעַ

Erpressung (f)	saχtanut	סַחְטָנוּת (נ)
erpressen (vt)	lisχot	לִסְחוֹט
Erpresser (m)	saχtan	סַחְטָן (ז)

Schutzgelderpressung (f)	dmei χasut	דְמֵי חָסוּת (ז"ר)
Erpresser (Racketeer)	gove χasut	גּוֹבֶה חָסוּת (ז)
Gangster (m)	'gangster	גַּנְגְּסְטֶר (ז)
Mafia (f)	'mafya	מָאפְיָה (נ)

Taschendieb (m)	kayas	כַּיָיס (ז)
Einbrecher (m)	porets	פּוֹרֵץ (ז)
Schmuggel (m)	havraχa	הַבְרָחָה (נ)
Schmuggler (m)	mav'riaχ	מַבְרִיחַ (ז)

Fälschung (f)	ziyuf	זִיּוּף (ז)
fälschen (vt)	lezayef	לְזַיֵיף
gefälscht	mezuyaf	מְזוּיָף

192. Gesetzesbruch. Verbrecher. Teil 2

Vergewaltigung (f)	'ones	אוֹנֶס (ז)
vergewaltigen (vt)	le'enos	לֶאֱנוֹס
Gewalttäter (m)	anas	אַנָּס (ז)
Besessene (m)	'manyak	מַנְיָאק (ז)

Prostituierte (f)	zona	זוֹנָה (נ)
Prostitution (f)	znut	זְנוּת (נ)
Zuhälter (m)	sarsur	סַרְסוּר (ז)

| Drogenabhängiger (m) | narkoman | נַרְקוֹמָן (ז) |
| Drogenhändler (m) | soχer samim | סוֹחֵר סַמִּים (ז) |

sprengen (vt)	lefotsets	לְפוֹצֵץ
Explosion (f)	pitsuts	פִּיצוּץ (ז)
in Brand stecken	lehatsit	לְהַצִּית
Brandstifter (m)	matsit	מַצִּית (ז)

Terrorismus (m)	terorizm	טֶרוֹרִיזְם (ז)
Terrorist (m)	meχabel	מְחַבֵּל (ז)
Geisel (m, f)	ben aruba	בֶּן עֲרוּבָּה (ז)

betrügen (vt)	lehonot	לְהוֹנוֹת
Betrug (m)	hona'a	הוֹנָאָה (נ)
Betrüger (m)	ramai	רַמַאי (ז)

bestechen (vt)	leʃaχed	לְשַׁחֵד
Bestechlichkeit (f)	ʃoχad	שׁוֹחַד (ז)
Bestechungsgeld (n)	ʃoχad	שׁוֹחַד (ז)

Gift (n)	'ra'al	רַעַל (ז)
vergiften (vt)	lehar'il	לְהַרְעִיל
sich vergiften	lehar'il et atsmo	לְהַרְעִיל אֶת עַצְמוֹ

| Selbstmord (m) | hit'abdut | הִתְאַבְּדוּת (נ) |
| Selbstmörder (m) | mit'abed | מִתְאַבֵּד (ז) |

drohen (vi)	le'ayem	לְאַיֵם
Drohung (f)	iyum	אִיוּם (ז)
versuchen (vt)	lehitnakeʃ	לְהִתְנַקֵשׁ
Attentat (n)	nisayon hitnakʃut	נִיסָיוֹן הִתְנַקְשׁוּת (ז)

| stehlen (Auto ~) | lignov | לִגְנוֹב |
| entführen (Flugzeug ~) | laχatof matos | לַחֲטוֹף מָטוֹס |

| Rache (f) | nekama | נְקָמָה (נ) |
| sich rächen | linkom | לִנְקוֹם |

foltern (vt)	la'anot	לְעַנוֹת
Folter (f)	inui	עִינוּי (ז)
quälen (vt)	leyaser	לְיַיסֵר

Seeräuber (m)	ʃoded yam	שׁוֹדֵד יָם (ז)
Rowdy (m)	χuligan	חוּלִיגָאן (ז)
bewaffnet	mezuyan	מְזוּיָן
Gewalt (f)	alimut	אַלִימוּת (נ)
ungesetzlich	'bilti le'gali	בִּלְתִי לֶגָלִי

| Spionage (f) | rigul | רִיגוּל (ז) |
| spionieren (vi) | leragel | לְרַגֵל |

193. Polizei Recht. Teil 1

| Justiz (f) | 'tsedek | צֶדֶק (ז) |
| Gericht (n) | beit miʃpat | בֵּית מִשְׁפָּט (ז) |

Richter (m)	ʃofet	שׁוֹפֵט (ז)
Geschworenen (pl)	muʃba'im	מוּשׁבָּעִים (ז"ר)
Geschworenengericht (n)	χaver muʃba'im	חֶבֶר מוּשׁבָּעִים (ז)
richten (vt)	liʃpot	לִשְׁפּוֹט

Rechtsanwalt (m)	oreχ din	עוֹרֵךְ דִין (ז)
Angeklagte (m)	omed lemiʃpat	עוֹמֵד לְמִשׁפָּט (ז)
Anklagebank (f)	safsal ne'eʃamim	סַפְסַל נֶאֱשָׁמִים (ז)
Anklage (f)	ha'aʃama	הַאֲשָׁמָה (נ)
Beschuldigte (m)	ne'eʃam	נֶאֱשָׁם (ז)

| Urteil (n) | gzar din | גְּזַר דִּין (ז) |
| verurteilen (vt) | lifsok | לִפְסוֹק |

Schuldige (m)	aʃem	אָשֵׁם (ז)
bestrafen (vt)	leha'aniʃ	לְהַעֲנִישׁ
Strafe (f)	'oneʃ	עוֹנֶשׁ (ז)

Geldstrafe (f)	knas	קְנָס (ז)
lebenslange Haft (f)	ma'asar olam	מַאֲסַר עוֹלָם (ז)
Todesstrafe (f)	'oneʃ 'mavet	עוֹנֶשׁ מָוֶת (ז)
elektrischer Stuhl (m)	kise χaʃmali	כִּיסֵא חַשְׁמַלִי (ז)
Galgen (m)	gardom	גַּרְדוֹם (ז)

| hinrichten (vt) | lehotsi la'horeg | לְהוֹצִיא לַהוֹרֵג |
| Hinrichtung (f) | hatsa'a le'horeg | הוֹצָאָה לַהוֹרֵג (ז) |

| Gefängnis (n) | beit 'sohar | בֵּית סוֹהַר (ז) |
| Zelle (f) | ta | תָּא (ז) |

Eskorte (f)	miʃmar livui	מִשְׁמָר לִיווּי (ז)
Gefängniswärter (m)	soher	סוֹהַר (ז)
Gefangene (m)	asir	אָסִיר (ז)

| Handschellen (pl) | azikim | אֲזִיקִים (ז"ר) |
| Handschellen anlegen | liχbol be'azikim | לִכְבּוֹל בְּאֲזִיקִים |

Ausbruch (Flucht)	briχa	בְּרִיחָה (נ)
ausbrechen (vi)	liv'roaχ	לִבְרוֹחַ
verschwinden (vi)	lehe'alem	לְהֵיעָלֵם
aus ... entlassen	leʃaχrer	לְשַׁחְרֵר
Amnestie (f)	χanina	חֲנִינָה (נ)

Polizei (f)	miʃtara	מִשְׁטָרָה (נ)
Polizist (m)	ʃoter	שׁוֹטֵר (ז)
Polizeiwache (f)	taχanat miʃtara	תַּחֲנַת מִשְׁטָרָה (נ)
Gummiknüppel (m)	ala	אַלָּה (נ)
Sprachrohr (n)	megafon	מֶגָפוֹן (ז)

Streifenwagen (m)	na'yedet	נַיֶּידֶת (נ)
Sirene (f)	tsofar	צוֹפָר (ז)
die Sirene einschalten	lehaf'il tsofar	לְהַפְעִיל צוֹפָר
Sirenengeheul (n)	tsfira	צְפִירָה (נ)

Tatort (m)	zirat 'peʃa	זִירַת פֶּשַׁע (נ)
Zeuge (m)	ed	עֵד (ז)
Freiheit (f)	'χofeʃ	חוֹפֶשׁ (ז)
Komplize (m)	ʃutaf	שׁוּתָף (ז)
verschwinden (vi)	lehiχave	לְהֵיחָבֵא
Spur (f)	akev	עָקֵב (ז)

194. Polizei. Recht. Teil 2

| Fahndung (f) | χipus | חִיפּוּשׂ (ז) |
| suchen (vt) | leχapes | לְחַפֵּשׂ |

Verdacht (m)	χaʃad	חָשָׁד (ז)
verdächtig (Adj)	χaʃud	חָשׁוּד
anhalten (Polizei)	la'atsor	לַעֲצוֹר
verhaften (vt)	la'atsor	לַעֲצוֹר

Fall (m), Klage (f)	tik	תִּיק (ז)
Untersuchung (f)	χakira	חֲקִירָה (נ)
Detektiv (m)	balaʃ	בַּלָּשׁ (ז)
Ermittlungsrichter (m)	χoker	חוֹקֵר (ז)
Version (f)	haʃara	הַשְׁעָרָה (נ)

Motiv (n)	me'ni'a	מֵנִיעַ (ז)
Verhör (n)	χakira	חֲקִירָה (נ)
verhören (vt)	laχkor	לַחְקוֹר
vernehmen (vt)	letaʃel	לְתַשְׁאֵל
Kontrolle (Personen-)	bdika	בְּדִיקָה (נ)

Razzia (f)	matsod	מָצוֹד (ז)
Durchsuchung (f)	χipus	חִיפּוּשׂ (ז)
Verfolgung (f)	mirdaf	מִרְדָּף (ז)
nachjagen (vi)	lirdof aχarei	לִרְדּוֹף אַחֲרֵי
verfolgen (vt)	la'akov aχarei	לַעֲקוֹב אַחֲרֵי

Verhaftung (f)	ma'asar	מַאֲסָר (ז)
verhaften (vt)	le'esor	לֶאֱסוֹר
fangen (vt)	lilkod	לִלְכּוֹד
Festnahme (f)	leχida	לְכִידָה (נ)

Dokument (n)	mismaχ	מִסְמָךְ (ז)
Beweis (m)	hoχaχa	הוֹכָחָה (נ)
beweisen (vt)	leho'χiaχ	לְהוֹכִיחַ
Fußspur (f)	akev	עָקֵב (ז)
Fingerabdrücke (pl)	tvi'ot etsba'ot	טְבִיעוֹת אֶצְבָּעוֹת (נ"ר)
Beweisstück (n)	re'aya	רְאָיָה (נ)

Alibi (n)	'alibi	אָלִיבִּי (ז)
unschuldig	χaf mi'peʃa	חַף מִפֶּשַׁע
Ungerechtigkeit (f)	i 'tsedek	אִי צֶדֶק (ז)
ungerecht	lo tsodek	לֹא צוֹדֵק

Kriminal-	plili	פְּלִילִי
beschlagnahmen (vt)	lehaχrim	לְהַחְרִים
Droge (f)	sam	סַם (ז)
Waffe (f)	'neʃek	נֶשֶׁק (ז)
entwaffnen (vt)	lifrok mi'neʃek	לִפְרוֹק מִנֶּשֶׁק
befehlen (vt)	lifkod	לִפְקוֹד
verschwinden (vi)	lehe'alem	לְהֵיעָלֵם

Gesetz (n)	χok	חוֹק (ז)
gesetzlich	χuki	חוּקִי
ungesetzlich	'bilti χuki	בִּלְתִּי חוּקִי

| Verantwortlichkeit (f) | aχrayut | אַחְרָיוּת (נ) |
| verantwortlich | aχrai | אַחְרַאי |

NATUR

Die Erde. Teil 1

195. Weltall

Kosmos (m)	χalal	חָלָל (ז)
kosmisch, Raum-	ʃel χalal	שֶׁל חָלָל
Weltraum (m)	χalal χitson	חָלָל חִיצוֹן (ז)
All (n)	olam	עוֹלָם (ז)
Universum (n)	yekum	יְקוּם (ז)
Galaxie (f)	ga'laksya	גָלַקְסִיָה (נ)
Stern (m)	koχav	כּוֹכָב (ז)
Gestirn (n)	tsvir koχavim	צְבִיר כּוֹכָבִים (ז)
Planet (m)	koχav 'leχet	כּוֹכָב לֶכֶת (ז)
Satellit (m)	lavyan	לַוְיָן (ז)
Meteorit (m)	mete'orit	מֶטֵאוֹרִיט (ז)
Komet (m)	koχav ʃavit	כּוֹכָב שָׁבִיט (ז)
Asteroid (m)	aste'ro'id	אַסְטֵרוֹאִיד (ז)
Umlaufbahn (f)	maslul	מַסְלוּל (ז)
sich drehen	lesovev	לְסוֹבֵב
Atmosphäre (f)	atmos'fera	אַטְמוֹסְפֶרָה (נ)
Sonne (f)	'ʃemeʃ	שֶׁמֶשׁ (נ)
Sonnensystem (n)	ma'a'reχet ha'ʃemeʃ	מַעֲרֶכֶת הַשֶׁמֶשׁ (נ)
Sonnenfinsternis (f)	likui χama	לִיקוּי חַמָה (ז)
Erde (f)	kadur ha''arets	כַּדוּר הָאָרֶץ (ז)
Mond (m)	ya'reaχ	יָרֵחַ (ז)
Mars (m)	ma'adim	מַאֲדִים (ז)
Venus (f)	'noga	נוֹגַה (ז)
Jupiter (m)	'tsedek	צֶדֶק (ז)
Saturn (m)	ʃabtai	שַׁבְּתַאי (ז)
Merkur (m)	koχav χama	כּוֹכָב חַמָה (ז)
Uran (m)	u'ranus	אוּרָנוּס (ז)
Neptun (m)	neptun	נֶפְּטוּן (ז)
Pluto (m)	'pluto	פְּלוּטוֹ (ז)
Milchstraße (f)	ʃvil haχalav	שְׁבִיל הֶחָלָב (ז)
Der Große Bär	duba gdola	דוּבָּה גְדוֹלָה (נ)
Polarstern (m)	koχav hatsafon	כּוֹכָב הַצָפוֹן (ז)
Marsbewohner (m)	toʃav ma'adim	תוֹשַׁב מַאֲדִים (ז)
Außerirdischer (m)	χutsan	חוּצָן (ז)

außerirdisches Wesen (n)	χaizar	חַיְזָר (ז)
fliegende Untertasse (f)	tsa'laχat me'o'fefet	צַלַחַת מְעוֹפֶפֶת (נ)

Raumschiff (n)	χalalit	חֲלָלִית (נ)
Raumstation (f)	taχanat χalal	תַּחֲנַת חָלָל (נ)
Raketenstart (m)	hamra'a	הַמְרָאָה (נ)

Triebwerk (n)	ma'no'a	מָנוֹעַ (ז)
Düse (f)	neχir	נְחִיר (ז)
Treibstoff (m)	'delek	דֶּלֶק (ז)

Kabine (f)	'kokpit	קוֹקְפִּיט (ז)
Antenne (f)	an'tena	אַנְטֶנָה (נ)
Bullauge (n)	eʃnav	אֶשְׁנָב (ז)
Sonnenbatterie (f)	'luaχ so'lari	לוּחַ סוֹלָרִי (ז)
Raumanzug (m)	χalifat χalal	חֲלִיפַת חָלָל (נ)

Schwerelosigkeit (f)	'χoser miʃkal	חוֹסֶר מִשְׁקָל (ז)
Sauerstoff (m)	χamtsan	חַמְצָן (ז)

Ankopplung (f)	agina	עֲגִינָה (נ)
koppeln (vi)	la'agon	לַעֲגוֹן

Observatorium (n)	mitspe koχavim	מִצְפֵּה כּוֹכָבִים (ז)
Teleskop (n)	teleskop	טֶלֶסְקוֹפ (ז)
beobachten (vt)	liʦpot, lehaʃkif	לִצְפּוֹת, לְהַשְׁקִיף
erforschen (vt)	laχkor	לַחְקוֹר

196. Die Erde

Erde (f)	kadur ha"arets	כַּדּוּר הָאָרֶץ (ז)
Erdkugel (f)	kadur ha"arets	כַּדּוּר הָאָרֶץ (ז)
Planet (m)	koχav 'leχet	כּוֹכַב לֶכֶת (ז)

Atmosphäre (f)	atmos'fera	אַטְמוֹסְפֶרָה (נ)
Geographie (f)	ge'o'grafya	גֵּיאוֹגְרַפְיָה (נ)
Natur (f)	'teva	טֶבַע (ז)

Globus (m)	'globus	גלוֹבּוּס (ז)
Landkarte (f)	mapa	מַפָּה (נ)
Atlas (m)	'atlas	אַטְלָס (ז)

Europa (n)	ei'ropa	אֵירוֹפָּה (נ)
Asien (n)	'asya	אַסְיָה (נ)

Afrika (n)	'afrika	אַפְרִיקָה (נ)
Australien (n)	ost'ralya	אוֹסְטְרַלְיָה (נ)

Amerika (n)	a'merika	אָמֶרִיקָה (נ)
Nordamerika (n)	a'merika hatsfonit	אָמֶרִיקָה הַצְּפוֹנִית (נ)
Südamerika (n)	a'merika hadromit	אָמֶרִיקָה הַדְּרוֹמִית (נ)

Antarktis (f)	ya'beʃet an'tarktika	יַבֶּשֶׁת אַנְטָארְקְטִיקָה (נ)
Arktis (f)	'arktika	אַרְקְטִיקָה (נ)

197. Himmelsrichtungen

Norden (m)	tsafon	צָפוֹן (ז)
nach Norden	tsa'fona	צָפוֹנָה
im Norden	batsafon	בַּצָּפוֹן
nördlich	tsfoni	צְפוֹנִי
Süden (m)	darom	דָרוֹם (ז)
nach Süden	da'roma	דָרוֹמָה
im Süden	badarom	בַּדָרוֹם
südlich	dromi	דְרוֹמִי
Westen (m)	ma'arav	מַעֲרָב (ז)
nach Westen	ma'a'rava	מַעֲרָבָה
im Westen	bama'arav	בַּמַּעֲרָב
westlich, West-	ma'aravi	מַעֲרָבִי
Osten (m)	mizraχ	מִזְרָח (ז)
nach Osten	miz'raχa	מִזְרָחָה
im Osten	bamizraχ	בַּמִּזְרָח
östlich	mizraχi	מִזְרָחִי

198. Meer. Ozean

Meer (n), See (f)	yam	יָם (ז)
Ozean (m)	ok'yanos	אוֹקְיָאנוֹס (ז)
Golf (m)	mifrats	מִפְרָץ (ז)
Meerenge (f)	meitsar	מֵיצַר (ז)
Festland (n)	yabaʃa	יַבָּשָׁה (נ)
Kontinent (m)	ya'beʃet	יַבֶּשֶׁת (נ)
Insel (f)	i	אִי (ז)
Halbinsel (f)	χatsi i	חֲצִי אִי (ז)
Archipel (m)	arχipelag	אַרְכִיפֶּלָג (ז)
Bucht (f)	mifrats	מִפְרָץ (ז)
Hafen (m)	namal	נָמָל (ז)
Lagune (f)	la'guna	לָגוּנָה (נ)
Kap (n)	kef	כֵּף (ז)
Atoll (n)	atol	אָטוֹל (ז)
Riff (n)	ʃunit	שׁוּנִית (נ)
Koralle (f)	almog	אַלְמוֹג (ז)
Korallenriff (n)	ʃunit almogim	שׁוּנִית אַלְמוֹגִים (נ)
tief (Adj)	amok	עָמוֹק
Tiefe (f)	'omek	עוֹמֶק (ז)
Abgrund (m)	tehom	תְּהוֹם (נ)
Graben (m)	maχteʃ	מַכְתֵּשׁ (ז)
Strom (m)	'zerem	זֶרֶם (ז)
umspülen (vt)	lehakif	לְהַקִּיף
Ufer (n)	χof	חוֹף (ז)

Küste (f)	χof yam	חוֹף יָם (ז)
Flut (f)	ge'ut	גֵּאוּת (נ)
Ebbe (f)	'ʃefel	שֵׁפֶל (ז)
Sandbank (f)	sirton	שִׂרְטוֹן (ז)
Boden (m)	karka'it	קַרְקָעִית (נ)

Welle (f)	gal	גַּל (ז)
Wellenkamm (m)	pisgat hagal	פִּסְגַּת הַגַּל (נ)
Schaum (m)	'ketsef	קֶצֶף (ז)

Sturm (m)	sufa	סוּפָה (נ)
Orkan (m)	hurikan	הוּרִיקָן (ז)
Tsunami (m)	tsu'nami	צוּנָאמִי (ז)
Windstille (f)	'roga	רוֹגַע (ז)
ruhig	ʃalev	שָׁלֵו

| Pol (m) | 'kotev | קוֹטֶב (ז) |
| Polar- | kotbi | קוֹטְבִּי |

Breite (f)	kav 'roχav	קַו רוֹחַב (ז)
Länge (f)	kav 'oreχ	קַו אוֹרֶךְ (ז)
Breitenkreis (m)	kav 'roχav	קַו רוֹחַב (ז)
Äquator (m)	kav hamaʃve	קַו הַמַּשְׁוֶה (ז)

Himmel (m)	ʃa'mayim	שָׁמַיִם (ז"ר)
Horizont (m)	'ofek	אוֹפֶק (ז)
Luft (f)	avir	אֲוִיר (ז)

Leuchtturm (m)	migdalor	מִגְדַּלוֹר (ז)
tauchen (vi)	litslol	לִצְלֹל
versinken (vi)	lit'bo'a	לִטְבֹּעַ
Schätze (pl)	otsarot	אוֹצָרוֹת (ז"ר)

199. Namen der Meere und Ozeane

Atlantischer Ozean (m)	ha'ok'yanus ha'at'lanti	הָאוֹקְיָנוֹס הָאַטְלַנְטִי (ז)
Indischer Ozean (m)	ha'ok'yanus ha'hodi	הָאוֹקְיָנוֹס הַהוֹדִי (ז)
Pazifischer Ozean (m)	ha'ok'yanus haʃaket	הָאוֹקְיָנוֹס הַשָּׁקֵט (ז)
Arktischer Ozean (m)	ok'yanos ha'keraχ hatsfoni	אוֹקְיָנוֹס הַקֶּרַח הַצְּפוֹנִי (ז)

Schwarzes Meer (n)	hayam haʃaχor	הַיָּם הַשָּׁחוֹר (ז)
Rotes Meer (n)	yam suf	יַם סוּף (ז)
Gelbes Meer (n)	hayam hatsahov	הַיָּם הַצָּהוֹב (ז)
Weißes Meer (n)	hayam halavan	הַיָּם הַלָּבָן (ז)

Kaspisches Meer (n)	hayam ha'kaspi	הַיָּם הַכַּסְפִּי (ז)
Totes Meer (n)	yam ha'melaχ	יַם הַמֶּלַח (ז)
Mittelmeer (n)	hayam hatiχon	הַיָּם הַתִּיכוֹן (ז)

| Ägäisches Meer (n) | hayam ha'e'ge'i | הַיָּם הָאֶגֵאִי (ז) |
| Adriatisches Meer (n) | hayam ha'adri'yati | הַיָּם הָאַדְרִיָּאתִי (ז) |

| Arabisches Meer (n) | hayam ha'aravi | הַיָּם הָעֲרָבִי (ז) |
| Japanisches Meer (n) | hayam haya'pani | הַיָּם הַיַּפָּנִי (ז) |

| Beringmeer (n) | yam 'bering | יָם בֶּרִינג (ז) |
| Südchinesisches Meer (n) | yam sin hadromi | יָם סִין הַדְרוֹמִי (ז) |

Korallenmeer (n)	yam ha'almogim	יָם הָאַלְמוֹגִים (ז)
Tasmansee (f)	yam tasman	יָם טַסְמַן (ז)
Karibisches Meer (n)	hayam haka'ribi	הַיָּם הַקָרִיבִּי (ז)

| Barentssee (f) | yam 'barents | יָם בֶּרֶנְץ (ז) |
| Karasee (f) | yam 'kara | יָם קָאֲרָה (ז) |

Nordsee (f)	hayam hatsfoni	הַיָּם הַצְפוֹנִי (ז)
Ostsee (f)	hayam ha'balti	הַיָּם הַבָּלְטִי (ז)
Nordmeer (n)	hayam hanor'vegi	הַיָּם הַנוֹרְבֶּגִי (ז)

200. Berge

Berg (m)	har	הַר (ז)
Gebirgskette (f)	'reχes harim	רֶכֶס הָרִים (ז)
Bergrücken (m)	'reχes har	רֶכֶס הַר (ז)

Gipfel (m)	pisga	פִּסְגָּה (נ)
Spitze (f)	pisga	פִּסְגָּה (נ)
Bergfuß (m)	margelot	מַרְגְּלוֹת (נ"ר)
Abhang (m)	midron	מִדְרוֹן (ז)

Vulkan (m)	har 'ga'aʃ	הַר גַּעַשׁ (ז)
tätiger Vulkan (m)	har 'ga'aʃ pa'il	הַר גַּעַשׁ פָּעִיל (ז)
schlafender Vulkan (m)	har 'ga'aʃ radum	הַר גַּעַשׁ רָדוּם (ז)

Ausbruch (m)	hitpartsut	הִתְפָּרְצוּת (נ)
Krater (m)	lo'a	לוֹעַ (ז)
Magma (n)	megama	מֶגְמָה (נ)
Lava (f)	'lava	לָאבָה (נ)
glühend heiß (-e Lava)	lohet	לוֹהֵט

Cañon (m)	kanyon	קַנְיוֹן (ז)
Schlucht (f)	gai	גַּיְא (ז)
Spalte (f)	'beka	בֶּקַע (ז)
Abgrund (m) (steiler ~)	tehom	תְּהוֹם (נ)

Gebirgspass (m)	ma'avar harim	מַעֲבָר הָרִים (ז)
Plateau (n)	rama	רָמָה (נ)
Fels (m)	tsuk	צוּק (ז)
Hügel (m)	giv'a	גִּבְעָה (נ)

Gletscher (m)	karχon	קַרְחוֹן (ז)
Wasserfall (m)	mapal 'mayim	מַפַּל מַיִם (ז)
Geiser (m)	'geizer	גֵּייְזֶר (ז)
See (m)	agam	אֲגַם (ז)

Ebene (f)	miʃor	מִישׁוֹר (ז)
Landschaft (f)	nof	נוֹף (ז)
Echo (n)	hed	הֵד (ז)
Bergsteiger (m)	metapes harim	מְטַפֵּס הָרִים (ז)

Kletterer (m)	metapes sla'im	מְטַפֵּס סְלָעִים (ז)
bezwingen (vt)	liχboʃ	לִכְבּוֹשׁ
Aufstieg (m)	tipus	טִיפּוּס (ז)

201. Namen der Berge

Alpen (pl)	harei ha''alpim	הָרֵי הָאַלְפִּים (ז"ר)
Montblanc (m)	mon blan	מוֹן בְּלָאן (ז)
Pyrenäen (pl)	pire'ne'im	פִּירֶנָאִים (ז"ר)

Karpaten (pl)	kar'patim	קַרְפָּטִים (ז"ר)
Uralgebirge (n)	harei ural	הָרֵי אוּרָל (ז"ר)
Kaukasus (m)	harei hakavkaz	הָרֵי הַקַּווקָז (ז"ר)
Elbrus (m)	elbrus	אֶלְבְּרוּס (ז)

Altai (m)	harei altai	הָרֵי אַלְטַאי (ז"ר)
Tian Shan (m)	tyan ʃan	טִיאָן שָׁאן (ז)
Pamir (m)	harei pamir	הָרֵי פָּאמִיר (ז"ר)
Himalaja (m)	harei hehima'laya	הָרֵי הַהִימָלָאיָה (ז"ר)
Everest (m)	everest	אֶווֶרֶסְט (ז)

| Anden (pl) | harei ha''andim | הָרֵי הָאַנְדִים (ז"ר) |
| Kilimandscharo (m) | kiliman'dʒaro | קִילִימַנְגֵ'רוֹ (ז) |

202. Flüsse

Fluss (m)	nahar	נָהָר (ז)
Quelle (f)	ma'ayan	מַעְיָין (ז)
Flussbett (n)	afik	אָפִיק (ז)
Stromgebiet (n)	agan nahar	אֲגַן נָהָר (ז)
einmünden in ...	lehiʃapeχ	לְהִישָׁפֵךְ

| Nebenfluss (m) | yuval | יוּבָל (ז) |
| Ufer (n) | χof | חוֹף (ז) |

Strom (m)	'zerem	זֶרֶם (ז)
stromabwärts	bemorad hanahar	בְּמוֹרַד הַנָּהָר
stromaufwärts	bema'ale hanahar	בְּמַעֲלֵה הַזֶּרֶם

Überschwemmung (f)	hatsafa	הַצָּפָה (נ)
Hochwasser (n)	ʃitafon	שִׁיטָפוֹן (ז)
aus den Ufern treten	la'alot al gdotav	לַעֲלוֹת עַל גְּדוֹתָיו
überfluten (vt)	lehatsif	לְהָצִיף

| Sandbank (f) | sirton | שִׂרְטוֹן (ז) |
| Stromschnelle (f) | 'eʃed | אֶשֶׁד (ז) |

Damm (m)	'seχer	סֶכֶר (ז)
Kanal (m)	te'ala	תְּעָלָה (נ)
Stausee (m)	ma'agar 'mayim	מַאֲגַר מַיִם (ז)
Schleuse (f)	ta 'ʃayit	תָּא שַׁיִט (ז)
Gewässer (n)	ma'agar 'mayim	מַאֲגַר מַיִם (ז)

Sumpf (m), Moor (n)	bitsa	בִּיצָה (נ)
Marsch (f)	bitsa	בִּיצָה (נ)
Strudel (m)	me'ar'bolet	מְעַרְבּוֹלֶת (נ)
Bach (m)	'naxal	נַחַל (ז)
Trink- (z.B. Trinkwasser)	ʃel ʃtiya	שֶׁל שְׁתִייָה
Süß- (Wasser)	metukim	מְתוּקִים
Eis (n)	'kerax	קֶרַח (ז)
zufrieren (vi)	likpo	לִקְפּוֹא

203. Namen der Flüsse

Seine (f)	hasen	הַסֶן (ז)
Loire (f)	lu'ar	לוּאָר (ז)
Themse (f)	'temza	תֶמְזָה (נ)
Rhein (m)	hrain	הרַיין (ז)
Donau (f)	da'nuba	דָנוּבָּה (נ)
Wolga (f)	'volga	וֹולגָה (נ)
Don (m)	nahar don	נָהָר דוֹן (ז)
Lena (f)	'lena	לֶנָה (נ)
Gelber Fluss (m)	hvang ho	הוֹאנג הוֹ (ז)
Jangtse (m)	yangtse	יַאנגצֶה (ז)
Mekong (m)	mekong	מֶקוֹנג (ז)
Ganges (m)	'ganges	גַנגֶס (ז)
Nil (m)	'nilus	נִילוּס (ז)
Kongo (m)	'kongo	קוֹנגוֹ (ז)
Okavango (m)	ok'vango	אוֹקָבַנגוֹ (ז)
Sambesi (m)	zam'bezi	זַמבֶּזִי (ז)
Limpopo (m)	limpopo	לִימפּוֹפּוֹ (ז)
Mississippi (m)	misi'sipi	מִיסִיסִיפִּי (ז)

204. Wald

Wald (m)	'ya'ar	יַעַר (ז)
Wald-	ʃel 'ya'ar	שֶׁל יַעַר
Dickicht (n)	avi ha'ya'ar	עֲבִי הַיַעַר (ז)
Gehölz (n)	xurʃa	חוֹרְשָׁה (נ)
Lichtung (f)	ka'raxat 'ya'ar	קָרַחַת יַעַר (נ)
Dickicht (n)	svax	סְבַך (ז)
Gebüsch (n)	'siax	שִׂיחַ (ז)
Fußweg (m)	ʃvil	שְׁבִיל (ז)
Erosionsrinne (f)	'emek tsar	עֵמֶק צַר (ז)
Baum (m)	ets	עֵץ (ז)
Blatt (n)	ale	עָלֶה (ז)

Laub (n)	alva	עָלְוָה (נ)
Laubfall (m)	ʃaˈleχet	שַׁלֶּכֶת (נ)
fallen (Blätter)	linʃor	לִנְשׁוֹר
Wipfel (m)	tsaˈmeret	צַמֶּרֶת (נ)

Zweig (m)	anaf	עָנָף (ז)
Ast (m)	anaf ave	עָנָף עָבֶה (ז)
Knospe (f)	nitsan	נִיצָן (ז)
Nadel (f)	ˈmaχat	מַחַט (נ)
Zapfen (m)	itstrubal	אִצְטְרוּבָּל (ז)

Höhlung (f)	χor baˈets	חוֹר בְּעֵץ (ז)
Nest (n)	ken	קֵן (ז)
Höhle (f)	meχila	מְחִילָה (נ)

Stamm (m)	ˈgeza	גֶּזַע (ז)
Wurzel (f)	ˈʃoreʃ	שׁוֹרֶשׁ (ז)
Rinde (f)	klipa	קְלִיפָּה (נ)
Moos (n)	taχav	טַחַב (ז)

entwurzeln (vt)	laˈakor	לַעֲקוֹר
fällen (vt)	liχrot	לִכְרוֹת
abholzen (vt)	levare	לְבָרֵא
Baumstumpf (m)	ˈgedem	גֶּדֶם (ז)

Lagerfeuer (n)	medura	מְדוּרָה (נ)
Waldbrand (m)	srefa	שְׂרֵיפָה (נ)
löschen (vt)	leχabot	לְכַבּוֹת

Förster (m)	ʃomer ˈyaˈar	שׁוֹמֵר יַעַר (ז)
Schutz (m)	ʃmira	שְׁמִירָה (נ)
beschützen (vt)	liʃmor	לִשְׁמוֹר
Wilddieb (m)	tsayad lelo reʃut	צַיָּד לְלֹא רְשׁוּת (ז)
Falle (f)	malˈkodet	מַלְכּוֹדֶת (נ)

sammeln (Pilze ~)	lelaket	לְלַקֵּט
pflücken (Beeren ~)	lelaket	לְלַקֵּט
sich verirren	litˈot	לִתְעוֹת

205. natürliche Lebensgrundlagen

Naturressourcen (pl)	otsarot ˈteva	אוֹצְרוֹת טֶבַע (ז"ר)
Bodenschätze (pl)	mineˈralim	מִינְרָלִים (ז"ר)
Vorkommen (n)	mirbats	מִרְבָּץ (ז)
Feld (Ölfeld usw.)	mirbats	מִרְבָּץ (ז)

gewinnen (vt)	liχrot	לִכְרוֹת
Gewinnung (f)	kriya	כְּרִיָּה (נ)
Erz (n)	afra	עַפְרָה (נ)
Bergwerk (n)	miχre	מִכְרֶה (ז)
Schacht (m)	pir	פִּיר (ז)
Bergarbeiter (m)	kore	כּוֹרֶה (ז)
Erdgas (n)	gaz	גָּז (ז)
Gasleitung (f)	tsinor gaz	צִינוֹר גָּז (ז)

Erdöl (n)	neft	נֵפְט (ז)
Erdölleitung (f)	tsinor neft	צִינוֹר נֵפְט (ז)
Ölquelle (f)	be'er neft	בְּאֵר נֵפְט (נ)
Bohrturm (m)	migdal ki'duax	מִגְדַל קִידוּחַ (ז)
Tanker (m)	mexalit	מֵיכָלִית (נ)

Sand (m)	xol	חוֹל (ז)
Kalkstein (m)	'even gir	אֶבֶן גִיר (נ)
Kies (m)	xatsats	חָצָץ (ז)
Torf (m)	kavul	כָּבוּל (ז)
Ton (m)	tit	טִיט (ז)
Kohle (f)	pexam	פֶּחָם (ז)

Eisen (n)	barzel	בַּרְזֶל (ז)
Gold (n)	zahav	זָהָב (ז)
Silber (n)	'kesef	כֶּסֶף (ז)
Nickel (n)	'nikel	נִיקֶל (ז)
Kupfer (n)	ne'xofet	נְחוֹשֶת (נ)

Zink (n)	avats	אָבָץ (ז)
Mangan (n)	mangan	מַנְגָן (ז)
Quecksilber (n)	kaspit	כַּסְפִּית (נ)
Blei (n)	o'feret	עוֹפֶרֶת (נ)

Mineral (n)	mineral	מִינְרָל (ז)
Kristall (m)	gavif	גָבִיש (ז)
Marmor (m)	'fayif	שַיִש (ז)
Uran (n)	u'ranyum	אוּרַנְיוּם (ז)

Die Erde. Teil 2

206. Wetter

Wetter (n)	'mezeg avir	מֶזֶג אֲוִיר (ז)
Wetterbericht (m)	taχazit 'mezeg ha'avir	תַּחֲזִית מֶזֶג הָאֲוִיר (נ)
Temperatur (f)	tempera'tura	טֶמְפֶּרָטוּרָה (נ)
Thermometer (n)	madχom	מַדְחוֹם (ז)
Barometer (n)	ba'rometer	בָּרוֹמֶטֶר (ז)
feucht	laχ	לַח
Feuchtigkeit (f)	laχut	לַחוּת (נ)
Hitze (f)	χom	חוֹם (ז)
glutheiß	χam	חַם
ist heiß	χam	חַם
ist warm	χamim	חָמִים
warm (Adj)	χamim	חָמִים
ist kalt	kar	קַר
kalt (Adj)	kar	קַר
Sonne (f)	'ʃemeʃ	שֶׁמֶשׁ (נ)
scheinen (vi)	lizhor	לִזְהוֹר
sonnig (Adj)	ʃimʃi	שִׁמְשִׁי
aufgehen (vi)	liz'roaχ	לִזְרוֹחַ
untergehen (vi)	liʃ'ko'a	לִשְׁקוֹעַ
Wolke (f)	anan	עָנָן (ז)
bewölkt, wolkig	me'unan	מְעוּנָן
Regenwolke (f)	av	עָב (ז)
trüb (-er Tag)	sagriri	סַגְרִירִי
Regen (m)	'geʃem	גֶּשֶׁם (ז)
Es regnet	yored 'geʃem	יוֹרֵד גֶּשֶׁם
regnerisch (-er Tag)	gaʃum	גָּשׁוּם
nieseln (vi)	letaftef	לְטַפְטֵף
strömender Regen (m)	matar	מָטָר (ז)
Regenschauer (m)	mabul	מַבּוּל (ז)
stark (-er Regen)	χazak	חָזָק
Pfütze (f)	ʃlulit	שְׁלוּלִית (נ)
nass werden (vi)	lehitratev	לְהִתְרַטֵּב
Nebel (m)	arapel	עֲרָפֶּל (ז)
neblig (-er Tag)	me'urpal	מְעוּרְפָּל
Schnee (m)	'ʃeleg	שֶׁלֶג (ז)
Es schneit	yored 'ʃeleg	יוֹרֵד שֶׁלֶג

207. Unwetter Naturkatastrophen

Gewitter (n)	sufat re'amim	סוּפַת רְעָמִים (נ)
Blitz (m)	barak	בָּרָק (ז)
blitzen (vi)	livhok	לִבְהוֹק
Donner (m)	'ra'am	רַעַם (ז)
donnern (vi)	lir'om	לִרְעוֹם
Es donnert	lir'om	לִרְעוֹם
Hagel (m)	barad	בָּרָד (ז)
Es hagelt	yored barad	יוֹרֵד בָּרָד
überfluten (vt)	lehatsif	לְהָצִיף
Überschwemmung (f)	ʃitafon	שִׁיטָפוֹן (ז)
Erdbeben (n)	re'idat adama	רְעִידַת אֲדָמָה (נ)
Erschütterung (f)	re'ida	רְעִידָה (נ)
Epizentrum (n)	moked	מוֹקֵד (ז)
Ausbruch (m)	hitpartsut	הִתְפָּרְצוּת (נ)
Lava (f)	'lava	לָאבָה (נ)
Wirbelsturm (m)	hurikan	הוֹרִיקָן (ז)
Tornado (m)	tor'nado	טוֹרְנָדוֹ (ז)
Taifun (m)	taifun	טַייפוּן (ז)
Orkan (m)	hurikan	הוֹרִיקָן (ז)
Sturm (m)	sufa	סוּפָה (נ)
Tsunami (m)	tsu'nami	צוּנָאמִי (ז)
Zyklon (m)	tsiklon	צִיקְלוֹן (ז)
Unwetter (n)	sagrir	סַגְרִיר (ז)
Brand (m)	srefa	שְׂרֵיפָה (נ)
Katastrophe (f)	ason	אָסוֹן (ז)
Meteorit (m)	mete'orit	מֶטֶאוֹרִיט (ז)
Lawine (f)	ma'polet ʃlagim	מַפּוֹלֶת שְׁלָגִים (נ)
Schneelawine (f)	ma'polet ʃlagim	מַפּוֹלֶת שְׁלָגִים (נ)
Schneegestöber (n)	sufat ʃlagim	סוּפַת שְׁלָגִים (נ)
Schneesturm (m)	sufat ʃlagim	סוּפַת שְׁלָגִים (נ)

208. Geräusche. Klänge

Stille (f)	'ʃeket	שֶׁקֶט (ז)
Laut (m)	tslil	צְלִיל (ז)
Lärm (m)	'ra'aʃ	רַעַשׁ (ז)
lärmen (vi)	lir'oʃ	לִרְעוֹשׁ
lärmend (Adj)	ro'eʃ	רוֹעֵשׁ
laut (in lautemTon)	bekol	בְּקוֹל
laut (eine laute Stimme)	ram	רָם
ständig (Adj)	ka'vu'a	קָבוּעַ

Schrei (m)	tse'aka	צְעָקָה (נ)
schreien (vi)	lits'ok	לִצְעוֹק
Flüstern (n)	leχiʃa	לְחִישָׁה (נ)
flüstern (vt)	lilχoʃ	לִלְחוֹשׁ

| Gebell (n) | neviχa | נְבִיחָה (נ) |
| bellen (vi) | lin'boaχ | לִנְבּוֹחַ |

Stöhnen (n)	anaka	אֲנָקָה (נ)
stöhnen (vi)	lehe'anek	לְהֵיאָנֵק
Husten (m)	ʃi'ul	שִׁיעוּל (ז)
husten (vi)	lehiʃta'el	לְהִשְׁתַּעֵל

Pfiff (m)	ʃrika	שְׁרִיקָה (נ)
pfeifen (vi)	liʃrok	לִשְׁרוֹק
Klopfen (n)	hakaʃa	הַקָּשָׁה (נ)
klopfen (vi)	lidfok	לִדְפּוֹק

| krachen (Laut) | lehitba'ke'a | לְהִתְבַּקֵּעַ |
| Krachen (n) | naftsuts | נַפְצוּץ (ז) |

Sirene (f)	tsofar	צוֹפָר (ז)
Pfeife (Zug usw.)	tsfira	צְפִירָה (נ)
pfeifen (vi)	litspor	לִצְפּוֹר
Hupe (f)	tsfira	צְפִירָה (נ)
hupen (vi)	litspor	לִצְפּוֹר

209. Winter

Winter (m)	'χoref	חוֹרֶף (ז)
Winter-	χorpi	חוֹרְפִּי
im Winter	ba'χoref	בַּחוֹרֶף

Schnee (m)	'ʃeleg	שֶׁלֶג (ז)
Es schneit	yored 'ʃeleg	יוֹרֵד שֶׁלֶג
Schneefall (m)	yeridat 'ʃeleg	יְרִידַת שֶׁלֶג (נ)
Schneewehe (f)	aremat 'ʃeleg	עֲרֵימַת שֶׁלֶג (נ)

Schneeflocke (f)	ptit 'ʃeleg	פְּתִית שֶׁלֶג (ז)
Schneeball (m)	kadur 'ʃeleg	כַּדּוּר שֶׁלֶג (ז)
Schneemann (m)	iʃ 'ʃeleg	אִישׁ שֶׁלֶג (ז)
Eiszapfen (m)	netif 'keraχ	נְטִיף קֶרַח (ז)

Dezember (m)	de'tsember	דֶּצֶמְבֶּר (ז)
Januar (m)	'yanu'ar	יָנוּאָר (ז)
Februar (m)	'febru'ar	פֶבְּרוּאָר (ז)

| Frost (m) | kfor | כְּפוֹר (ז) |
| frostig, Frost- | kfori | כְּפוֹרִי |

unter Null	mi'taχat la''efes	מִתַּחַת לָאֶפֶס
leichter Frost (m)	kara	קָרָה (נ)
Reif (m)	kfor	כְּפוֹר (ז)
Kälte (f)	kor	קוֹר (ז)

Es ist kalt	kar	קַר
Pelzmantel (m)	me'il parva	מְעִיל פַּרְוָה (ז)
Fausthandschuhe (pl)	kfafot	כְּפָפוֹת (נ"ר)

erkranken (vi)	laχalot	לַחֲלוֹת
Erkältung (f)	hitstanenut	הִצְטַנְּנוּת (נ)
sich erkälten	lehitstanen	לְהִצְטַנֵּן

Eis (n)	'keraχ	קֶרַח (ז)
Glatteis (n)	ʃiχvat 'keraχ	שִׁכְבַת קֶרַח (נ)
zufrieren (vi)	likpo	לִקְפֹּא
Eisscholle (f)	karχon	קַרְחוֹן (ז)

Ski (pl)	ski	סְקִי (ז)
Skiläufer (m)	goleʃ	גּוֹלֵשׁ (ז)
Ski laufen	la'asot ski	לַעֲשׂוֹת סְקִי
Schlittschuh laufen	lehaχlik	לְהַחְלִיק

Fauna

210. Säugetiere. Raubtiere

Raubtier (n)	χayat 'teref	חַיַּת טֶרֶף (נ)
Tiger (m)	'tigris	טִיגְרִיס (ז)
Löwe (m)	arye	אַרְיֵה (ז)
Wolf (m)	ze'ev	זְאֵב (ז)
Fuchs (m)	ʃu'al	שׁוּעָל (ז)

Jaguar (m)	yagu'ar	יָגוּאָר (ז)
Leopard (m)	namer	נָמֵר (ז)
Gepard (m)	bardelas	בַּרְדְּלָס (ז)

Panther (m)	panter	פַּנְתֵּר (ז)
Puma (m)	'puma	פּוּמָה (נ)
Schneeleopard (m)	namer 'ʃeleg	נְמֵר שֶׁלֶג (ז)
Luchs (m)	ʃunar	שׁוּנָר (ז)

Kojote (m)	ze'ev ha'aravot	זְאֵב הָעֲרָבוֹת (ז)
Schakal (m)	tan	תַּן (ז)
Hyäne (f)	tsa'vo'a	צָבוֹעַ (ז)

211. Tiere in freier Wildbahn

Tier (n)	'ba'al χayim	בַּעַל חַיִּים (ז)
Bestie (f)	χaya	חַיָּה (נ)

Eichhörnchen (n)	sna'i	סְנָאִי (ז)
Igel (m)	kipod	קִיפּוֹד (ז)
Hase (m)	arnav	אַרְנָב (ז)
Kaninchen (n)	ʃafan	שָׁפָן (ז)

Dachs (m)	girit	גִּירִית (נ)
Waschbär (m)	dvivon	דְּבִיבוֹן (ז)
Hamster (m)	oger	אוֹגֵר (ז)
Murmeltier (n)	mar'mita	מַרְמִיטָה (נ)

Maulwurf (m)	χafar'peret	חֲפַרְפֶּרֶת (נ)
Maus (f)	aχbar	עַכְבָּר (ז)
Ratte (f)	χulda	חוּלְדָּה (נ)
Fledermaus (f)	atalef	עֲטַלֵּף (ז)

Hermelin (n)	hermin	הֶרְמִין (ז)
Zobel (m)	tsobel	צוֹבֶּל (ז)
Marder (m)	dalak	דָּלָק (ז)
Wiesel (n)	χamus	חָמוּס (ז)
Nerz (m)	χorfan	חוֹרְפָּן (ז)

Biber (m)	bone	בּוֹנֶה (ז)
Fischotter (m)	lutra	לוּטְרָה (נ)
Pferd (n)	sus	סוּס (ז)
Elch (m)	ayal hakore	אַיָּל הַקּוֹרֵא (ז)
Hirsch (m)	ayal	אַיָּל (ז)
Kamel (n)	gamal	גָּמָל (ז)
Bison (m)	bizon	בִּיזוֹן (ז)
Wisent (m)	bizon ei'ropi	בִּיזוֹן אֵירוֹפִי (ז)
Büffel (m)	te'o	תְּאוֹ (ז)
Zebra (n)	'zebra	זֶבְּרָה (נ)
Antilope (f)	anti'lopa	אַנְטִילוֹפָה (ז)
Reh (n)	ayal hakarmel	אַיָּל הַכַּרְמֶל (ז)
Damhirsch (m)	yaχmur	יַחְמוּר (ז)
Gämse (f)	ya'el	יָעֵל (ז)
Wildschwein (n)	χazir bar	חֲזִיר בָּר (ז)
Wal (m)	livyatan	לִוְויָתָן (ז)
Seehund (m)	'kelev yam	כֶּלֶב יָם (ז)
Walroß (n)	sus yam	סוּס יָם (ז)
Seebär (m)	dov yam	דּוֹב יָם (ז)
Delfin (m)	dolfin	דּוֹלְפִין (ז)
Bär (m)	dov	דּוֹב (ז)
Eisbär (m)	dov 'kotev	דּוֹב קוֹטֶב (ז)
Panda (m)	'panda	פַּנְדָּה (נ)
Affe (m)	kof	קוֹף (ז)
Schimpanse (m)	ʃimpanze	שִׁימְפַּנְזָה (נ)
Orang-Utan (m)	orang utan	אוֹרַנְג-אוּטָן (ז)
Gorilla (m)	go'rila	גּוֹרִילָה (נ)
Makak (m)	makak	מָקָק (ז)
Gibbon (m)	gibon	גִּיבּוֹן (ז)
Elefant (m)	pil	פִּיל (ז)
Nashorn (n)	karnaf	קַרְנַף (ז)
Giraffe (f)	dʒi'rafa	ג׳יִרָפָה (נ)
Flusspferd (n)	hipopotam	הִיפּוֹפּוֹטָם (ז)
Känguru (n)	'kenguru	קֶנְגּוּרוּ (ז)
Koala (m)	ko''ala	קוֹאָלָה (ז)
Manguste (f)	nemiya	נְמִייָה (נ)
Chinchilla (n)	tʃin'tʃila	צִ׳ינְצִ׳ילָה (נ)
Stinktier (n)	bo'eʃ	בּוֹאֵשׁ (ז)
Stachelschwein (n)	darban	דַּרְבָּן (ז)

212. Haustiere

Katze (f)	χatula	חֲתוּלָה (נ)
Kater (m)	χatul	חָתוּל (ז)
Hund (m)	'kelev	כֶּלֶב (ז)

Pferd (n)	sus	סוּס (ז)
Hengst (m)	sus harba'a	סוּס הַרְבָּעָה (ז)
Stute (f)	susa	סוּסָה (נ)

Kuh (f)	para	פָּרָה (נ)
Stier (m)	ſor	שׁוֹר (ז)
Ochse (m)	ſor	שׁוֹר (ז)

Schaf (n)	kivsa	כְּבְשָׂה (נ)
Widder (m)	'ayil	אַיִל (ז)
Ziege (f)	ez	עֵז (נ)
Ziegenbock (m)	'tayiſ	תַּיִשׁ (ז)

| Esel (m) | χamor | חֲמוֹר (ז) |
| Maultier (n) | 'pered | פֶּרֶד (ז) |

Schwein (n)	χazir	חֲזִיר (ז)
Ferkel (n)	χazarzir	חֲזַרְזִיר (ז)
Kaninchen (n)	arnav	אַרְנָב (ז)

| Huhn (n) | tarne'golet | תַּרְנְגוֹלֶת (נ) |
| Hahn (m) | tarnegol | תַּרְנְגוֹל (ז) |

Ente (f)	barvaz	בַּרְוָז (ז)
Enterich (m)	barvaz	בַּרְוָז (ז)
Gans (f)	avaz	אֲוָז (ז)

| Puter (m) | tarnegol 'hodu | תַּרְנְגוֹל הוֹדוּ (ז) |
| Pute (f) | tarne'golet 'hodu | תַּרְנְגוֹלֶת הוֹדוּ (נ) |

Haustiere (pl)	χayot 'bayit	חַיּוֹת בַּיִת (נ"ר)
zahm	mevuyat	מְבוּיָת
zähmen (vt)	levayet	לְבַיֵּת
züchten (vt)	lehar'bi'a	לְהַרְבִּיעַ

Farm (f)	χava	חַוָּה (נ)
Geflügel (n)	ofot 'bayit	עוֹפוֹת בַּיִת (נ"ר)
Vieh (n)	bakar	בָּקָר (ז)
Herde (f)	'eder	עֵדֶר (ז)

Pferdestall (m)	urva	אוּרְוָה (נ)
Schweinestall (m)	dir χazirim	דִּיר חֲזִירִים (ז)
Kuhstall (m)	'refet	רֶפֶת (נ)
Kaninchenstall (m)	arnaviya	אַרְנָבִיָּה (נ)
Hühnerstall (m)	lul	לוּל (ז)

213. Hunde. Hunderassen

Hund (m)	'kelev	כֶּלֶב (ז)
Schäferhund (m)	'kelev ro'e	כֶּלֶב רוֹעֶה (ז)
Deutsche Schäferhund (m)	ro'e germani	רוֹעֶה גֶּרְמָנִי (ז)
Pudel (m)	'pudel	פּוּדֶל (ז)
Dachshund (m)	'taχaſ	תַּחַשׁ (ז)
Bulldogge (f)	buldog	בּוּלְדוֹג (ז)

Boxer (m)	'bokser	בּוֹקְסֶר (ז)
Mastiff (m)	mastif	מַסְטִיף (ז)
Rottweiler (m)	rot'vailer	רוֹטְוַויילֶר (ז)
Dobermann (m)	'doberman	דוֹבֶּרְמָן (ז)

Basset (m)	'baset 'ha'und	בָּאסֶט־הָאוּנד (ז)
Bobtail (m)	bobteil	בּוֹבְּטֵייל (ז)
Dalmatiner (m)	dal'mati	דַלְמָטִי (ז)
Cocker-Spaniel (m)	'koker 'spani'el	קוֹקֶר סְפָּנִיאֶל (ז)

| Neufundländer (m) | nyu'fa'undlend | נְיוּפָאוּנדְלֶנד (ז) |
| Bernhardiner (m) | sen bernard | סֶן בָּרְנַרד (ז) |

Eskimohund (m)	'haski	הָאסְקִי (ז)
Chow-Chow (m)	'ʧa'u 'ʧa'u	צָ'אוּ צָ'אוּ (ז)
Spitz (m)	ʃpits	שְׁפִּיץ (ז)
Mops (m)	pag	פָּאג (ז)

214. Tierlaute

Gebell (n)	neviχa	נְבִיחָה (נ)
bellen (vi)	lin'boaχ	לִנְבּוֹחַ
miauen (vi)	leyalel	לְיַלֵּל
schnurren (Katze)	legarger	לְגַרְגֵּר

muhen (vi)	lig'ot	לִגְעוֹת
brüllen (Stier)	lig'ot	לִגְעוֹת
knurren (Hund usw.)	linhom	לִנְהוֹם

Heulen (n)	yelala	יְלָלָה (נ)
heulen (vi)	leyalel	לְיַלֵּל
winseln (vi)	leyabev	לְיַבֵּב

meckern (Ziege)	lif'ot	לִפְעוֹת
grunzen (vi)	leχarχer	לְחַרְחֵר
kreischen (vi)	lits'voaχ	לִצְוֹחַ

quaken (vi)	lekarker	לְקַרְקֵר
summen (Insekt)	lezamzem	לְזַמְזֵם
zirpen (vi)	letsartser	לְצַרְצֵר

215. Jungtiere

Tierkind (n)	gur	גּוּר (ז)
Kätzchen (n)	χataltul	חֲתַלְתּוּל (ז)
Mausjunge (n)	aχbaron	עַכְבָּרוֹן (ז)
Hündchen (n), Welpe (m)	klavlav	כְּלַבְלַב (ז)

Häschen (n)	arnavon	אַרְנָבוֹן (ז)
Kaninchenjunge (n)	ʃfanfan	שְׁפַנְפַן (ז)
Wolfsjunge (n)	gur ze'evim	גּוּר זְאֵבִים (ז)
Fuchsjunge (n)	ʃu'alon	שׁוּעָלוֹן (ז)

Bärenjunge (n)	dubon	דּוּבּוֹן (ז)
Löwenjunge (n)	gur arye	גּוּר אַרְיֵה (ז)
junger Tiger (m)	gur namerim	גּוּר נְמֵרִים (ז)
Elefantenjunge (n)	pilon	פִּילוֹן (ז)

Ferkel (n)	χazarzir	חֲזַרְזִיר (ז)
Kalb (junge Kuh)	'egel	עֵגֶל (ז)
Ziegenkitz (n)	gdi	גְּדִי (ז)
Lamm (n)	tale	טָלֶה (ז)
Hirschkalb (n)	'ofer	עוֹפֶר (ז)
Kamelfohlen (n)	'beχer	בֶּכֶר (ז)

| junge Schlange (f) | gur naχaʃim | גּוּר נְחָשִׁים (ז) |
| Fröschlein (n) | tsfarde'on | צְפַרְדְּעוֹן (ז) |

junger Vogel (m)	gozal	גּוֹזָל (ז)
Küken (n)	efroaχ	אֶפְרוֹחַ (ז)
Entlein (n)	barvazon	בַּרְוְזוֹן (ז)

216. Vögel

Vogel (m)	tsipor	צִיפּוֹר (נ)
Taube (f)	yona	יוֹנָה (נ)
Spatz (m)	dror	דְּרוֹר (ז)
Meise (f)	yargazi	יַרְגָזִי (ז)
Elster (f)	orev neχalim	עוֹרֵב נְחָלִים (ז)

Rabe (m)	orev ʃaχor	עוֹרֵב שָׁחוֹר (ז)
Krähe (f)	orev afor	עוֹרֵב אָפוֹר (ז)
Dohle (f)	ka'ak	קָאק (ז)
Saatkrähe (f)	orev hamizra	עוֹרֵב הַמִזְרָע (ז)

Ente (f)	barvaz	בַּרְוָז (ז)
Gans (f)	avaz	אֲוָז (ז)
Fasan (m)	pasyon	פַסְיוֹן (ז)

Adler (m)	'ayit	עַיִט (ז)
Habicht (m)	nets	נֵץ (ז)
Falke (m)	baz	בַּז (ז)
Greif (m)	ozniya	עוֹזְנִיָּה (ז)
Kondor (m)	kondor	קוֹנְדוֹר (ז)

Schwan (m)	barbur	בַּרְבּוּר (ז)
Kranich (m)	agur	עָגוּר (ז)
Storch (m)	χasida	חֲסִידָה (נ)

Papagei (m)	'tuki	תּוּכִּי (ז)
Kolibri (m)	ko'libri	קוֹלִיבְּרִי (ז)
Pfau (m)	tavas	טַוָּס (ז)

Strauß (m)	bat ya'ana	בַּת יַעֲנָה (נ)
Reiher (m)	anafa	אֲנָפָה (נ)
Flamingo (m)	fla'mingo	פְלָמִינְגוֹ (ז)
Pelikan (m)	saknai	שַׂקְנַאי (ז)

| Nachtigall (f) | zamir | זָמִיר (ז) |
| Schwalbe (f) | snunit | סְנוּנִית (נ) |

Drossel (f)	kiχli	קִיכְלִי (ז)
Singdrossel (f)	kiχli mezamer	קִיכְלִי מְזַמֵּר (ז)
Amsel (f)	kiχli ʃaχor	קִיכְלִי שָׁחֹר (ז)

Segler (m)	sis	סִיס (ז)
Lerche (f)	efroni	עֶפְרוֹנִי (ז)
Wachtel (f)	slav	שְׂלָיו (ז)

Specht (m)	'neker	נֶקֶר (ז)
Kuckuck (m)	kukiya	קוּקִיָּה (נ)
Eule (f)	yanʃuf	יַנְשׁוּף (ז)
Uhu (m)	'oaχ	אוֹחַ (ז)
Auerhahn (m)	seχvi 'ya'ar	שְׂכְוִי יַעַר (ז)
Birkhahn (m)	seχvi	שְׂכְוִי (ז)
Rebhuhn (n)	χogla	חוֹגְלָה (נ)

Star (m)	zarzir	זַרְזִיר (ז)
Kanarienvogel (m)	ka'narit	קָנָרִית (נ)
Haselhuhn (n)	seχvi haya'arot	שְׂכְוִי הַיְעָרוֹת (ז)
Buchfink (m)	paroʃ	פָּרוֹשׁ (ז)
Gimpel (m)	admonit	אַדְמוֹנִית (נ)

Möwe (f)	ʃaχaf	שַׁחַף (ז)
Albatros (m)	albatros	אַלְבַּטְרוֹס (ז)
Pinguin (m)	pingvin	פִּינְגּוִין (ז)

217. Vögel. Gesang und Laute

singen (vt)	laʃir	לָשִׁיר
schreien (vi)	lits'ok	לִצְעֹק
kikeriki schreien	lekarker	לְקַרְקֵר
kikeriki	kuku'riku	קוּקוּרִיקוּ

gackern (vi)	lekarker	לְקַרְקֵר
krächzen (vi)	lits'roaχ	לִצְרֹחַ
schnattern (Ente)	lega'a'ge'a	לְגַעְגֵּעַ
piepsen (vi)	letsayets	לְצַיֵּץ
zwitschern (vi)	letsaftsef, letsayets	לְצַפְצֵף, לְצַיֵּץ

218. Fische. Meerestiere

Brachse (f)	avroma	אַבְרוֹמָה (נ)
Karpfen (m)	karpiyon	קַרְפִּיּוֹן (ז)
Barsch (m)	'okunus	אוֹקוּנוּס (ז)
Wels (m)	sfamnun	שְׂפַמְנוּן (ז)
Hecht (m)	ze'ev 'mayim	זְאֵב מַיִם (ז)

| Lachs (m) | 'salmon | סַלְמוֹן (ז) |
| Stör (m) | χidkan | חִדְקָן (ז) |

Hering (m)	ma'liaχ	מָלִיחַ (ז)
atlantische Lachs (m)	iltit	אִילְתִּית (נ)
Makrele (f)	makarel	מָקָרֵל (ז)
Scholle (f)	dag moʃe ra'benu	דַג מֹשֶה רַבֵּנוּ (ז)

Zander (m)	amnun	אַמְנוּן (ז)
Dorsch (m)	ʃibut	שִיבּוּט (ז)
Tunfisch (m)	'tuna	טוּנָה (נ)
Forelle (f)	forel	פוֹרֵל (ז)

Aal (m)	tslofaχ	צְלוֹפָח (ז)
Zitterrochen (m)	trisanit	תְּרִיסָנִית (נ)
Muräne (f)	mo'rena	מוֹרֶנָה (נ)
Piranha (m)	pi'ranya	פִּירַנְיָה (נ)

Hai (m)	kariʃ	כָּרִיש (ז)
Delfin (m)	dolfin	דוֹלְפִין (ז)
Wal (m)	livyatan	לִוְיָתָן (ז)

Krabbe (f)	sartan	סַרְטָן (ז)
Meduse (f)	me'duza	מֶדוּזָה (נ)
Krake (m)	tamnun	תַּמְנוּן (ז)

Seestern (m)	koχav yam	כּוֹכַב יָם (ז)
Seeigel (m)	kipod yam	קִיפּוֹד יָם (ז)
Seepferdchen (n)	suson yam	סוּסוֹן יָם (ז)

Auster (f)	tsidpa	צִדְפָּה (נ)
Garnele (f)	χasilon	חָסִילוֹן (ז)
Hummer (m)	'lobster	לוֹבְּסְטֶר (ז)
Languste (f)	'lobster kotsani	לוֹבְּסְטֶר קוֹצָנִי (ז)

219. Amphibien Reptilien

| Schlange (f) | naχaʃ | נָחָש (ז) |
| Gift-, giftig | arsi | אַרְסִי |

Viper (f)	'tsefa	צֶפַע (ז)
Kobra (f)	'peten	פֶּתֶן (ז)
Python (m)	piton	פִּיתוֹן (ז)
Boa (f)	χanak	חָנַק (ז)

Ringelnatter (f)	naχaʃ 'mayim	נָחָש מַיִם (ז)
Klapperschlange (f)	ʃfifon	שְפִיפוֹן (ז)
Anakonda (f)	ana'konda	אֲנָקוֹנְדָה (נ)

Eidechse (f)	leta'a	לְטָאָה (נ)
Leguan (m)	igu"ana	אִיגוּאָנָה (נ)
Waran (m)	'koaχ	כּוֹחַ (ז)
Salamander (m)	sala'mandra	סָלָמַנְדְרָה (נ)
Chamäleon (n)	zikit	זִיקִית (נ)
Skorpion (m)	akrav	עַקְרָב (ז)
Schildkröte (f)	tsav	צָב (ז)
Frosch (m)	tsfar'de'a	צְפַרְדֵעַ (נ)

| Kröte (f) | karpada | קַרְפָּדָה (נ) |
| Krokodil (n) | tanin | תַּנִּין (ז) |

220. Insekten

Insekt (n)	χarak	חָרָק (ז)
Schmetterling (m)	parpar	פַּרְפַּר (ז)
Ameise (f)	nemala	נְמָלָה (נ)
Fliege (f)	zvuv	זְבוּב (ז)
Mücke (f)	yatuʃ	יַתוּשׁ (ז)
Käfer (m)	χipuʃit	חִיפּוּשִׁית (נ)

Wespe (f)	tsir'a	צִרְעָה (נ)
Biene (f)	dvora	דְּבוֹרָה (נ)
Hummel (f)	dabur	דָּבּוּר (ז)
Bremse (f)	zvuv hasus	זְבוּב הַסּוּס (ז)

| Spinne (f) | akaviʃ | עַכָּבִישׁ (ז) |
| Spinnennetz (n) | kurei akaviʃ | קוּרֵי עַכָּבִישׁ (ז"ר) |

Libelle (f)	ʃapirit	שְׁפִּירִית (נ)
Grashüpfer (m)	χagav	חָגָב (ז)
Schmetterling (m)	aʃ	עָשׁ (ז)

Schabe (f)	makak	מַקָּק (ז)
Zecke (f)	kartsiya	קַרְצִיָּה (נ)
Floh (m)	par'oʃ	פַּרְעוֹשׁ (ז)
Kriebelmücke (f)	yavχuʃ	יַבְחוּשׁ (ז)

Heuschrecke (f)	arbe	אַרְבֶּה (ז)
Schnecke (f)	χilazon	חִילָזוֹן (ז)
Heimchen (n)	tsartsar	צְרָצַר (ז)
Leuchtkäfer (m)	gaχlilit	גַּחְלִילִית (נ)
Marienkäfer (m)	parat moʃe ra'benu	פָּרַת מֹשֶׁה רַבֵּנוּ (נ)
Maikäfer (m)	χipuʃit aviv	חִיפּוּשִׁית אָבִיב (נ)

Blutegel (m)	aluka	עֲלוּקָה (נ)
Raupe (f)	zaχal	זַחַל (ז)
Wurm (m)	to'la'at	תּוֹלַעַת (נ)
Larve (f)	'deren	דֶּרֶן (ז)

221. Tiere. Körperteile

Schnabel (m)	makor	מָקוֹר (ז)
Flügel (pl)	kna'fayim	כְּנָפַיִם (נ"ר)
Fuß (m)	'regel	רֶגֶל (נ)
Gefieder (n)	pluma	פְּלוּמָה (נ)
Feder (f)	notsa	נוֹצָה (נ)
Haube (f)	tsitsa	צִיצָה (נ)

| Kiemen (pl) | zimim | זִימִים (ז"ר) |
| Laich (m) | beitsei dagim | בֵּיצֵי דָּגִים (נ"ר) |

Larve (f)	'deren	דֶּרֶן (ז)
Flosse (f)	snapir	סְנַפִּיר (ז)
Schuppe (f)	kaskasim	קַשְׂקַשִּׂים (ז"ר)

Stoßzahn (m)	niv	נִיב (ז)
Pfote (f)	'regel	רֶגֶל (נ)
Schnauze (f)	partsuf	פַּרְצוּף (ז)
Rachen (m)	lo'a	לוֹעַ (ז)
Schwanz (m)	zanav	זָנָב (ז)
Barthaar (n)	safam	שָׂפָם (ז)

| Huf (m) | parsa | פַּרְסָה (נ) |
| Horn (n) | 'keren | קֶרֶן (נ) |

Panzer (m)	ʃiryon	שִׁרְיוֹן (ז)
Muschel (f)	konχiya	קוֹנְכִיָּה (נ)
Schale (f)	klipa	קְלִיפָּה (נ)

| Fell (n) | parva | פַּרְוָה (נ) |
| Haut (f) | or | עוֹר (ז) |

222. Tierverhalten

| fliegen (vi) | la'uf | לָעוּף |
| herumfliegen (vi) | laχug | לָחוּג |

| wegfliegen (vi) | la'uf | לָעוּף |
| schlagen (mit den Flügeln ~) | lenafnef | לְנַפְנֵף |

| picken (vt) | lenaker | לְנַקֵּר |
| bebrüten (vt) | lidgor | לִדְגּוֹר |

| ausschlüpfen (vi) | liv'ko'a | לִבְקֹעַ |
| ein Nest bauen | lekanen | לְקַנֵּן |

kriechen (vi)	lizχol	לִזְחֹל
stechen (Insekt)	la'akots	לַעֲקֹץ
beißen (vt)	linʃoχ	לִנְשֹׁךְ

schnüffeln (vt)	leraχ'reaχ	לְרַחְרֵחַ
bellen (vi)	lin'boaχ	לִנְבֹּחַ
zischen (vi)	lirʃof	לִרְשֹׁף

| erschrecken (vt) | lehafχid | לְהַפְחִיד |
| angreifen (vt) | litkof | לִתְקֹף |

nagen (vi)	leχarsem	לְכַרְסֵם
kratzen (vt)	lisrot	לִשְׂרוֹט
sich verstecken	lehistater	לְהִסְתַּתֵּר

spielen (vi)	lesaχek	לְשַׂחֵק
jagen (vi)	latsud	לָצוּד
Winterschlaf halten	laχrof	לַחֲרֹף
aussterben (vi)	lehikaχed	לְהִכָּחֵד

223. Tiere. Lebensräume

| Lebensraum (f) | beit gidul | בֵּית גִידוּל (ז) |
| Wanderung (f) | hagira | הַגִירָה (נ) |

Berg (m)	har	הַר (ז)
Riff (n)	ʃunit	שׁוּנִית (נ)
Fels (m)	'sela	סֶלַע (ז)

Wald (m)	'ya'ar	יַעַר (ז)
Dschungel (m, n)	'dʒungel	גִ'וּנְגֶל (ז)
Savanne (f)	sa'vana	סָוָנָה (נ)
Tundra (f)	'tundra	טוּנְדְרָה (נ)

Steppe (f)	arava	עֲרָבָה (נ)
Wüste (f)	midbar	מִדְבָּר (ז)
Oase (f)	neve midbar	נְוֵה מִדְבָּר (ז)

Meer (n), See (f)	yam	יָם (ז)
See (m)	agam	אֲגַם (ז)
Ozean (m)	ok'yanos	אוֹקְיָאנוֹס (ז)

Sumpf (m)	bitsa	בִּיצָה (נ)
Süßwasser-	ʃel 'mayim metukim	שֶׁל מַיִם מְתוּקִים
Teich (m)	breχa	בְּרֵיכָה (נ)
Fluss (m)	nahar	נָהָר (ז)

Höhle (f), Bau (m)	me'ura	מְאוּרָה (נ)
Nest (n)	ken	קֵן (ז)
Höhlung (f)	χor ba'ets	חוֹר בָּעֵץ (ז)
Loch (z.B. Wurmloch)	meχila	מְחִילָה (נ)
Ameisenhaufen (m)	kan nemalim	קַן נְמָלִים (ז)

224. Tierpflege

| Zoo (m) | gan hayot | גַן חַיוֹת (ז) |
| Schutzgebiet (n) | ʃmurat 'teva | שְׁמוּרַת טֶבַע (נ) |

Zucht (z.B. Hunde~)	beit gidul	בֵּית גִידוּל (ז)
Freigehege (n)	kluv	כְּלוּב (ז)
Käfig (m)	kluv	כְּלוּב (ז)
Hundehütte (f)	meluna	מְלוּנָה (נ)

Taubenschlag (m)	ʃovaχ	שׁוֹבָךְ (ז)
Aquarium (n)	ak'varyum	אֲקְוַורְיוּם (ז)
Delphinarium (n)	dolfi'naryum	דוֹלְפִינָרְיוּם (ז)

züchten (vt)	legadel	לְגַדֵל
Wurf (m)	tse'etsa'im	צֶאֱצָאִים (ז"ר)
zähmen (vt)	levayet	לְבַיֵת
dressieren (vt)	le'alef	לְאַלֵף
Futter (n)	mazon, mispo	מָזוֹן (ז), מִסְפּוֹא (ז)
füttern (vt)	leha'aχil	לְהַאֲכִיל

Zoohandlung (f)	χanut χayot	חֲנוּת חַיּוֹת (נ)
Maulkorb (m)	maχsom	מַחְסוֹם (ז)
Halsband (n)	kolar	קוֹלָר (ז)
Rufname (m)	kinui	כִּינּוּי (ז)
Stammbaum (m)	ʃalʃelet yuχsin	שַׁלְשֶׁלֶת יוֹחֲסִין (נ)

225. Tiere. Verschiedenes

Rudel (Wölfen)	lahaka	לַהֲקָה (נ)
Vogelschwarm (m)	lahaka	לַהֲקָה (נ)
Schwarm (~ Heringe usw.)	lahaka	לַהֲקָה (נ)
Pferdeherde (f)	'eder	עֵדֶר (ז)

| Männchen (n) | zaχar | זָכָר (ז) |
| Weibchen (n) | nekeva | נְקֵבָה (נ) |

hungrig	ra'ev	רָעֵב
wild	pra'i	פְּרָאִי
gefährlich	mesukan	מְסֻכָּן

226. Pferde

| Pferd (n) | sus | סוּס (ז) |
| Rasse (f) | 'geza | גֶּזַע (ז) |

| Fohlen (n) | syaχ | סְיָח (ז) |
| Stute (f) | susa | סוּסָה (נ) |

Mustang (m)	mustang	מוּסְטַנְג (ז)
Pony (n)	'poni	פּוֹנִי (ז)
schweres Zugpferd (n)	sus avoda	סוּס עֲבוֹדָה (ז)

| Mähne (f) | ra'ama | רַעֲמָה (נ) |
| Schwanz (m) | zanav | זָנָב (ז) |

Huf (m)	parsa	פַּרְסָה (נ)
Hufeisen (n)	parsa	פַּרְסָה (נ)
beschlagen (vt)	lefarzel	לְפַרְזֵל
Schmied (m)	'nefaχ	נַפָּח (ז)

Sattel (m)	ukaf	אוּכָּף (ז)
Steigbügel (m)	arkuba	אַרְכּוּבָּה (נ)
Zaum (m)	'resen	רֶסֶן (ז)
Zügel (pl)	moʃχot	מוֹשְׁכוֹת (נ"ר)
Peitsche (f)	ʃot	שׁוֹט (ז)

Reiter (m)	roχev	רוֹכֵב (ז)
satteln (vt)	le'akef	לְאַכֵּף
besteigen (vt)	la'alot al sus	לַעֲלוֹת עַל סוּס

| Galopp (m) | dehira | דְּהִירָה (נ) |
| galoppieren (vi) | lidhor | לִדְהוֹר |

Trab (m)	tfifa	טְפִיפָה (נ)
im Trab	bidhira	בִּדְהִירָה
traben (vi)	litpof	לִטְפּוֹף

Rennpfed (n)	sus merots	סוּס מֵירוֹץ (ז)
Rennen (n)	merots susim	מֵירוֹץ סוּסִים (ז)

Pferdestall (m)	urva	אוּרְוָה (נ)
füttern (vt)	leha'axil	לְהַאֲכִיל
Heu (n)	xatsil	חָצִיל (ז)
tränken (vt)	lehaʃkot	לְהַשְׁקוֹת
striegeln (vt)	lirxots	לִרְחוֹץ

Pferdewagen (m)	agala	עֲגָלָה (נ)
weiden (vi)	lir'ot	לִרְעוֹת
wiehern (vi)	litshol	לִצְהוֹל
ausschlagen (Pferd)	liv'ot	לִבְעוֹט

Flora

227. Bäume

Baum (m)	ets	עֵץ (ז)
Laub-	naʃir	נָשִׁיר
Nadel-	maχtani	מַחְטָנִי
immergrün	yarok ad	יָרוֹק עַד
Apfelbaum (m)	ta'puaχ	תַּפּוּחַ (ז)
Birnbaum (m)	agas	אַגָּס (ז)
Süßkirschbaum (m)	gudgedan	גּוּדְגְּדָן (ז)
Sauerkirschbaum (m)	duvdevan	דּוּבְדְּבָן (ז)
Pflaumenbaum (m)	ʃezif	שְׁזִיף (ז)
Birke (f)	ʃadar	שְׂדָר (ז)
Eiche (f)	alon	אַלּוֹן (ז)
Linde (f)	'tilya	טִילְיָה (נ)
Espe (f)	aspa	אַסְפָּה (נ)
Ahorn (m)	'eder	אֶדֶר (ז)
Fichte (f)	a'ʃuaχ	אַשּׁוּחַ (ז)
Kiefer (f)	'oren	אֹרֶן (ז)
Lärche (f)	arzit	אַרְזִית (נ)
Tanne (f)	a'ʃuaχ	אַשּׁוּחַ (ז)
Zeder (f)	'erez	אֶרֶז (ז)
Pappel (f)	tsaftsefa	צַפְצֵפָה (נ)
Vogelbeerbaum (m)	ben χuzrar	בֶּן־חֻזְרָר (ז)
Weide (f)	arava	עֲרָבָה (נ)
Erle (f)	alnus	אַלְנוּס (ז)
Buche (f)	aʃur	אַשּׁוּר (ז)
Ulme (f)	bu'kitsa	בּוּקִיצָה (נ)
Esche (f)	mela	מֵילָה (נ)
Kastanie (f)	armon	עַרְמוֹן (ז)
Magnolie (f)	mag'nolya	מַגְנוֹלְיָה (נ)
Palme (f)	'dekel	דֶּקֶל (ז)
Zypresse (f)	broʃ	בְּרוֹשׁ (ז)
Mangrovenbaum (m)	mangrov	מַנְגְרוֹב (ז)
Baobab (m)	ba'obab	בָּאוֹבַּב (ז)
Eukalyptus (m)	eika'liptus	אֵיקָלִיפְּטוּס (ז)
Mammutbaum (m)	sek'voya	סֶקְווֹיָה (נ)

228. Büsche

Strauch (m)	'siaχ	שִׂיחַ (ז)
Gebüsch (n)	'siaχ	שִׂיחַ (ז)

| Weinstock (m) | 'gefen | גֶּפֶן (ז) |
| Weinberg (m) | 'kerem | כֶּרֶם (ז) |

Himbeerstrauch (m)	'petel	פֶּטֶל (ז)
schwarze Johannisbeere (f)	'siaχ dumdemaniyot ʃχorot	שִׂיחַ דוּמְדְּמָנִיּוֹת שְׁחוֹרוֹת (ז)
rote Johannisbeere (f)	'siaχ dumdemaniyot adumot	שִׂיחַ דוּמְדְּמָנִיּוֹת אֲדוּמוֹת (ז)
Stachelbeerstrauch (m)	χazarzar	חֲזַרְזַר (ז)

Akazie (f)	ʃita	שִׁיטָה (נ)
Berberitze (f)	berberis	בַּרְבָּרִיס (ז)
Jasmin (m)	yasmin	יַסְמִין (ז)

Wacholder (m)	ar'ar	עַרְעָר (ז)
Rosenstrauch (m)	'siaχ vradim	שִׂיחַ וְרָדִים (ז)
Heckenrose (f)	'vered bar	וֶרֶד בָּר (ז)

229. Pilze

Pilz (m)	pitriya	פִּטְרִיָּה (נ)
essbarer Pilz (m)	pitriya ra'uya lema'aχal	פִּטְרִיָּה רְאוּיָה לְמַאֲכָל
Giftpilz (m)	pitriya ra'ila	פִּטְרִיָּה רְעִילָה (נ)
Hut (m)	kipat pitriya	כִּיפַּת פִּטְרִיָּה (נ)
Stiel (m)	'regel	רֶגֶל (נ)

Steinpilz (m)	por'tʃini	פּוֹרְצִ'ינִי (ז)
Rotkappe (f)	pitriyat 'kova aduma	פִּטְרִיַּת כּוֹבַע אֲדוּמָה (נ)
Birkenpilz (m)	pitriyat 'ya'ar	פִּטְרִיַּת יַעַר (נ)
Pfifferling (m)	gvi'onit ne'e'χelet	גְּבִיעוֹנִית נֶאֱכֶלֶת (נ)
Täubling (m)	χarifit	חֲרִיפִית (נ)

Morchel (f)	gamtsuts	גַמְצוּץ (ז)
Fliegenpilz (m)	zvuvanit	זְבוּבָנִית (נ)
Grüner Knollenblätterpilz	pitriya ra'ila	פִּטְרִיָּה רְעִילָה (נ)

230. Obst. Beeren

Frucht (f)	pri	פְּרִי (ז)
Früchte (pl)	perot	פֵּירוֹת (ז"ר)
Apfel (m)	ta'puaχ	תַּפּוּחַ (ז)
Birne (f)	agas	אַגָּס (ז)
Pflaume (f)	ʃezif	שְׁזִיף (ז)

Erdbeere (f)	tut sade	תּוּת שָׂדֶה (ז)
Sauerkirsche (f)	duvdevan	דּוּבְדְּבָן (ז)
Süßkirsche (f)	gudgedan	גּוּדְגְּדָן (ז)
Weintrauben (pl)	anavim	עֲנָבִים (ז"ר)

Himbeere (f)	'petel	פֶּטֶל (ז)
schwarze Johannisbeere (f)	dumdemanit ʃχora	דּוּמְדְּמָנִית שְׁחוֹרָה (נ)
rote Johannisbeere (f)	dumdemanit aduma	דּוּמְדְּמָנִית אֲדוּמָה (נ)
Stachelbeere (f)	χazarzar	חֲזַרְזַר (ז)
Moosbeere (f)	χamutsit	חֲמוּצִית (נ)

203

Apfelsine (f)	tapuz	תָּפּוּז (ז)
Mandarine (f)	klemen'tina	קְלֶמֶנְטִינָה (נ)
Ananas (f)	'ananas	אָנָנָס (ז)
Banane (f)	ba'nana	בָּנָנָה (נ)
Dattel (f)	tamar	תָּמָר (ז)

Zitrone (f)	limon	לִימוֹן (ז)
Aprikose (f)	'miʃmeʃ	מִשְׁמֵשׁ (ז)
Pfirsich (m)	afarsek	אֲפַרְסֵק (ז)
Kiwi (f)	'kivi	קִיוִוי (ז)
Grapefruit (f)	eʃkolit	אֶשְׁכּוֹלִית (נ)

Beere (f)	garger	גַּרְגַּר (ז)
Beeren (pl)	gargerim	גַּרְגְּרִים (ז"ר)
Preiselbeere (f)	uχmanit aduma	אוּכְמָנִית אֲדֻמָּה (נ)
Walderdbeere (f)	tut 'ya'ar	תּוּת יַעַר (ז)
Heidelbeere (f)	uχmanit	אוּכְמָנִית (נ)

231. Blumen. Pflanzen

| Blume (f) | 'peraχ | פֶּרַח (ז) |
| Blumenstrauß (m) | zer | זֵר (ז) |

Rose (f)	'vered	וֶרֶד (ז)
Tulpe (f)	tsiv'oni	צִבְעוֹנִי (ז)
Nelke (f)	tsi'poren	צִיפּוֹרֶן (ז)
Gladiole (f)	glad'yola	גְּלָדִיוֹלָה (נ)

Kornblume (f)	dganit	דְּגָנִית (נ)
Glockenblume (f)	pa'amonit	פַּעֲמוֹנִית (נ)
Löwenzahn (m)	ʃinan	שִׁינָן (ז)
Kamille (f)	kamomil	קָמוֹמִיל (ז)

Aloe (f)	alvai	אֲלוַוי (ז)
Kaktus (m)	'kaktus	קַקְטוּס (ז)
Gummibaum (m)	'fikus	פִיקוּס (ז)

Lilie (f)	ʃoʃana	שׁוֹשַׁנָּה (נ)
Geranie (f)	ge'ranyum	גֵּרַנְיוּם (ז)
Hyazinthe (f)	yakinton	יָקִינְטוֹן (ז)

Mimose (f)	mi'moza	מִימוֹזָה (נ)
Narzisse (f)	narkis	נַרְקִיס (ז)
Kapuzinerkresse (f)	'kova hanazir	כּוֹבַע הַנָּזִיר (ז)

Orchidee (f)	saχlav	סַחְלָב (ז)
Pfingstrose (f)	admonit	אַדְמוֹנִית (נ)
Veilchen (n)	sigalit	סִיגָלִית (נ)

Stiefmütterchen (n)	amnon vetamar	אַמְנוֹן וְתָמָר (ז)
Vergissmeinnicht (n)	ziχ'rini	זָכְרִינִי (ז)
Gänseblümchen (n)	marganit	מַרְגָּנִית (נ)
Mohn (m)	'pereg	פֶּרֶג (ז)
Hanf (m)	ka'nabis	קַנָּאבִּיס (ז)

Minze (f)	'menta	מֶנְתָּה (נ)
Maiglöckchen (n)	zivanit	זִיוָנִית (נ)
Schneeglöckchen (n)	ga'lantus	גָּלַנְטוּס (ז)
Brennnessel (f)	sirpad	סִרְפָּד (ז)
Sauerampfer (m)	χum'a	חוּמְעָה (נ)
Seerose (f)	nufar	נוּפָר (ז)
Farn (m)	ʃaraχ	שֶׂרֶךְ (ז)
Flechte (f)	χazazit	חֲזָזִית (נ)
Gewächshaus (n)	χamama	חֲמָמָה (נ)
Rasen (m)	midʃa'a	מִדְשָׁאָה (נ)
Blumenbeet (n)	arugat praχim	עֲרוּגַת פְּרָחִים (נ)
Pflanze (f)	'tsemaχ	צֶמַח (ז)
Gras (n)	'deʃe	דֶּשֶׁא (ז)
Grashalm (m)	giv'ol 'esev	גִּבְעוֹל עֵשֶׂב (ז)
Blatt (n)	ale	עָלֶה (ז)
Blütenblatt (n)	ale ko'teret	עָלֵה כּוֹתֶרֶת (ז)
Stiel (m)	giv'ol	גִּבְעוֹל (ז)
Knolle (f)	'pka'at	פְּקַעַת (נ)
Jungpflanze (f)	'nevet	נֶבֶט (ז)
Dorn (m)	kots	קוֹץ (ז)
blühen (vi)	lifroaχ	לִפְרוֹחַ
welken (vi)	linbol	לִנְבּוֹל
Geruch (m)	'reaχ	רֵיחַ (ז)
abschneiden (vt)	ligzom	לִגְזוֹם
pflücken (vt)	liktof	לִקְטוֹף

232. Getreide, Körner

Getreide (n)	tvu'a	תְּבוּאָה (נ)
Getreidepflanzen (pl)	dganim	דְּגָנִים (ז"ר)
Ähre (f)	ʃi'bolet	שִׁיבּוֹלֶת (נ)
Weizen (m)	χita	חִיטָה (נ)
Roggen (m)	ʃifon	שִׁיפוֹן (ז)
Hafer (m)	ʃi'bolet ʃu'al	שִׁיבּוֹלֶת שׁוּעָל (נ)
Hirse (f)	'doχan	דּוֹחַן (ז)
Gerste (f)	se'ora	שְׂעוֹרָה (נ)
Mais (m)	'tiras	תִּירָס (ז)
Reis (m)	'orez	אוֹרֶז (ז)
Buchweizen (m)	ku'semet	כּוּסֶמֶת (נ)
Erbse (f)	afuna	אֲפוּנָה (נ)
weiße Bohne (f)	ʃu'it	שְׁעוּעִית (נ)
Sojabohne (f)	'soya	סוֹיָה (נ)
Linse (f)	adaʃim	עֲדָשִׁים (נ"ר)
Bohnen (pl)	pol	פּוֹל (ז)

233. Gemüse. Grünzeug

Gemüse (n)	yerakot	יְרָקוֹת (ז״ר)
grünes Gemüse (pl)	'yerek	יָרָק (ז)
Tomate (f)	agvaniya	עַגְבָנִיָּה (נ)
Gurke (f)	melafefon	מְלָפְפוֹן (ז)
Karotte (f)	'gezer	גֶּזֶר (ז)
Kartoffel (f)	ta'puaχ adama	תַּפּוּחַ אֲדָמָה (ז)
Zwiebel (f)	batsal	בָּצָל (ז)
Knoblauch (m)	ʃum	שׁוּם (ז)
Kohl (m)	kruv	כְּרוּב (ז)
Blumenkohl (m)	kruvit	כְּרוּבִית (נ)
Rosenkohl (m)	kruv nitsanim	כְּרוּב נִצָּנִים (ז)
Brokkoli (m)	'brokoli	בְּרוֹקוֹלִי (ז)
Rote Bete (f)	'selek	סֶלֶק (ז)
Aubergine (f)	χatsil	חָצִיל (ז)
Zucchini (f)	kiʃu	קִישׁוּא (ז)
Kürbis (m)	'dla'at	דְּלַעַת (נ)
Rübe (f)	'lefet	לֶפֶת (נ)
Petersilie (f)	petro'zilya	פֶּטְרוֹזִילְיָה (נ)
Dill (m)	ʃamir	שָׁמִיר (ז)
Kopf Salat (m)	'χasa	חַסָּה (נ)
Sellerie (m)	'seleri	סֶלֶרִי (ז)
Spargel (m)	aspa'ragos	אַסְפָּרָגוֹס (ז)
Spinat (m)	'tered	תֶּרֶד (ז)
Erbse (f)	afuna	אֲפוּנָה (נ)
Bohnen (pl)	pol	פּוֹל (ז)
Mais (m)	'tiras	תִּירָס (ז)
weiße Bohne (f)	ʃu'it	שְׁעוּעִית (נ)
Pfeffer (m)	'pilpel	פִּלְפֵּל (ז)
Radieschen (n)	tsnonit	צְנוֹנִית (נ)
Artischocke (f)	artiʃok	אַרְטִישׁוֹק (ז)

REGIONALE GEOGRAPHIE

Länder. Nationalitäten

234. Westeuropa

Europa (n)	ei'ropa	אֵירוֹפָּה (נ)
Europäische Union (f)	ha'ixud ha'eiro'pe'i	הָאִיחוּד הָאֵירוֹפִּי (ז)
Europäer (m)	eiro'pe'i	אֵירוֹפָּאִי (ז)
europäisch	eiro'pe'i	אֵירוֹפָּאִי
Österreich	'ostriya	אוֹסְטְרְיָה (נ)
Österreicher (m)	'ostri	אוֹסְטְרִי (ז)
Österreicherin (f)	'ostrit	אוֹסְטְרִית (נ)
österreichisch	'ostri	אוֹסְטְרִי
Großbritannien	bri'tanya hagdola	בְּרִיטַנְיָה הַגְדוֹלָה (נ)
England	'angliya	אַנְגְלִיָה (נ)
Brite (m)	'briti	בְּרִיטִי (ז)
Britin (f)	'btitit	בְּרִיטִית (נ)
englisch	angli	אַנְגְלִי
Belgien	'belgya	בֶּלְגְיָה (נ)
Belgier (m)	'belgi	בֶּלְגִי (ז)
Belgierin (f)	'belgit	בֶּלְגִית (נ)
belgisch	'belgi	בֶּלְגִי
Deutschland	ger'manya	גֶרְמַנְיָה (נ)
Deutsche (m)	germani	גֶרְמָנִי (ז)
Deutsche (f)	germaniya	גֶרְמָנְיָה (נ)
deutsch	germani	גֶרְמָנִי
Niederlande (f)	'holand	הוֹלַנְד (נ)
Holland (n)	'holand	הוֹלַנְד (נ)
Holländer (m)	ho'landi	הוֹלַנְדִי (ז)
Holländerin (f)	ho'landit	הוֹלַנְדִית (נ)
holländisch	ho'landi	הוֹלַנְדִי
Griechenland	yavan	יָוָון (נ)
Grieche (m)	yevani	יְוָונִי (ז)
Griechin (f)	yevaniya	יְוָונְיָה (נ)
griechisch	yevani	יְוָונִי
Dänemark	'denemark	דֶנֶמַרק (נ)
Däne (m)	'deni	דֶנִי (ז)
Dänin (f)	'denit	דֶנִית (נ)
dänisch	'deni	דֶנִי
Irland	'irland	אִירְלַנְד (נ)
Ire (m)	'iri	אִירִי (ז)

Irin (f)	ir'landit	אִירְלַנְדִּית (נ)
irisch	'iri	אִירִי
Island	'island	אִיסְלַנְד (נ)
Isländer (m)	is'landi	אִיסְלַנְדִּי (ז)
Isländerin (f)	is'landit	אִיסְלַנְדִּית (נ)
isländisch	is'landi	אִיסְלַנְדִּי
Spanien	sfarad	סְפָרַד (נ)
Spanier (m)	sfaradi	סְפָרַדִּי (ז)
Spanierin (f)	sfaradiya	סְפָרַדִּיָּה (נ)
spanisch	sfaradi	סְפָרַדִּי
Italien	i'talya	אִיטַלְיָה (נ)
Italiener (m)	italki	אִיטַלְקִי (ז)
Italienerin (f)	italkiya	אִיטַלְקִיָּה (נ)
italienisch	italki	אִיטַלְקִי
Zypern	kafrisin	קַפְרִיסִין (נ)
Zypriot (m)	kafri'sa'i	קַפְרִיסָאִי (ז)
Zypriotin (f)	kafri'sa'it	קַפְרִיסָאִית (נ)
zyprisch	kafri'sa'i	קַפְרִיסָאִי
Malta	'malta	מַלְטָה (נ)
Malteser (m)	'malti	מַלְטִי (ז)
Malteserin (f)	'maltit	מַלְטִית (נ)
maltesisch	'malti	מַלְטִי
Norwegen	nor'vegya	נוֹרְבֶגְיָה (נ)
Norweger (m)	nor'vegi	נוֹרְבֶגִי (ז)
Norwegerin (f)	nor'vegit	נוֹרְבֶגִית (נ)
norwegisch	nor'vegi	נוֹרְבֶגִי
Portugal	portugal	פּוֹרְטוּגָל (נ)
Portugiese (m)	portu'gali	פּוֹרְטוּגָלִי (ז)
Portugiesin (f)	portu'galit	פּוֹרְטוּגָלִית (נ)
portugiesisch	portu'gezi	פּוֹרְטוּגֶזִי
Finnland	'finland	פִינְלַנְד (נ)
Finne (m)	'fini	פִינִי (ז)
Finnin (f)	'finit	פִינִית (נ)
finnisch	'fini	פִינִי
Frankreich	tsarfat	צָרְפַת (נ)
Franzose (m)	tsarfati	צָרְפָתִי (ז)
Französin (f)	tsarfatiya	צָרְפָתִיָּה (נ)
französisch	tsarfati	צָרְפָתִי
Schweden	'ʃvedya	שְבֶדְיָה (נ)
Schwede (m)	'ʃvedi	שְבֶדִי (ז)
Schwedin (f)	'ʃvedit	שְבֶדִית (נ)
schwedisch	'ʃvedi	שְבֶדִי
Schweiz (f)	'ʃvaits	שְווַיִץ (נ)
Schweizer (m)	ʃvei'tsari	שְווַיְצָרִי (ז)
Schweizerin (f)	ʃvei'tsarit	שְווַיְצָרִית (נ)

schweizerisch	ʃveˈtsari	שׁוֵיצָרִי
Schottland	ˈskotland	סְקוֹטְלַנד (ז)
Schotte (m)	ˈskoti	סְקוֹטִי (ז)
Schottin (f)	ˈskotit	סְקוֹטִית (נ)
schottisch	ˈskoti	סְקוֹטִי

Vatikan (m)	vatikan	וָתִיקָן (ז)
Liechtenstein	liχtenʃtain	לִיכְטֶנשְׁטַיין (נ)
Luxemburg	luksemburg	לוּקְסֶמְבּוּרג (נ)
Monaco	moˈnako	מוֹנָקוֹ (נ)

235. Mittel- und Osteuropa

Albanien	alˈbanya	אַלְבַּנְיָה (נ)
Albaner (m)	alˈbani	אַלְבָּנִי (ז)
Albanerin (f)	alˈbanit	אַלְבָּנִית (נ)
albanisch	alˈbani	אַלְבָּנִי

Bulgarien	bulˈgarya	בּוּלְגַּרְיָה (נ)
Bulgare (m)	bulˈgari	בּוּלְגָּרִי (ז)
Bulgarin (f)	bulgariya	בּוּלְגָּרְיָה (נ)
bulgarisch	bulˈgari	בּוּלְגָּרִי

Ungarn	hunˈgarya	הוּנְגַּרְיָה (נ)
Ungar (m)	hungari	הוּנְגָּרִי (ז)
Ungarin (f)	hungariya	הוּנְגָּרְיָה (נ)
ungarisch	hunˈgari	הוּנְגָּרִי

Lettland	ˈlatviya	לַטְבְיָה (נ)
Lette (m)	ˈlatvi	לַטְבִי (ז)
Lettin (f)	ˈlatvit	לַטְבִית (נ)
lettisch	ˈlatvi	לַטְבִי

Litauen	ˈlita	לִיטָא (נ)
Litauer (m)	litaˈi	לִיטָאִי (ז)
Litauerin (f)	litaˈit	לִיטָאִית (נ)
litauisch	litaˈi	לִיטָאִי

Polen	polin	פּוֹלִין (נ)
Pole (m)	polani	פּוֹלָנִי (ז)
Polin (f)	polaniya	פּוֹלָנְיָה (נ)
polnisch	polani	פּוֹלָנִי

Rumänien	roˈmanya	רוֹמַנְיָה (נ)
Rumäne (m)	romani	רוֹמָנִי (ז)
Rumänin (f)	romaniya	רוֹמָנְיָה (נ)
rumänisch	roˈmani	רוֹמָנִי

Serbien	ˈserbya	סֶרְבִּיָה (נ)
Serbe (m)	ˈserbi	סֶרְבִּי (ז)
Serbin (f)	ˈserbit	סֶרְבִּית (נ)
serbisch	ˈserbi	סֶרְבִּי
Slowakei (f)	sloˈvakya	סְלוֹבָקְיָה (נ)
Slowake (m)	sloˈvaki	סְלוֹבָקִי (ז)

| Slowakin (f) | slo'vakit | סלוֹבָקִית (נ) |
| slowakisch | slo'vaki | סלוֹבָקִי |

Kroatien	kro''atya	קרוֹאַטְיָה (נ)
Kroate (m)	kro''ati	קרוֹאָטִי (ז)
Kroatin (f)	kro''atit	קרוֹאָטִית (נ)
kroatisch	kro''ati	קרוֹאָטִי

Tschechien	'tʃexya	צֶ'כְיָה (נ)
Tscheche (m)	'tʃexi	צֶ'כִי (ז)
Tschechin (f)	'tʃexit	צֶ'כִית (נ)
tschechisch	'tʃexi	צֶ'כִי

Estland	es'tonya	אֶסְטוֹנְיָה (נ)
Este (m)	es'toni	אֶסְטוֹנִי (ז)
Estin (f)	es'tonit	אֶסְטוֹנִית (נ)
estnisch	es'toni	אֶסְטוֹנִי

Bosnien und Herzegowina	'bosniya	בּוֹסְנְיָה (נ)
Makedonien	make'donya	מָקֶדוֹנְיָה (נ)
Slowenien	slo'venya	סלוֹבֶנְיָה (נ)
Montenegro	monte'negro	מוֹנְטֶנֶגרוֹ (נ)

236. Frühere UdSSR Republiken

Aserbaidschan	azerbaidʒan	אָזֶרְבַּייגָ'ן (נ)
Aserbaidschaner (m)	azerbai'dʒani	אָזֶרְבַּייגָ'נִי (ז)
Aserbaidschanerin (f)	azerbai'dʒanit	אָזֶרְבַּייגָ'נִית (נ)
aserbaidschanisch	azerbai'dʒani	אָזֶרְבַּייגָ'נִי

Armenien	ar'menya	אַרְמֶנְיָה (נ)
Armenier (m)	ar'meni	אַרְמֶנִי (ז)
Armenierin (f)	ar'menit	אַרְמֶנִית (נ)
armenisch	ar'meni	אַרְמֶנִי

Weißrussland	'belarus	בֶּלָרוּס (נ)
Weißrusse (m)	bela'rusi	בֶּלָרוּסִי (ז)
Weißrussin (f)	bela'rusit	בֶּלָרוּסִית (נ)
weißrussisch	byelo'rusi	בִּיֶלוֹרוּסִי

Georgien	'gruzya	גרוּזְיָה (נ)
Georgier (m)	gru'zini	גרוּזִינִי (ז)
Georgierin (f)	gru'zinit	גרוּזִינִית (נ)
georgisch	gru'zini	גרוּזִינִי

Kasachstan	kazaxstan	קָזַחְסְטָן (נ)
Kasache (m)	ka'zaxi	קָזַחִי (ז)
Kasachin (f)	ka'zaxit	קָזַחִית (נ)
kasachisch	ka'zaxi	קָזַחִי

Kirgisien	kirgizstan	קִירְגִיזְסְטָן (נ)
Kirgise (m)	kir'gizi	קִירְגִיזִי (ז)
Kirgisin (f)	kir'gizit	קִירְגִיזִית (נ)
kirgisisch	kir'gizi	קִירְגִיזִי

Moldawien	mol'davya	מוֹלְדַבְיָה (נ)
Moldauer (m)	mol'davi	מוֹלְדַבִי (ז)
Moldauerin (f)	mol'davit	מוֹלְדַבִית (נ)
moldauisch	mol'davi	מוֹלְדַבִי

Russland	'rusya	רוֹסְיָה (נ)
Russe (m)	rusi	רוֹסִי (ז)
Russin (f)	rusiya	רוֹסִיָּה (נ)
russisch	rusi	רוֹסִי

Tadschikistan	tadʒikistan	טָגִ'יקִיסְטָן (נ)
Tadschike (m)	ta'dʒiki	טָגִ'יקִי (ז)
Tadschikin (f)	ta'dʒikit	טָגִ'יקִית (נ)
tadschikisch	ta'dʒiki	טָגִ'יקִי

Turkmenistan	turkmenistan	טוּרְקְמָנִיסְטָן (נ)
Turkmene (m)	turk'meni	טוּרְקְמָנִי (ז)
Turkmenin (f)	turk'menit	טוּרְקְמָנִית (נ)
turkmenisch	turk'meni	טוּרְקְמָנִי

Usbekistan	uzbekistan	אוּזְבָּקִיסְטָן (נ)
Usbeke (m)	uz'beki	אוּזְבָּקִי (ז)
Usbekin (f)	uz'bekit	אוּזְבָּקִית (נ)
usbekisch	uz'beki	אוּזְבָּקִי

Ukraine (f)	uk'rayna	אוּקְרָאִינָה (נ)
Ukrainer (m)	ukra''ini	אוּקְרָאִינִי (ז)
Ukrainerin (f)	ukra''init	אוּקְרָאִינִית (נ)
ukrainisch	ukra''ini	אוּקְרָאִינִי

237. Asien

| Asien | 'asya | אַסְיָה (נ) |
| asiatisch | as'yati | אַסְיָיתִי |

Vietnam	vyetnam	וְיֶיטְנָאם (נ)
Vietnamese (m)	vyet'nami	וְיֶיטְנָאמִי (ז)
Vietnamesin (f)	vyet'namit	וְיֶיטְנָאמִית (נ)
vietnamesisch	vyet'nami	וְיֶיטְנָאמִי

Indien	'hodu	הוֹדוּ (נ)
Inder (m)	'hodi	הוֹדִי (ז)
Inderin (f)	'hodit	הוֹדִית (נ)
indisch	'hodi	הוֹדִי

Israel	yisra'el	יִשְׂרָאֵל (נ)
Israeli (m)	yisra'eli	יִשְׂרָאֵלִי (ז)
Israeli (f)	yisra'elit	יִשְׂרָאֵלִית (נ)
israelisch	yisra'eli	יִשְׂרָאֵלִי

Jude (m)	yehudi	יְהוּדִי (ז)
Jüdin (f)	yehudiya	יְהוּדִיָה (נ)
jüdisch	yehudi	יְהוּדִי
China	sin	סִין (נ)

Chinese (m)	'sini	סִינִי (נ)
Chinesin (f)	'sinit	סִינִית (נ)
chinesisch	'sini	סִינִי

Koreaner (m)	korei"ani	קוֹרֵיאָנִי (ז)
Koreanerin (f)	korei"anit	קוֹרֵיאָנִית (נ)
koreanisch	korei"ani	קוֹרֵיאָנִי

Libanon (m)	levanon	לְבָנוֹן (נ)
Libanese (m)	leva'noni	לְבָנוֹנִי (ז)
Libanesin (f)	leva'nonit	לְבָנוֹנִית (נ)
libanesisch	leva'noni	לְבָנוֹנִי

Mongolei (f)	mon'golya	מוֹנְגוֹלְיָה (נ)
Mongole (m)	mon'goli	מוֹנְגוֹלִי (ז)
Mongolin (f)	mon'golit	מוֹנְגוֹלִית (נ)
mongolisch	mon'goli	מוֹנְגוֹלִי

Malaysia	ma'lezya	מָלֶזְיָה (נ)
Malaie (m)	ma'la'i	מָלָאִי (ז)
Malaiin (f)	ma'la'it	מָלָאִית (נ)
malaiisch	ma'la'i	מָלָאִי

Pakistan	pakistan	פָּקִיסְטָן (נ)
Pakistaner (m)	pakis'tani	פָּקִיסְטָנִי (ז)
Pakistanerin (f)	pakis'tanit	פָּקִיסְטָנִית (נ)
pakistanisch	pakis'tani	פָּקִיסְטָנִי

Saudi-Arabien	arav hasa'udit	עֲרָב הַסְּעוּדִית (נ)
Araber (m)	aravi	עֲרָבִי (ז)
Araberin (f)	araviya	עֲרָבִיָּה (נ)
arabisch	aravi	עֲרָבִי

Thailand	'tailand	תָּאִילַנְד (נ)
Thailänder (m)	tai'landi	תָּאִילַנְדִי (ז)
Thailänderin (f)	tai'landit	תָּאִילַנְדִית (נ)
thailändisch	tai'landi	תָּאִילַנְדִי

Taiwan	taivan	טַייוָאן (נ)
Taiwaner (m)	tai'vani	טַייוָאנִי (ז)
Taiwanerin (f)	tai'vanit	טַייוָאנִית (נ)
taiwanisch	tai'vani	טַייוָאנִי

Türkei (f)	'turkiya	טוּרקִיָה (נ)
Türke (m)	turki	טוּרקִי (ז)
Türkin (f)	turkiya	טוּרקִיָה (נ)
türkisch	turki	טוּרקִי

Japan	yapan	יָפָן (נ)
Japaner (m)	ya'pani	יָפָנִי (ז)
Japanerin (f)	ya'panit	יָפָנִית (נ)
japanisch	ya'pani	יָפָנִי

Afghanistan	afganistan	אַפְגָּנִיסְטָן (נ)
Bangladesch	bangladeʃ	בַּנגלָדֶש (נ)
Indonesien	indo'nezya	אִינדוֹנֶזְיָה (נ)

Jordanien	yarden	יַרְדֵּן (נ)
Irak	irak	עִירָאק (נ)
Iran	iran	אִירָן (נ)
Kambodscha	kam'bodya	קַמְבּוֹדְיָה (נ)
Kuwait	kuveit	כֻּוֵיית (נ)

Laos	la'os	לָאוֹס (נ)
Myanmar	miyanmar	מְיַאנְמָר (נ)
Nepal	nepal	נֶפָּאל (נ)
Vereinigten Arabischen Emirate	ixud ha'emi'royot ha'araviyot	אִיחוּד הָאֱמִירוֹיוֹת הָעֲרָבִיּוֹת (ז)

Syrien	'surya	סוּרְיָה (נ)
Palästina	falastin	פָּלֶסְטִין (נ)
Südkorea	ko'rei'a hadromit	קוֹרֵיאָה הַדְּרוֹמִית (נ)
Nordkorea	ko'rei'a hatsfonit	קוֹרֵיאָה הַצְּפוֹנִית (נ)

238. Nordamerika

Die Vereinigten Staaten	artsot habrit	אַרְצוֹת הַבְּרִית (נ"ר)
Amerikaner (m)	ameri'ka'i	אָמֶרִיקָאִי (ז)
Amerikanerin (f)	ameri'ka'it	אָמֶרִיקָאִית (נ)
amerikanisch	ameri'ka'i	אָמֶרִיקָאִי

Kanada	'kanada	קָנָדָה (נ)
Kanadier (m)	ka'nadi	קָנָדִי (ז)
Kanadierin (f)	ka'nadit	קָנָדִית (נ)
kanadisch	ka'nadi	קָנָדִי

Mexiko	'meksiko	מֶקְסִיקוֹ (נ)
Mexikaner (m)	meksi'kani	מֶקְסִיקָנִי (ז)
Mexikanerin (f)	meksi'kanit	מֶקְסִיקָנִית (נ)
mexikanisch	meksi'kani	מֶקְסִיקָנִי

239. Mittel- und Südamerika

Argentinien	argen'tina	אַרְגֶּנְטִינָה (נ)
Argentinier (m)	argentinai	אַרְגֶּנְטִינָאִי (ז)
Argentinierin (f)	argenti'na'it	אַרְגֶּנְטִינָאִית (נ)
argentinisch	argenti'na'it	אַרְגֶּנְטִינָאִי

Brasilien	brazil	בְּרָזִיל (נ)
Brasilianer (m)	brazil'a'i	בְּרָזִילָאִי (ז)
Brasilianerin (f)	brazi'la'it	בְּרָזִילָאִית (נ)
brasilianisch	brazi'la'i	בְּרָזִילָאִי

Kolumbien	ko'lombya	קוֹלוֹמְבִּיָה (נ)
Kolumbianer (m)	kolom'byani	קוֹלוֹמְבִּיָאנִי (ז)
Kolumbianerin (f)	kolomb'yanit	קוֹלוֹמְבִּיָאנִית (נ)
kolumbianisch	kolom'byani	קוֹלוֹמְבִּיָאנִי
Kuba	'kuba	קוּבָּה (נ)
Kubaner (m)	ku'bani	קוּבָּנִי (ז)

| Kubanerin (f) | ku'banit | קוּבָּנִית (נ) |
| kubanisch | ku'bani | קוּבָּנִי |

Chile	'tʃile	צִ'ילֶה (נ)
Chilene (m)	tʃili''ani	צִ'ילִיאָנִי (ז)
Chilenin (f)	tʃili''anit	צִ'ילִיאָנִית (נ)
chilenisch	tʃili''ani	צִ'ילִיאָנִי

Bolivien	bo'livya	בּוֹלִיבְיָה (נ)
Venezuela	venetsu''ela	וֶנֶצוּאֶלָה (נ)
Paraguay	paragvai	פָּרַגוּוַאי (נ)
Peru	peru	פֶּרוּ (נ)

Suriname	surinam	סוּרִינָאם (נ)
Uruguay	urugvai	אוּרוּגְווַאי (נ)
Ecuador	ekvador	אֶקוַודוֹר (נ)

Die Bahamas	iyey ba'hama	אִיֵי בָּהָאמָה (ז"ר)
Haiti	ha''iti	הָאִיטִי (נ)
Dominikanische Republik	hare'publika hadomeni'kanit	הָרֶפּוּבְּלִיקָה הַדוֹמֵינִיקָנִית (נ)
Panama	pa'nama	פָּנָמָה (נ)
Jamaika	dʒa'maika	גָ'מַייקָה (נ)

240. Afrika

Ägypten	mits'raylm	מִצְרַיִם (נ)
Ägypter (m)	mitsri	מִצְרִי (ז)
Ägypterin (f)	mitsriya	מִצְרִיָּה (נ)
ägyptisch	mitsri	מִצְרִי

Marokko	ma'roko	מָרוֹקוֹ (נ)
Marokkaner (m)	maro'ka'i	מָרוֹקָאִי (ז)
Marokkanerin (f)	maro'ka'it	מָרוֹקָאִית (נ)
marokkanisch	maro'ka'i	מָרוֹקָאִי

Tunesien	tu'nisya	טוּנִיסְיָה (נ)
Tunesier (m)	tuni'sa'i	טוּנִיסָאִי (ז)
Tunesierin (f)	tuni'sa'it	טוּנִיסָאִית (נ)
tunesisch	tuni'sa'i	טוּנִיסָאִי

Ghana	'gana	גָאנָה (נ)
Sansibar	zanzibar	זַנזִיבָּר (נ)
Kenia	'kenya	קֶנְיָה (נ)
Libyen	luv	לוּב (נ)
Madagaskar	madagaskar	מָדָגַסְקָר (ז)

Namibia	na'mibya	נָמִיבְיָה (נ)
Senegal	senegal	סֶנֶגָל (נ)
Tansania	tan'zanya	טַנזַנְיָה (נ)
Republik Südafrika	drom 'afrika	דְרוֹם אַפְרִיקָה (נ)

Afrikaner (m)	afri'ka'i	אַפְרִיקָאִי (ז)
Afrikanerin (f)	afri'ka'it	אַפְרִיקָאִית (נ)
afrikanisch	afri'ka'i	אַפְרִיקָאִי

241. Australien. Ozeanien

Australien	ost'ralya	אוֹסטרַלְיָה (נ)
Australier (m)	ost'rali	אוֹסטרַלִי (ז)
Australierin (f)	ost'ralit	אוֹסטרַלִית (נ)
australisch	ost'rali	אוֹסטרַלִי
Neuseeland	nyu 'ziland	נְיוּ זִילַנד (נ)
Neuseeländer (m)	nyu zi'landi	נְיוּ זִילַנדִי (ז)
Neuseeländerin (f)	nyu zi'landit	נְיוּ זִילַנדִית (נ)
neuseeländisch	nyu zi'landi	נְיוּ זִילַנדִי
Tasmanien	tas'manya	טַסמַניָה (נ)
Französisch-Polynesien	poli'nezya hatsarfatit	פּוֹלִינֶזיָה הַצָרְפָתִית (נ)

242. Städte

Amsterdam	'amsterdam	אַמסטֶרדָם (נ)
Ankara	ankara	אַנקָרָה (נ)
Athen	a'tuna	אָתוּנָה (נ)
Bagdad	bagdad	בַּגדָד (נ)
Bangkok	bangkok	בַּנגקוֹק (נ)
Barcelona	bartse'lona	בַּרצֶלוֹנָה (נ)
Beirut	beirut	בֵּירוּת (נ)
Berlin	berlin	בֶּרלִין (נ)
Bombay	bombei	בּוֹמבֵּי (נ)
Bonn	bon	בּוֹן (נ)
Bordeaux	bordo	בּוֹרדוֹ (נ)
Bratislava	bratis'lava	בּרָטִיסלָאבָה (נ)
Brüssel	brisel	בּרִיסֶל (נ)
Budapest	'budapeʃt	בּוּדָפֶשט (נ)
Bukarest	'bukareʃt	בּוּקָרֶשט (נ)
Chicago	ʃi'kago	שִיקָאגוֹ (נ)
Daressalam	dar e salam	דָאר אֶ־סָלָאם (נ)
Delhi	'delhi	דֶלהִי (נ)
Den Haag	hag	הָאג (נ)
Dubai	dubai	דוּבַּאי (נ)
Dublin	'dablin	דַבּלִין (נ)
Düsseldorf	'diseldorf	דִיסֶלדוֹרף (נ)
Florenz	fi'rentse	פִירֶנצָה (נ)
Frankfurt	'frankfurt	פרַנקפוֹרט (נ)
Genf	dʒe'neva	ג'נֶבָה (נ)
Hamburg	'hamburg	הַמבּוּרג (נ)
Hanoi	hanoi	הָאנוֹי (נ)
Havanna	ha'vana	הַוָואנָה (נ)
Helsinki	'helsinki	הֶלסִינקִי (נ)
Hiroshima	hiro'ʃima	הִירוֹשִימָה (נ)
Hongkong	hong kong	הוֹנג קוֹנג (נ)

| Istanbul | istanbul | אִיסטַנבּוּל (נ) |
| Jerusalem | yeruʃa'layim | יְרוּשָׁלַיִם (נ) |

Kairo	kahir	קָהִיר (נ)
Kalkutta	kol'kata	קוֹלקָטָה (נ)
Kiew	'kiyev	קִייֶב (נ)
Kopenhagen	kopen'hagen	קוֹפֶּנהָגֶן (נ)
Kuala Lumpur	ku''ala lumpur	קוּאָלָה לוּמפּוּר (נ)
Lissabon	lisbon	לִיסבּוֹן (נ)
London	'london	לוֹנדוֹן (נ)
Los Angeles	los 'andʒeles	לוֹס אַנגֶ'לֶס (נ)
Lyon	li'on	לִיאוֹן (נ)

Madrid	madrid	מַדרִיד (נ)
Marseille	marsei	מַרסֵי (נ)
Mexiko-Stadt	'meksiko 'siti	מֶקסִיקוֹ סִיטִי (נ)
Miami	ma'yami	מָיָאמִי (נ)
Montreal	montri'ol	מוֹנטרִיאוֹל (נ)
Moskau	'moskva	מוֹסקבָה (נ)
München	'minxen	מִינכֶן (נ)

Nairobi	nai'robi	נַיירוֹבִּי (נ)
Neapel	'napoli	נָפּוֹלִי (נ)
New York	nyu york	נִיוּ יוֹרק (נ)
Nizza	nis	נִיס (נ)
Oslo	'oslo	אוֹסלוֹ (נ)
Ottawa	'otava	אוֹטַוָוה (נ)

Paris	pariz	פָּרִיז (נ)
Peking	beidʒing	בֵּייג'ינג (נ)
Prag	prag	פּרָאג (נ)
Rio de Janeiro	'riyo de ʒa'nero	רִיוֹ דֶה זָ'נֶרוֹ (נ)
Rom	'roma	רוֹמָא (נ)

Sankt Petersburg	sant 'petersburg	סַנט פֶּטֶרסבּוּרג (נ)
Schanghai	ʃanxai	שַנחַאי (נ)
Seoul	se'ul	סָאוּל (נ)
Singapur	singapur	סִינגָפּוּר (נ)
Stockholm	'stokholm	סטוֹקהוֹלם (נ)
Sydney	'sidni	סִידנִי (נ)

Taipeh	taipe	טַייפֶּה (נ)
Tokio	'tokyo	טוֹקִיוֹ (נ)
Toronto	to'ronto	טוֹרוֹנטוֹ (נ)

Venedig	ve'netsya	וֶנֶצַיָה (נ)
Warschau	'varʃa	וַרשָה (נ)
Washington	'voʃington	וֹשִינגטוֹן (נ)
Wien	'vina	וִינָה (נ)

243. Politik. Regierung. Teil 1

| Politik (f) | po'litika | פּוֹלִיטִיקָה (נ) |
| politisch | po'liti | פּוֹלִיטִי |

Politiker (m)	politikai	פּוֹלִיטִיקַאי (ז)
Staat (m)	medina	מְדִינָה (נ)
Bürger (m)	ezrax	אֶזְרָח (ז)
Staatsbürgerschaft (f)	ezraxut	אֶזְרָחוּת (נ)

| Staatswappen (n) | 'semel le'umi | סֵמֶל לְאוּמִי (ז) |
| Nationalhymne (f) | himnon le'umi | הִמְנוֹן לְאוּמִי (ז) |

Regierung (f)	memʃala	מֶמְשָׁלָה (נ)
Staatschef (m)	roʃ medina	רֹאשׁ מְדִינָה (ז)
Parlament (n)	parlament	פַּרְלָמֶנְט (ז)
Partei (f)	miflaga	מִפְלָגָה (נ)

| Kapitalismus (m) | kapitalizm | קַפִּיטָלִיזְם (ז) |
| kapitalistisch | kapita'listi | קַפִּיטָלִיסְטִי |

| Sozialismus (m) | sotsyalizm | סוֹצְיָאלִיזְם (ז) |
| sozialistisch | sotsya'listi | סוֹצְיָאלִיסְטִי |

Kommunismus (m)	komunizm	קוֹמוּנִיזְם (ז)
kommunistisch	komu'nisti	קוֹמוּנִיסְטִי
Kommunist (m)	komunist	קוֹמוּנִיסְט (ז)

Demokratie (f)	demo'kratya	דֶמוֹקְרַטְיָה (נ)
Demokrat (m)	demokrat	דֶמוֹקְרָט (ז)
demokratisch	demo'krati	דֶמוֹקְרָטִי
demokratische Partei (f)	miflaga demo'kratit	מִפְלָגָה דֶמוֹקְרָטִית (נ)

Liberale (m)	libe'rali	לִיבֵּרָלִי (ז)
liberal	libe'rali	לִיבֵּרָלִי
Konservative (m)	ʃamran	שַׁמְרָן (ז)
konservativ	ʃamrani	שַׁמְרָנִי

Republik (f)	re'publika	רֶפּוּבְּלִיקָה (נ)
Republikaner (m)	republi'kani	רֶפּוּבְּלִיקָנִי (ז)
Republikanische Partei (f)	miflaga republi'kanit	מִפְלָגָה רֶפּוּבְּלִיקָנִית (נ)

Wahlen (pl)	bxirot	בְּחִירוֹת (נ״ר)
wählen (vt)	livxor	לִבְחוֹר
Wähler (m)	mats'bi'a	מַצְבִּיעַ (ז)
Wahlkampagne (f)	masa bxirot	מַסַע בְּחִירוֹת (ז)

Abstimmung (f)	hatsba'a	הַצְבָּעָה (נ)
abstimmen (vi)	lehats'bi'a	לְהַצְבִּיעַ
Abstimmungsrecht (n)	zxut hatsba'a	זְכוּת הַצְבָּעָה (נ)

Kandidat (m)	mu'amad	מוּעֲמָד (ז)
kandidieren (vi)	lehatsig mu'amadut	לְהַצִּיג מוּעֲמָדוֹת
Kampagne (f)	masa	מַסָע (ז)

| Oppositions- | opozitsyoni | אוֹפּוֹזִיצְיוֹנִי |
| Opposition (f) | opo'zitsya | אוֹפּוֹזִיצְיָה (נ) |

Besuch (m)	bikur	בִּיקוּר (ז)
Staatsbesuch (m)	bikur riʃmi	בִּיקוּר רִשְׁמִי (ז)
international	benle'umi	בֵּינְלְאוּמִי

| Verhandlungen (pl) | masa umatan | מַשָּׂא וּמַתָּן (ז) |
| verhandeln (vi) | laset velatet | לָשֵׂאת וְלָתֵת |

244. Politik. Regierung. Teil 2

Gesellschaft (f)	χevra	חֶבְרָה (נ)
Verfassung (f)	χuka	חוּקָה (נ)
Macht (f)	ʃilton	שִׁלְטוֹן (ז)
Korruption (f)	ʃχitut	שְׁחִיתוּת (נ)

| Gesetz (n) | χok | חוֹק (ז) |
| gesetzlich (Adj) | χuki | חוּקִי |

| Gerechtigkeit (f) | 'tsedek | צֶדֶק (ז) |
| gerecht | tsodek | צוֹדֵק |

Komitee (n)	'va'ad	וַעַד (ז)
Gesetzentwurf (m)	hatsa'at χok	הַצָּעַת חוֹק (נ)
Budget (n)	taktsiv	תַּקְצִיב (ז)
Politik (f)	mediniyut	מְדִינִיּוּת (נ)
Reform (f)	re'forma	רֵפוֹרְמָה (נ)
radikal	radi'kali	רָדִיקָלִי

Macht (f)	otsma	עוֹצְמָה (נ)
mächtig (Adj)	rav 'koaχ	רַב־כּוֹחַ
Anhänger (m)	tomeχ	תּוֹמֵךְ (ז)
Einfluss (m)	haʃpa'a	הַשְׁפָּעָה (נ)

Regime (n)	miʃtar	מִשְׁטָר (ז)
Konflikt (m)	siχsuχ	סִכְסוּךְ (ז)
Verschwörung (f)	'keʃer	קֶשֶׁר (ז)
Provokation (f)	provo'katsya, hitgarut	פְּרוֹבוֹקַצְיָה, הִתְגָּרוּת (נ)

stürzen (vt)	leha'diaχ	לְהַדִּיחַ
Sturz (m)	hadaχa mikes malχut	הֲדָחָה מִכֵּס מַלְכוּת (נ)
Revolution (f)	mahapeχa	מַהְפֵּכָה (נ)

| Staatsstreich (m) | hafiχa | הֲפִיכָה (נ) |
| Militärputsch (m) | mahapaχ tsva'i | מַהֲפַּךְ צְבָאִי (ז) |

Krise (f)	maʃber	מַשְׁבֵּר (ז)
Rezession (f)	mitun kalkali	מִיתּוּן כַּלְכָּלִי (ז)
Demonstrant (m)	mafgin	מַפְגִּין (ז)
Demonstration (f)	hafgana	הַפְגָּנָה (נ)
Ausnahmezustand (m)	miʃtar tsva'i	מִשְׁטַר צְבָאִי (ז)
Militärbasis (f)	basis tsva'i	בָּסִיס צְבָאִי (ז)

| Stabilität (f) | yatsivut | יַצִּיבוּת (נ) |
| stabil | yatsiv | יַצִּיב |

Ausbeutung (f)	nitsul	נִיצּוּל (ז)
ausbeuten (vt)	lenatsel	לְנַצֵּל
Rassismus (m)	giz'anut	גִּזְעָנוּת (נ)
Rassist (m)	giz'ani	גִּזְעָנִי (ז)

Faschismus (m)	faʃizm	פָשִׁיזֹם (ז)
Faschist (m)	faʃist	פָשִׁיסֹט (ז)

245. Länder. Verschiedenes

Ausländer (m)	zar	זָר (ז)
ausländisch	zar	זָר
im Ausland	beχul	בְּחוּ"ל
Auswanderer (m)	mehager	מְהַגֵּר (ז)
Auswanderung (f)	hagira	הֲגִירָה (נ)
auswandern (vi)	lehager	לְהַגֵּר
Westen (m)	ma'arav	מַעֲרָב (ז)
Osten (m)	mizraχ	מִזְרָח (ז)
Ferner Osten (m)	hamizraχ haraχok	הַמִּזְרָח הָרָחוֹק (ז)
Zivilisation (f)	tsivili'zatsya	צִיבִילִיזַצְיָה (ז)
Menschheit (f)	enoʃut	אֱנוֹשׁוּת (נ)
Welt (f)	olam	עוֹלָם (ז)
Frieden (m)	ʃalom	שָׁלוֹם (ז)
Welt-	olami	עוֹלָמִי
Heimat (f)	mo'ledet	מוֹלֶדֶת (נ)
Volk (n)	am	עַם (ז)
Bevölkerung (f)	oχlusiya	אוֹכְלוּסִיָּה (נ)
Leute (pl)	anaʃim	אֲנָשִׁים (ז"ר)
Nation (f)	uma	אוּמָה (נ)
Generation (f)	dor	דּוֹר (ז)
Territorium (n)	'ʃetaχ	שֶׁטַח (ז)
Region (f)	ezor	אֵזוֹר (ז)
Staat (z.B. ~ Alaska)	medina	מְדִינָה (נ)
Tradition (f)	ma'soret	מָסוֹרֶת (נ)
Brauch (m)	minhag	מִנְהָג (ז)
Ökologie (f)	eko'logya	אֶקוֹלוֹגְיָה (נ)
Indianer (m)	ind'yani	אִינְדְּיָאנִי (ז)
Zigeuner (m)	tso'ani	צוֹעֲנִי (ז)
Zigeunerin (f)	tso'aniya	צוֹעֲנִיָּה (נ)
Zigeuner-	tso'ani	צוֹעֲנִי
Reich (n)	im'perya	אִימְפֶּרְיָה (נ)
Kolonie (f)	ko'lonya	קוֹלוֹנְיָה (נ)
Sklaverei (f)	avdut	עַבְדוּת (נ)
Einfall (m)	pliʃa	פְּלִישָׁה (נ)
Hunger (m)	'ra'av	רָעָב (ז)

246. Wichtige Religionsgruppen. Konfessionen

Religion (f)	dat	דָּת (נ)
religiös	dati	דָּתִי

Glaube (m)	emuna	אֱמוּנָה (נ)
glauben (vt)	leha'amin	לְהַאֲמִין
Gläubige (m)	ma'amin	מַאֲמִין

Atheismus (m)	ate'izm	אָתֵאִיזְם (ז)
Atheist (m)	ate'ist	אָתֵאִיסְט (ז)

Christentum (n)	natsrut	נַצְרוּת (נ)
Christ (m)	notsri	נוֹצְרִי (ז)
christlich	notsri	נוֹצְרִי

Katholizismus (m)	ka'toliyut	קָתוֹלִיּוּת (נ)
Katholik (m)	ka'toli	קָתוֹלִי (ז)
katholisch	ka'toli	קָתוֹלִי

Protestantismus (m)	protes'tantiyut	פְּרוֹטֶסְטַנְטִיּוּת (נ)
Protestantische Kirche (f)	knesiya protes'tantit	כְּנֵסִיָּה פְּרוֹטֶסְטַנְטִית (נ)
Protestant (m)	protestant	פְּרוֹטֶסְטַנְט (ז)

Orthodoxes Christentum (n)	natsrut orto'doksit	נַצְרוּת אוֹרְתוֹדוֹקְסִית (נ)
Orthodoxe Kirche (f)	knesiya orto'doksit	כְּנֵסִיָּה אוֹרְתוֹדוֹקְסִית (נ)
orthodoxer Christ (m)	orto'doksi	אוֹרְתוֹדוֹקְסִי

Presbyterianismus (m)	presbiteryanizm	פְּרֶסְבִּיטֶרְיָאנִיזְם (ז)
Presbyterianische Kirche (f)	knesiya presviteri"anit	כְּנֵסִיָּה פְּרֶסְבִּיטֶרְיָאנִית (נ)
Presbyterianer (m)	presbiter'yani	פְּרֶסְבִּיטֶרְיָאנִי (ז)

Lutherische Kirche (f)	knesiya lute'ranit	כְּנֵסִיָּה לוּתֶרָנִית (נ)
Lutheraner (m)	lute'rani	לוּתֶרָנִי (ז)

Baptismus (m)	knesiya bap'tistit	כְּנֵסִיָּה בַּפְּטִיסְטִית (נ)
Baptist (m)	baptist	בַּפְּטִיסְט (ז)

Anglikanische Kirche (f)	knesiya angli'kanit	כְּנֵסִיָּה אַנְגְלִיקָנִית (נ)
Anglikaner (m)	angli'kani	אַנְגלִיקָנִי (ז)

Mormonismus (m)	mor'monim	מוֹרְמוֹנִים (ז)
Mormone (m)	mormon	מוֹרְמוֹן (ז)

Judentum (n)	yahadut	יַהֲדוּת (נ)
Jude (m)	yehudi, yehudiya	יְהוּדִי (ז), יְהוּדִיָּה (נ)

Buddhismus (m)	budhizm	בּוּדְהִיזְם (ז)
Buddhist (m)	budhist	בּוּדְהִיסְט (ז)

Hinduismus (m)	hindu'izm	הִינְדוּאָיזְם (ז)
Hindu (m)	'hindi	הִינְדִי (ז)

Islam (m)	islam	אִיסְלָאם (ז)
Moslem (m)	'muslemi	מוּסְלְמִי (ז)
moslemisch	'muslemi	מוּסְלְמִי

Schiismus (m)	islam 'ʃi'i	אִסְלָאם שִׁיעִי (ז)
Schiit (m)	'ʃi'i	שִׁיעִי (ז)
Sunnismus (m)	islam 'suni	אִסְלָאם סוּנִּי (ז)
Sunnit (m)	'suni	סוּנִּי (ז)

247. Religionen. Priester

Priester (m)	'komer	כּוֹמֶר (ז)
Papst (m)	apifyor	אַפִּיפְיוֹר (ז)
Mönch (m)	nazir	נָזִיר (ז)
Nonne (f)	nazira	נְזִירָה (נ)
Pfarrer (m)	'komer	כּוֹמֶר (ז)
Abt (m)	roʃ minzar	רֹאשׁ מִנְזָר (ז)
Vikar (m)	'komer hakehila	כּוֹמֶר הַקְּהִילָה (ז)
Bischof (m)	'biʃof	בִּישׁוֹף (ז)
Kardinal (m)	χaʃman	חַשְׁמָן (ז)
Prediger (m)	matif	מַטִּיף (ז)
Predigt (f)	hatafa, draʃa	הַטָּפָה, דְּרָשָׁה (נ)
Gemeinde (f)	χaver kehila	חָבֵר קְהִילָה (ז)
Gläubige (m)	ma'amin	מַאֲמִין (ז)
Atheist (m)	ate'ist	אָתָאִיסְט (ז)

248. Glauben. Christentum. Islam

Adam	adam	אָדָם
Eva	χava	חַוָּה
Gott (m)	elohim	אֱלֹוהִים
Herr (m)	adonai	אֲדוֹנָי
Der Allmächtige	kol yaχol	כָּל יָכוֹל
Sünde (f)	χet	חֵטְא (ז)
sündigen (vi)	laχato	לַחֲטוֹא
Sünder (m)	χote	חוֹטֵא (ז)
Sünderin (f)	χo'ta'at	חוֹטֵאת (נ)
Hölle (f)	gehinom	גֵּיהִינוֹם (ז)
Paradies (n)	gan 'eden	גַּן עֵדֶן (ז)
Jesus	'yeʃu	יֵשׁוּ
Jesus Christus	'yeʃu hanotsri	יֵשׁוּ הַנּוֹצְרִי
der Heiliger Geist	'ruaχ ha'kodeʃ	רוּחַ הַקּוֹדֶשׁ (נ)
der Erlöser	mo'ʃi'a	מוֹשִׁיעַ (ז)
die Jungfrau Maria	'miryam hakdoʃa	מִרְיָם הַקְּדוֹשָׁה
Teufel (m)	satan	שָׂטָן (ז)
teuflisch	stani	שְׂטָנִי
Satan (m)	satan	שָׂטָן (ז)
satanisch	stani	שְׂטָנִי
Engel (m)	mal'aχ	מַלְאָךְ (ז)
Schutzengel (m)	mal'aχ ʃomer	מַלְאָךְ שׁוֹמֵר (ז)
Engel(s)-	mal'aχi	מַלְאָכִי

221

Apostel (m)	ʃa'liaχ	שָׁלִיחַ (ז)
Erzengel (m)	arχimalaχ	אַרְכִימַלְאָךְ (ז)
Antichrist (m)	an'tikrist	אַנְטִיכְּרִיסְט (ז)

Kirche (f)	knesiya	כְּנֵסִיָּה (נ)
Bibel (f)	tanaχ	תַּנַ"ךְ (ז)
biblisch	tanaχi	תַּנַ"כִי

Altes Testament (n)	habrit hayeʃana	הַבְּרִית הַיְּשָׁנָה (נ)
Neues Testament (n)	habrit haχadaʃa	הַבְּרִית הַחֲדָשָׁה (נ)
Evangelium (n)	evangelyon	אֱוַונְגֶּלְיוֹן (ז)
Heilige Schrift (f)	kitvei ha'kodeʃ	כִּתְבֵי הַקּוֹדֶשׁ (ז"ר)
Himmelreich (n)	malχut ʃa'mayim, gan 'eden	מַלְכוּת שָׁמַיִם (נ), גַּן עֵדֶן (ז)

Gebot (n)	mitsva	מִצְוָה (נ)
Prophet (m)	navi	נָבִיא (ז)
Prophezeiung (f)	nevu'a	נְבוּאָה (נ)

Allah	'alla	אַלָּה
Mohammed	mu'χamad	מוּחַמַד
Koran (m)	kur'an	קוּרְאָן (ז)

Moschee (f)	misgad	מִסְגָּד (ז)
Mullah (m)	'mula	מוּלָא (ז)
Gebet (n)	tfila	תְּפִילָה (נ)
beten (vi)	lehitpalel	לְהִתְפַּלֵּל

Wallfahrt (f)	aliya le'regel	עֲלִיָּה לְרֶגֶל (נ)
Pilger (m)	tsalyan	צַלְיָין (ז)
Mekka (n)	'meka	מֶכָּה (נ)

Kirche (f)	knesiya	כְּנֵסִיָּה (נ)
Tempel (m)	mikdaʃ	מִקְדָּשׁ (ז)
Kathedrale (f)	kated'rala	קָתֶדְרָלָה (נ)
gotisch	'goti	גּוֹתִי
Synagoge (f)	beit 'kneset	בֵּית כְּנֶסֶת (ז)
Moschee (f)	misgad	מִסְגָּד (ז)

Kapelle (f)	beit tfila	בֵּית תְּפִילָה (ז)
Abtei (f)	minzar	מִנְזָר (ז)
Nonnenkloster (n)	minzar	מִנְזָר (ז)
Mönchskloster (n)	minzar	מִנְזָר (ז)

Glocke (f)	pa'amon	פַּעֲמוֹן (ז)
Glockenturm (m)	migdal pa'amonim	מִגְדַּל פַּעֲמוֹנִים (ז)
läuten (Glocken)	letsaltsel	לְצַלְצֵל

Kreuz (n)	tslav	צְלָב (ז)
Kuppel (f)	kipa	כִּיפָּה (נ)
Ikone (f)	ikonin	אִיקוֹנִין (ז)

Seele (f)	neʃama	נְשָׁמָה (נ)
Schicksal (n)	goral	גּוֹרָל (ז)
das Böse	'ro'a	רוֹעַ (ז)
Gute (n)	tuv	טוּב (ז)
Vampir (m)	arpad	עַרְפָּד (ז)

Hexe (f)	maxʃefa	מְכַשֵּׁפָה (נ)
Dämon (m)	ʃed	שֵׁד (ז)
Geist (m)	'ruax	רוּחַ (נ)

Sühne (f)	kapara	כַּפָּרָה (נ)
sühnen (vt)	lexaper al	לְכַפֵּר עַל

Gottesdienst (m)	'misa	מִיסָה (נ)
die Messe lesen	la'arox 'misa	לַעֲרֹךְ מִיסָה
Beichte (f)	vidui	וִידוּי (ז)
beichten (vi)	lehitvadot	לְהִתְוַדּוֹת

Heilige (m)	kadoʃ	קָדוֹשׁ (ז)
heilig	mekudaʃ	מְקוּדָשׁ
Weihwasser (n)	'mayim kdoʃim	מַיִם קְדוֹשִׁים (ז"ר)

Ritual (n)	'tekes	טֶקֶס (ז)
rituell	ʃel 'tekes	שֶׁל טֶקֶס
Opfer (n)	korban	קוֹרְבָּן (ז)

Aberglaube (m)	emuna tfela	אֱמוּנָה תְפֵלָה (נ)
abergläubisch	ma'amin emunot tfelot	מַאֲמִין אֱמוּנוֹת תְפֵלוֹת
Nachleben (n)	ha'olam haba	הָעוֹלָם הַבָּא (ז)
ewiges Leben (n)	xayei olam, xayei 'netsax	חַיֵּי עוֹלָם (ז"ר), חַיֵּי נֶצַח (ז"ר)

VERSCHIEDENES

249. Verschiedene nützliche Wörter

Anfang (m)	hatxala	הַתְחָלָה (נ)
Anstrengung (f)	ma'amats	מַאֲמָץ (ז)
Anteil (m)	'xelek	חֵלֶק (ז)
Art (Typ, Sorte)	sug	סוּג (ז)
Auswahl (f)	bxina	בְּחִינָה (נ)

Barriere (f)	mixſol	מִכְשׁוֹל (ז)
Basis (f)	basis	בָּסִיס (ז)
Beispiel (n)	dugma	דוּגְמָה (נ)
bequem (gemütlich)	'noax	נוֹחַ
Bilanz (f)	izun	אִיזוּן (ז)

Ding (n)	'xefets	חֵפֶץ (ז)
dringend (Adj)	daxuf	דָחוּף
dringend (Adv)	bidxifut	בִּדְחִיפוּת
Effekt (m)	efekt	אֶפֶקְט (ז)

Eigenschaft (Werkstoff~)	txuna, sgula	תְכוּנָה, סְגוּלָה (נ)
Element (n)	element	אֶלֶמֶנְט (ז)
Ende (n)	sof	סוֹף (ז)
Entwicklung (f)	hitpatxut	הִתְפַּתְחוּת (נ)
Fachwort (n)	musag	מוּשָׂג (ז)

Fehler (m)	ta'ut	טָעוּת (נ)
Form (z.B. Kugel-)	tsura	צוּרָה (נ)
Fortschritt (m)	kidma	קִדְמָה (נ)
Gegenstand (m)	'etsem	עֶצֶם (ז)

Geheimnis (n)	sod	סוֹד (ז)
Grad (Ausmaß)	darga	דַרְגָה (נ)
Halt (m), Pause (f)	hafsaka	הַפְסָקָה (נ)
häufig (Adj)	tadir	תָדִיר
Hilfe (f)	ezra	עֶזְרָה (נ)

Hindernis (n)	maxsom	מַחְסוֹם (ז)
Hintergrund (m)	'reka	רֶקַע (ז)
Ideal (n)	ide'al	אִידִיאָל (ז)
Kategorie (f)	kate'gorya	קָטֶגוֹרְיָה (נ)
Kompensation (f)	pitsui	פִּיצוּי (ז)

Labyrinth (n)	mavox	מָבוֹךְ (ז)
Lösung (Problem usw.)	pitaron	פִּיתָרוֹן (ז)
Moment (m)	'rega	רֶגַע (ז)
Nutzen (m)	to''elet	תוֹעֶלֶת (נ)
Original (Schriftstück)	makor	מָקוֹר (ז)
Pause (kleine ~)	hafuga	הֲפוּגָה (נ)

Position (f)	emda	עֶמְדָּה (נ)
Prinzip (n)	ikaron	עִיקָרוֹן (ז)
Problem (n)	be'aya	בְּעָיָה (נ)
Prozess (m)	tahalix	תַּהֲלִיךְ (ז)

Reaktion (f)	tguva	תְּגוּבָה (נ)
Reihe (Sie sind an der ~)	tor	תּוֹר (ז)
Risiko (n)	sikun	סִיכּוּן (ז)
Serie (f)	sidra	סִדְרָה (נ)

Situation (f)	matsav	מַצָּב (ז)
Standard-	tikni	תִּקְנִי
Standard (m)	'teken	תֶּקֶן (ז)
Stil (m)	signon	סִגְנוֹן (ז)

System (n)	ʃita	שִׁיטָה (נ)
Tabelle (f)	tavla	טַבְלָה (נ)
Tatsache (f)	uvda	עוּבְדָה (נ)
Teilchen (n)	xelkik	חֶלְקִיק (ז)
Tempo (n)	'ketsev	קֶצֶב (ז)

Typ (m)	min	מִין (ז)
Unterschied (m)	'ʃoni	שׁוֹנִי (ז)
Ursache (z.B. Todes-)	siba	סִיבָּה (נ)
Variante (f)	girsa	גִּירְסָה (נ)
Vergleich (m)	haʃva'a	הַשְׁוָואָה (נ)

Wachstum (n)	gidul	גִּידוּל (ז)
Wahrheit (f)	emet	אֱמֶת (נ)
Weise (Weg, Methode)	'ofen	אוֹפֶן (ז)
Zone (f)	ezor	אֵזוֹר (ז)
Zufall (m)	hat'ama	הַתְאָמָה (נ)

250. Bestimmungswörter. Adjektive. Teil 1

abgemagert	raze	רָזֶה
ähnlich	dome	דּוֹמֶה
alt (z.B. die -en Griechen)	atik	עַתִּיק
alt, betagt	yaʃan	יָשָׁן
andauernd	memuʃax	מְמוּשָׁךְ

angenehm	na'im	נָעִים
arm	ani	עָנִי
ausgezeichnet	metsuyan	מְצוּיָן
ausländisch, Fremd-	zar	זָר
Außen-, äußer	xitsoni	חִיצוֹנִי

bedeutend	xaʃuv	חָשׁוּב
begrenzt	mugbal	מוּגְבָּל
beständig	ka'vu'a	קָבוּעַ
billig	zol	זוֹל

| bitter | marir | מָרִיר |
| blind | iver | עִיוֵר |

brauchbar	mat'im	מַתְאִים
breit (Straße usw.)	raχav	רָחָב
bürgerlich	ezraχi	אֶזְרָחִי

dankbar	asir toda	אֲסִיר תּוֹדָה
das wichtigste	haχaʃuv beyoter	הֶחָשׁוּב בְּיוֹתֵר
der letzte	aχaron	אַחְרוֹן
dicht (-er Nebel)	tsafuf	צָפוּף
dick (-e Mauer usw.)	ave	עָבֶה

dick (-er Nebel)	samuχ	סָמוּךְ
dumm	tipeʃ	טִיפֵּשׁ
dunkel (Raum usw.)	χaʃuχ	חָשׁוּךְ
dunkelhäutig	ʃaχum	שָׁחוּם

durchsichtig	ʃakuf	שָׁקוּף
düster	koder	קוֹדֵר
einfach	paʃut	פָּשׁוּט
einfach (Problem usw.)	kal	קַל

einzigartig (einmalig)	meyuχad bemino	מְיוּחָד בְּמִינוֹ
eng, schmal (Straße usw.)	tsar	צַר
ergänzend	nosaf	נוֹסָף
ermüdend (Arbeit usw.)	me'ayef	מְעַיֵּיף
feindlich	oyen	עוֹיֵן

fern (weit entfernt)	raχok	רָחוֹק
fern (weit)	raχok	רָחוֹק
fett (-es Essen)	ʃamen	שָׁמֵן
feucht	laχ	לַח
flüssig	nozli	נוֹזְלִי

frei (-er Eintritt)	χofʃi	חוֹפְשִׁי
frisch (Brot usw.)	tari	טָרִי
froh	sa'meaχ	שָׂמֵחַ
fruchtbar (-er Böden)	pore	פּוֹרֶה

früher (-e Besitzer)	kodem	קוֹדֵם
ganz (komplett)	ʃalem	שָׁלֵם
gebraucht	meʃumaʃ	מְשׁוּמָּשׁ
gebräunt (sonnen-)	ʃazuf	שָׁזוּף
gedämpft, matt (Licht)	amum	עָמוּם

gefährlich	mesukan	מְסוּכָּן
gegensätzlich	negdi	נֶגְדִּי
gegenwärtig	noχeχi	נוֹכְחִי
gemeinsam	meʃutaf	מְשׁוּתָּף
genau, pünktlich	meduyak	מְדוּיָּק

gerade, direkt	yaʃar	יָשָׁר
geräumig (Raum)	meruvaχ	מְרוּוָח
geschlossen	sagur	סָגוּר
gesetzlich	χuki	חוּקִי
gewöhnlich	ragil	רָגִיל
glatt (z.B. poliert)	χalak	חָלָק
glatt, eben	χalak	חָלָק

gleich (z.B. ~ groß)	zehe	זֶהֶה
glücklich	me'uʃar	מְאוּשָׁר
groß	gadol	גָּדוֹל
gut (das Buch ist ~)	tov	טוֹב
gut (gütig)	tov	טוֹב
hart (harter Stahl)	kaʃe	קָשֶׁה
Haupt-	raʃi	רָאשִׁי
hauptsächlich	ikari	עִיקָרִי
Heimat-	ʃel mo'ledet	שֶׁל מוֹלֶדֶת
heiß	χam	חַם
Hinter-	aχorani	אֲחוֹרָנִי
höchst	haga'voha beyoter	הַגָּבוֹהַ בְּיוֹתֵר
höflich	menumas	מְנוּמָס
hungrig	ra'ev	רָעֵב
in Armut lebend	ani	עָנִי
innen-	pnimi	פְּנִימִי
jung	tsa'ir	צָעִיר
kalt (Getränk usw.)	kar	קַר
Kinder-	yaldi	יַלְדִּי
klar (deutlich)	barur	בָּרוּר
klein	katan	קָטָן
klug, clever	pi'keaχ	פִּיקֵחַ
knapp (Kleider, zu eng)	tsar	צַר
kompatibel	to'em	תּוֹאֵם
kostenlos, gratis	χinam	חִינָם
krank	χole	חוֹלֶה
kühl (-en morgen)	karir	קָרִיר
künstlich	melaχuti	מְלָאכוּתִי
kurz (räumlich)	katsar	קָצָר
kurz (zeitlich)	katsar	קָצָר
kurzsichtig	ktsar re'iya	קְצַר רְאִיָּה

251. Bestimmungswörter. Adjektive. Teil 2

lang (langwierig)	aroχ	אָרוֹךְ
laut (-e Stimme)	ram	רָם
lecker	ta'im	טָעִים
leer (kein Inhalt)	rek	רֵיק
leicht (wenig Gewicht)	kal	קַל
leise (~ sprechen)	ʃaket	שָׁקֵט
licht (Farbe)	bahir	בָּהִיר
link (-e Seite)	smali	שְׂמָאלִי
mager, dünn	raze	רָזֶה
matt (Lack usw.)	mat	מַט
möglich	efʃari	אֶפְשָׁרִי
müde (erschöpft)	ayef	עָיֵף

| Nachbar- | samux | סָמוּךְ |
| nachlässig | merufal | מְרוּשָׁל |

nächst	hakarov beyoter	הַקָּרוֹב בְּיוֹתֵר
nächst (am -en Tag)	haba	הַבָּא
nah	karov	קָרוֹב
nass (-e Kleider)	ratuv	רָטוֹב

negativ	ʃlili	שְׁלִילִי
nervös	atsbani	עַצְבָּנִי
nett (freundlich)	nexmad	נֶחְמָד
neu	xadaʃ	חָדָשׁ
nicht groß	lo gadol	לֹא גָּדוֹל

nicht schwierig	lo kaʃe	לֹא קָשֶׁה
normal	nor'mali	נוֹרמָלִי
nötig	daruʃ	דָּרוּשׁ
notwendig	naxuts	נָחוּץ

obligatorisch, Pflicht-	hexrexi	הֶכְרֵחִי
offen	pa'tuax	פָּתוּחַ
öffentlich	tsiburi	צִיבּוּרִי
original (außergewöhnlich)	mekori	מְקוֹרִי

persönlich	prati	פְּרָטִי
platt (flach)	ʃa'tuax	שָׁטוּחַ
privat (in Privatbesitz)	iʃi	אִישִׁי
pünktlich (Ich bin gerne ~)	daikan	דַּייקָן
rätselhaft	mistori	מִסתוֹרִי

recht (-e Hand)	yemani	יְמָנִי
reif (Frucht usw.)	baʃel	בָּשֵׁל
richtig	naxon	נָכוֹן
riesig	anaki	עֲנָקִי
riskant	mesukan	מְסוּכָּן

roh (nicht gekocht)	xai	חַי
ruhig	ʃaket	שָׁקֵט
salzig	ma'luax	מָלוּחַ
sauber (rein)	naki	נָקִי
sauer	xamuts	חָמוּץ

scharf (-e Messer usw.)	xad	חַד
schlecht	ra	רַע
schmutzig	meluxlax	מְלוּכלָךְ
schnell	mahir	מָהִיר
schön (-es Mädchen)	yafe	יָפֶה

schön (-es Schloß usw.)	mefo'ar	מְפוֹאָר
schwer (~ an Gewicht)	kaved	כָּבֵד
schwierig	kaʃe	קָשֶׁה
schwierig (-es Problem)	mesubax	מְסוּבָּךְ
seicht (nicht tief)	radud	רָדוּד

| selten | nadir | נָדִיר |
| sicher (nicht gefährlich) | ba'tuax | בָּטוּחַ |

| sonnig | ʃimʃi | שִׁמְשִׁי |
| sorgfältig | kapdani | קַפְּדָנִי |

sorgsam	do'eg	דּוֹאֵג
speziell, Spezial-	meyuχad	מְיוּחָד
stark (-e Konstruktion)	mutsak	מוּצָק
stark (kräftig)	χazak	חָזָק
still, ruhig	ʃalev	שָׁלֵו

süß	matok	מָתוֹק
Süß- (Wasser)	metukim	מְתוּקִים
teuer	yakar	יָקָר
tiefgekühlt	kafu	קָפוּא
tot	met	מֵת

traurig	atsuv	עָצוּב
traurig, unglücklich	atsuv	עָצוּב
trocken (Klima)	yaveʃ	יָבֵשׁ
übermäßig	meyutar	מְיוּתָר

unbedeutend	χasar χaʃivut	חֲסַר חֲשִׁיבוּת
unbeweglich	χasar tnu'a	חֲסַר תְּנוּעָה
undeutlich	lo barur	לֹא בָּרוּר
unerfahren	χasar nisayon	חֲסַר נִיסָיוֹן
unmöglich	'bilti efʃari	בִּלְתִּי אֶפְשָׁרִי

Untergrund- (geheim)	maχtarti	מַחְתַּרְתִּי
unterschiedlich	ʃone	שׁוֹנֶה
ununterbrochen	mitmaʃeχ	מִתְמַשֵּׁךְ
unverständlich	'bilti muvan	בִּלְתִּי מוּבָן
vergangen	ʃe'avar	שֶׁעָבַר

verschieden	kol minei	כָּל מִינֵי
voll (gefüllt)	male	מָלֵא
vorig (in der -en Woche)	ʃe'avar	שֶׁעָבַר
vorzüglich	metsuyan	מְצוּיָן
wahrscheinlich	efʃari	אֶפְשָׁרִי

warm (mäßig heiß)	χamim	חָמִים
weich (-e Wolle)	raχ	רַךְ
wichtig	χaʃuv	חָשׁוּב
wolkenlos	lelo ananim	לְלֹא עֲנָנִים
zärtlich	raχ	רַךְ

zentral (in der Mitte)	merkazi	מֶרְכָּזִי
zerbrechlich (Porzellan usw.)	ʃavir	שָׁבִיר
zufrieden	merutse	מְרוּצֶה
zufrieden (glücklich und ~)	mesupak	מְסוּפָּק

500 WICHTIGE VERBEN

252. Verben A-D

abbiegen (vi)	lifnot	לִפְנוֹת
abhacken (vt)	liχrot	לִכְרוֹת
abhängen von …	lihyot talui be…	…בְּ לִהְיוֹת תָּלוּי
ablegen (Schiff)	lehaflig	לְהַפְלִיג
abnehmen (vt)	lehorid	לְהוֹרִיד
abreißen (vt)	litloʃ	לִתְלוֹשׁ
absagen (vt)	lesarev	לְסָרֵב
abschicken (vt)	liʃloaχ	לִשְׁלוֹחַ
abschneiden (vt)	laχtoχ	לַחְתּוֹךְ
adressieren (an …)	lifnot el	לִפְנוֹת אֶל
ähnlich sein	lihyot dome	לִהְיוֹת דּוֹמֶה
amputieren (vt)	lik'to'a	לִקְטוֹעַ
amüsieren (vt)	levader	לְבַדֵּר
anbinden (vt)	likʃor	לִקְשׁוֹר
ändern (vt)	leʃanot	לְשַׁנּוֹת
andeuten (vt)	lirmoz	לִרְמוֹז
anerkennen (vt)	lezahot	לְזַהוֹת
anflehen (vt)	lehitχanen	לְהִתְחַנֵּן
Angst haben (vor …)	lefaχed	לְפַחֵד
anklagen (vt)	leha'aʃim	לְהַאֲשִׁים
anklopfen (vi)	lidfok	לִדְפּוֹק
ankommen (der Zug)	leha'gi'a	לְהַגִּיעַ
anlegen (Schiff)	la'agon	לַעֲגוֹן
anstecken (~ mit …)	lehadbik	לְהַדְבִּיק
anstreben (vt)	liʃof	לִשְׁאוֹף
antworten (vi)	la'anot	לַעֲנוֹת
anzünden (vt)	lehadlik	לְהַדְלִיק
applaudieren (vi)	limχo ka'payim	לִמְחוֹא כַּפַּיִם
arbeiten (vi)	la'avod	לַעֲבוֹד
ärgern (vt)	lehargiz	לְהַרְגִּיז
assistieren (vi)	la'azor	לַעֲזוֹר
atmen (vi)	linʃom	לִנְשׁוֹם
attackieren (vt)	litkof	לִתְקוֹף
auf … zählen	lismoχ al	לִסְמוֹךְ עַל
auf jmdn böse sein	lehitragez	לְהִתְרַגֵּז
aufbringen (vt)	le'atsben	לְעַצְבֵּן
aufräumen (vt)	lesader	לְסַדֵּר
aufschreiben (vt)	lirʃom	לִרְשׁוֹם

aufseufzen (vi)	lehe'anax	לְהֵיאָנַח
aufstehen (vi)	lakum	לָקוּם
auftauchen (U-Boot)	latsuf	לָצוּף
ausdrücken (vt)	levate	לְבַטֵּא
ausgehen (vi)	latset	לָצֵאת
aushalten (vt)	lisbol	לִסְבּוֹל
ausradieren (vt)	limxok	לִמְחוֹק
ausreichen (vi)	lehasmik	לְהַסְמִיק
ausschalten (vt)	lexabot	לְכַבּוֹת
ausschließen (vt)	lesalek	לְסַלֵּק
aussprechen (vt)	levate	לְבַטֵּא
austeilen (vt)	lexalek	לְחַלֵּק
auswählen (vt)	livxor	לִבְחוֹר
auszeichnen (mit Orden)	leha'anik	לְהַעֲנִיק
baden (vt)	lirxots	לִרְחוֹץ
bedauern (vt)	lehitsta'er	לְהִצְטַעֵר
bedeuten (bezeichnen)	lomar	לוֹמַר
bedienen (vt)	lefaret	לְשָׁרֵת
beeinflussen (vt)	lehaʃpi'a	לְהַשְׁפִּיעַ
beenden (vt)	lesayem	לְסַיֵּם
befehlen (vt)	lifkod	לִפְקוֹד
befestigen (vt)	lexazek	לְחַזֵּק
befreien (vt)	lefaxrer	לְשַׁחְרֵר
befriedigen (vt)	lesapek	לְסַפֵּק
begießen (vt)	lehaʃkot	לְהַשְׁקוֹת
beginnen (vt)	lehatxil	לְהַתְחִיל
begleiten (vt)	lelavot	לְלַווֹת
begrenzen (vt)	lehagbil	לְהַגְבִּיל
begrüßen (vt)	lomar ʃalom	לוֹמַר שָׁלוֹם
behalten (alte Briefe)	liʃmor	לִשְׁמוֹר
behandeln (vt)	letapel be...	לְטַפֵּל בְּ...
behaupten (vt)	lit'on	לִטְעוֹן
bekannt machen	lehatsig	לְהַצִּיג
belauschen (Gespräch)	leha'azin be'seter	לְהַאֲזִין בְּסֵתֶר
beleidigen (vt)	lifgo'a	לִפְגוֹעַ
beleuchten (vt)	leha'ir	לְהָאִיר
bemerken (vt)	lasim lev	לָשִׂים לֵב
beneiden (vt)	lekane	לְקַנֵּא
benennen (vt)	likro	לִקְרוֹא
benutzen (vt)	lehiʃtameʃ be...	לְהִשְׁתַּמֵּשׁ בְּ...
beobachten (vt)	litspot, lehaʃkif	לִצְפּוֹת, לְהַשְׁקִיף
berichten (vt)	leda'veax	לְדַווֵּחַ
bersten (vi)	lehisadek	לְהִיסָדֵק
beruhen auf ...	lehitbases	לְהִתְבַּסֵּס
beruhigen (vt)	lehar'gi'a	לְהַרְגִּיעַ
berühren (vt)	lin'go'a	לִנְגוֹעַ

beseitigen (vt)	lehasir	לְהָסִיר
besitzen (vt)	lihyot 'ba'al ʃel	לִהְיוֹת בַּעַל שֶׁל
besprechen (vt)	ladun	לָדוּן
bestehen auf	lehit'akeʃ	לְהִתְעַקֵשׁ
bestellen (im Restaurant)	lehazmin	לְהַזְמִין
bestrafen (vt)	leha'aniʃ	לְהַעֲנִישׁ
beten (vi)	lehitpalel	לְהִתְפַּלֵל
beunruhigen (vt)	lehad'ig	לְהַדְאִיג
bewachen (vt)	liʃmor	לִשְׁמוֹר
bewahren (vt)	leʃamer	לְשַׁמֵר
beweisen (vt)	leho'χiaχ	לְהוֹכִיחַ
bewundern (vt)	lehitpa'el	לְהִתְפַּעֵל
bezeichnen (bedeuten)	lomar	לוֹמַר
bilden (vt)	le'atsev	לְעַצֵב
binden (vt)	likʃor	לִקְשׁוֹר
bitten (jmdn um etwas ~)	levakeʃ	לְבַקֵשׁ
blenden (vt)	lisanver	לְסַנְוֵר
brechen (vt)	liʃbor	לִשְׁבּוֹר
bügeln (vt)	legahets	לְגַהֵץ

253. Verben E-H

danken (vi)	lehodot	לְהוֹדוֹת
denken (vi, vt)	laχʃov	לַחְשׁוֹב
denunzieren (vt)	lehalʃim	לְהַלְשִׁין
dividieren (vt)	leχalek	לְחַלֵק
dressieren (vt)	le'alef	לְאַלֵף
drohen (vi)	le'ayem	לְאַיֵם
eindringen (vi)	laχdor	לַחְדוֹר
einen Fehler machen	lit'ot	לִטְעוֹת
einen Schluss ziehen	lehasik	לְהַסִיק
einladen (zum Essen ~)	lehazmin	לְהַזְמִין
einpacken (vt)	le'eroz	לֶאֱרוֹז
einrichten (vt)	letsayed	לְצַיֵד
einschalten (vt)	lehadlik	לְהַדְלִיק
einschreiben (vt)	lehosif	לְהוֹסִיף
einsetzen (vt)	lehaχnis	לְהַכְנִיס
einstellen (Personal ~)	leha'asik	לְהַעֲסִיק
einstellen (vt)	lehafsik	לְהַפְסִיק
einwenden (vt)	lehitnaged	לְהִתְנַגֵד
empfehlen (vt)	lehamlits	לְהַמְלִיץ
entdecken (Land usw.)	legalot	לְגַלוֹת
entfernen (Flecken ~)	lehasir	לְהָסִיר
entscheiden (vt)	lehaχlit	לְהַחְלִיט
entschuldigen (vt)	lis'loaχ	לִסְלוֹחַ
entzücken (vt)	lehaksim	לְהַקְסִים

erben (vt)	la'reʃet	לָרֶשֶׁת
erblicken (vt)	lir'ot	לִרְאוֹת
erfinden (das Rad neu ~)	lehamtsi	לְהַמְצִיא
erinnern (vt)	lehazkir	לְהַזְכִּיר
erklären (vt)	lehasbir	לְהַסְבִּיר

erlauben (jemandem etwas)	leharʃot	לְהַרְשׁוֹת
erlauben, gestatten (vt)	leharʃot	לְהַרְשׁוֹת
erleichtern (vt)	lehakel al	לְהָקֵל עַל
ermorden (vt)	laharog	לַהֲרוֹג

ermüden (vt)	le'ayef	לְעַיֵּף
ermutigen (vt)	lehalhiv	לְהַלְהִיב
ernennen (vt)	lemanot	לְמַנּוֹת
erörtern (vt)	livχon	לִבְחוֹן

erraten (vt)	lenaχeʃ	לְנַחֵשׁ
erreichen (Nordpol usw.)	lehasig	לְהַשִּׂיג
erröten (vi)	lehasmik	לְהַסְמִיק
erscheinen (am Horizont ~)	leho'fi'a	לְהוֹפִיעַ

erscheinen (Buch usw.)	latset le'or	לָצֵאת לְאוֹר
erschweren (vt)	lesabeχ	לְסַבֵּךְ
erstaunen (vt)	lehaf'ti'a	לְהַפְתִּיעַ
erstellen (einer Liste ~)	lena'seaχ, la'aroχ	לְנַסֵּחַ, לַעֲרוֹךְ
ertrinken (vi)	lit'bo'a	לִטְבּוֹעַ

erwähnen (vt)	lehazkir	לְהַזְכִּיר
erwarten (vt)	letsapot	לְצַפּוֹת
erzählen (vt)	lesaper	לְסַפֵּר
erzielen (Ergebnis usw.)	lehasig	לְהַשִּׂיג

essen (vi, vt)	le'eχol	לֶאֱכוֹל
existieren (vi)	lehitkayem	לְהִתְקַיֵּם
fahren (mit 90 km/h ~)	lin'so'a	לִנְסוֹעַ
fallen lassen	lehapil	לְהַפִּיל

fangen (vt)	litfos	לִתְפּוֹס
finden (vt)	limtso	לִמְצוֹא
fischen (vt)	ladug	לָדוּג
fliegen (vi)	la'uf	לָעוּף
folgen (vi)	la'akov aχarei	לַעֲקוֹב אַחֲרֵי

fortbringen (vt)	lehotsi	לְהוֹצִיא
fortsetzen (vt)	lehamʃiχ	לְהַמְשִׁיךְ
fotografieren (vt)	letsalem	לְצַלֵּם
frühstücken (vi)	le'eχol aruχat 'boker	לֶאֱכוֹל אֲרוּחַת בּוֹקֶר
fühlen (vt)	laχuʃ	לָחוּשׁ

führen (vt)	la'amod beroʃ	לַעֲמוֹד בְּרֹאשׁ
füllen (mit Wasse usw.)	lemale	לְמַלֵּא
füttern (vt)	leha'aχil	לְהַאֲכִיל
garantieren (vt)	lehav'tiaχ	לְהַבְטִיחַ

| geben (sein Bestes ~) | latet | לָתֵת |
| gebrauchen (vt) | lehiʃtameʃ be... | לְהִשְׁתַּמֵּשׁ בְּ... |

gefallen (vi)	limtso χen be'ei'nayim	לִמְצֹא חֵן בְּעֵינַיִם
gehen (zu Fuß gehen)	la'leχet	לָלֶכֶת

gehorchen (vi)	letsayet	לְצַיֵּת
gehören (vi)	lehiſtayeχ	לְהִשְׁתַּיֵּךְ
gelegen sein	lihyot munaχ	לִהְיוֹת מוּנָח
genesen (vi)	lehaχlim	לְהַחְלִים

gereizt sein	lehitragez	לְהִתְרַגֵּז
gernhaben (vt)	le'ehov	לֶאֱהֹב
gestehen (Verbrecher)	lehodot be…	לְהוֹדוֹת בְּ…
gießen (Wasser ~)	limzog	לִמְזֹג

glänzen (vi)	lizhor	לִזְהֹר
glauben (Er glaubt, dass …)	lisbor	לִסְבֹּר
graben (vt)	laχpor	לַחְפֹּר
gratulieren (vi)	levareχ	לְבָרֵךְ

gucken (spionieren)	lehatsits	לְהָצִיץ
haben (vt)	lehaχzik	לְהַחְזִיק
handeln (in Aktion treten)	lif'ol	לִפְעֹל
hängen (an der Wand usw.)	litlot	לִתְלוֹת

heiraten (vi)	lehitχaten	לְהִתְחַתֵּן
helfen (vi)	la'azor	לַעֲזֹר
herabsteigen (vi)	la'redet	לָרֶדֶת
hereinkommen (vi)	lehikanes	לְהִיכָּנֵס
herunterlassen (vt)	lehorid	לְהוֹרִיד

hinzufügen (vt)	lehosif	לְהוֹסִיף
hoffen (vi)	lekavot	לְקַוּוֹת
hören (Geräusch ~)	liſ'mo'a	לִשְׁמֹעַ
hören (jmdm zuhören)	lehakſiv	לְהַקְשִׁיב

254. Verben I-R

imitieren (vt)	leχakot	לְחַקּוֹת
impfen (vt)	leχasen	לְחַסֵּן
importieren (vt)	leyabe	לְיַבֵּא
in Gedanken versinken	liſ'ko'a bemaχſavot	לִשְׁקֹעַ בְּמַחְשָׁבוֹת

in Ordnung bringen	lesader	לְסַדֵּר
informieren (vt)	leho'dia	לְהוֹדִיעַ
instruieren (vt)	lehadriχ	לְהַדְרִיךְ
interessieren (vt)	le'anyen	לְעַנְיֵן

isolieren (vt)	levoded	לְבוֹדֵד
jagen (vi)	latsud	לָצוּד
kämpfen (~ gegen)	lehilaχem	לְהִילָחֵם
kämpfen (sich schlagen)	lehilaχem	לְהִילָחֵם
kaufen (vt)	liknot	לִקְנוֹת

kennen (vt)	lehakir et	לְהַכִּיר אֶת
kennenlernen (vt)	lehakir	לְהַכִּיר

klagen (vi)	lehitlonen	לְהִתְלוֹנֵן
kompensieren (vt)	lefatsot	לְפַצּוֹת
komponieren (vt)	lehalχin	לְהַלְחִין
kompromittieren (vt)	lehav'iʃ et reχo	לְהַבְאִישׁ אֶת רֵיחוֹ
konkurrieren (vi)	lehitχarot	לְהִתְחָרוֹת
können (v mod)	yaχol	יָכוֹל
kontrollieren (vt)	liʃlot	לִשְׁלוֹט
koordinieren (vt)	leta'em	לְתָאֵם
korrigieren (vt)	letaken	לְתַקֵּן
kosten (vt)	la'alot	לַעֲלוֹת
kränken (vt)	leha'aliv	לְהַעֲלִיב
kratzen (vt)	lisrot	לִשְׂרוֹט
Krieg führen	lehilaχem	לְהִילָחֵם
lächeln (vi)	leχayeχ	לְחַיֵּךְ
lachen (vi)	litsχok	לִצְחוֹק
laden (Ein Gewehr ~)	lit'on	לִטְעוֹן
laden (LKW usw.)	leha'amis	לְהַעֲמִיס
lancieren (starten)	lehaf'il	לְהַפְעִיל
laufen (vi)	laruts	לָרוּץ
leben (vi)	liχyot	לִחְיוֹת
lehren (vt)	lelamed	לְלַמֵּד
leiden (vi)	lisbol	לִסְבּוֹל
leihen (Geld ~)	lilvot	לִלְווֹת
leiten (Betrieb usw.)	lenahel	לְנַהֵל
lenken (ein Auto ~)	linhog	לִנְהוֹג
lernen (vt)	lilmod	לִלְמוֹד
lesen (vi, vt)	likro	לִקְרוֹא
lieben (vt)	le'ehov	לֶאֱהוֹב
liegen (im Bett usw.)	liʃkav	לִשְׁכַּב
losbinden (vt)	lehatir 'keʃer	לְהַתִּיר קֶשֶׁר
löschen (Feuer)	leχabot	לְכַבּוֹת
lösen (Aufgabe usw.)	liftor	לִפְתּוֹר
loswerden (jmdm. od etwas)	lehipater mi...	לְהִיפָּטֵר מ...
lügen (vi)	leʃaker	לְשַׁקֵּר
machen (vt)	la'asot	לַעֲשׂוֹת
markieren (vt)	lesamen	לְסַמֵּן
meinen (glauben)	leha'amin	לְהַאֲמִין
memorieren (vt)	lizkor	לִזְכּוֹר
mieten (ein Boot ~)	liskor	לִשְׂכּוֹר
mieten (Haus usw.)	liskor	לִשְׂכּוֹר
mischen (vt)	le'arbev	לְעַרְבֵּב
mitbringen (vt)	lehavi	לְהָבִיא
mitteilen (vt)	leya'de'a	לְייַדֵּעַ
müde werden	lehit'ayef	לְהִתְעַייֵף
multiplizieren (vt)	lehaχpil	לְהַכְפִּיל
müssen (v mod)	lihyot χayav	לִהְיוֹת חַייָב

nachgeben (vi)	levater	לְווַתֵּר
nehmen (jmdm. etwas ~)	liʃlol	לִשְׁלוֹל

nehmen (vt)	la'kaχat	לָקַחַת
noch einmal sagen	laχazor al	לַחֲזוֹר עַל
nochmals tun (vt)	la'asot meχadaʃ	לַעֲשׂוֹת מֵחָדָשׁ
notieren (vt)	lesamen	לְסַמֵּן

nötig sein	lehidareʃ	לְהִידָּרֵשׁ
notwendig sein	lehidareʃ	לְהִידָּרֵשׁ
öffnen (vt)	lif'toaχ	לִפְתּוֹחַ
passen (Schuhe, Kleid)	lehat'im	לְהַתְאִים
pflücken (Blumen)	liktof	לִקְטוֹף

planen (vt)	letaχnen	לְתַכְנֵן
prahlen (vi)	lehitravrev	לְהִתְרַבְרֵב
projektieren (vt)	letaχnen	לְתַכְנֵן
protestieren (vi)	limχot	לִמְחוֹת

provozieren (vt)	lehitgarot	לְהִתְגָּרוֹת
putzen (vt)	lenakot	לְנַקּוֹת
raten (zu etwas ~)	leya'ets	לְיַעֵץ
rechnen (vt)	lispor	לִסְפּוֹר

regeln (vt)	lesader	לְסַדֵּר
reinigen (vt)	lenakot	לְנַקּוֹת
reparieren (vt)	letaken	לְתַקֵּן
reservieren (vt)	leʃaryen	לְשַׁרְיֵין

retten (vt)	lehatsil	לְהַצִּיל
richten (den Weg zeigen)	leχaven	לְכַוֵּון
riechen (an etwas ~)	leha'riaχ	לְהָרִיחַ
riechen (gut ~)	leha'riaχ	לְהָרִיחַ

ringen (Sport)	lehe'avek	לְהֵיאָבֵק
riskieren (vt)	la'kaχat sikun	לָקַחַת סִיכּוּן
rufen (seinen Hund ~)	likro le…	לִקְרוֹא לְ...
rufen (um Hilfe ~)	likro	לִקְרוֹא

255. Verben S-U

säen (vt)	liz'ro'a	לִזְרוֹעַ
sagen (vt)	lomar	לוֹמַר
schaffen (Etwas Neues zu ~)	litsor	לִיצוֹר
schelten (vt)	linzof	לִנְזוֹף

schieben (drängen)	lidχof	לִדְחוֹף
schießen (vi)	lirot	לִירוֹת
schlafen gehen	liʃkav liʃon	לִשְׁכַּב לִישׁוֹן
schlagen (mit …)	lehitkotet	לְהִתְקוֹטֵט

schlagen (vt)	lehakot	לְהַכּוֹת
schließen (vt)	lisgor	לִסְגּוֹר
schmeicheln (vi)	lehaχnif	לְהַחְנִיף

schmücken (vt)	lekaʃet	לְקַשֵּׁט
schreiben (vi, vt)	lixtov	לִכְתּוֹב
schreien (vi)	lits'ok	לִצְעוֹק
schütteln (vt)	lena'er	לְנַעֵר
schweigen (vi)	liʃtok	לִשְׁתוֹק
schwimmen (vi)	lisxot	לִשְׂחוֹת
schwimmen gehen	lehitraxets	לְהִתְרַחֵץ
sehen (vt)	lehistakel	לְהִסְתַּכֵּל
sein (vi)	lihyot	לִהְיוֹת
sich abwenden	lehafnot 'oref le…	לְהַפְנוֹת עוֹרֶף לְ…
sich amüsieren	lehanot	לֵיהָנוֹת
sich anschließen	lehitstaref	לְהִצְטַרֵף
sich anstecken	lehibadek	לְהִידָּבֵק
sich aufregen	lid'og	לִדְאוֹג
sich ausruhen	la'nuax	לָנוּחַ
sich beeilen	lemaher	לְמַהֵר
sich benehmen	lehitnaheg	לְהִתְנַהֵג
sich beschmutzen	lehitlaxlex	לְהִתְלַכְלֵךְ
sich datieren	leta'arex	לְתָאֲרֵךְ
sich einmischen	lehit'arev	לְהִתְעָרֵב
sich empören	lehitra'em	לְהִתְרַעֵם
sich entschuldigen	lehitnatsel	לְהִתְנַצֵּל
sich erhalten	lehiʃtamer	לְהִשְׁתַּמֵר
sich erinnern	lizkor	לִזְכּוֹר
sich interessieren	lehit'anyen	לְהִתְעַנְיֵן
sich kämmen	lehistarek	לְהִסְתָּרֵק
sich konsultieren mit …	lehitya'ets im	לְהִתְיָיעֵץ עִם
sich konzentrieren	lehitrakez	לְהִתְרַכֵּז
sich langweilen	lehiʃta'amem	לְהִשְׁתַּעֲמֵם
sich nach … erkundigen	levarer	לְבָרֵר
sich nähern	lehitkarev	לְהִתְקָרֵב
sich rächen	linkom	לִנְקוֹם
sich rasieren	lehitga'leax	לְהִתְגַּלֵּחַ
sich setzen	lehityaʃev	לְהִתְיַישֵׁב
sich Sorgen machen	lid'og	לִדְאוֹג
sich überzeugen	lehiʃtax'ne'a	לְהִשְׁתַּכְנֵעַ
sich unterscheiden	lehibadel	לְהִיבָּדֵל
sich vergrößern	ligdol	לִגְדוֹל
sich verlieben	lehit'ahev	לְהִתְאַהֵב
sich verteidigen	lehitgonen	לְהִתְגּוֹנֵן
sich vorstellen	ledamyen	לְדַמְיֵן
sich waschen	lehitraxets	לְהִתְרַחֵץ
sitzen (vi)	la'ʃevet	לָשֶׁבֶת
spielen (Ball ~)	lesaxek	לְשַׂחֵק
spielen (eine Rolle ~)	lesaxek	לְשַׂחֵק

| spotten (vi) | lil'og | לִלְעוֹג |
| sprechen mit … | ledaber | לְדַבֵּר |

spucken (vi)	lirok	לִירוֹק
starten (Flugzeug)	lehamri	לְהַמְרִיא
stehlen (vt)	lignov	לִגְנוֹב

stellen (ins Regal ~)	la'aroχ	לַעֲרוֹךְ
stimmen (vi)	lehats'bi'a	לְהַצְבִּיעַ
stoppen (haltmachen)	la'atsor	לַעֲצוֹר
stören (nicht ~!)	lehatrid	לְהַטְרִיד

streicheln (vt)	lelatef	לְלַטֵף
suchen (vt)	leχapes	לְחַפֵּשׂ
sündigen (vi)	laχato	לַחֲטוֹא
tauchen (vi)	litslol	לִצְלוֹל

tauschen (vt)	lehaχlif	לְהַחְלִיף
täuschen (vt)	leramot	לְרַמוֹת
teilnehmen (vi)	lehiʃtatef	לְהִשְׁתַתֵף
trainieren (vi)	lehit'amen	לְהִתְאַמֵן

trainieren (vt)	le'amen	לְאַמֵן
transformieren (vt)	leʃanot tsura	לְשַׁנוֹת צוּרָה
träumen (im Schlaf)	laχalom	לַחֲלוֹם
träumen (wünschen)	laχalom	לַחֲלוֹם

trinken (vt)	liʃtot	לִשְׁתוֹת
trocknen (vt)	leyabeʃ	לְיַיבֵּשׁ
überragen (Schloss, Berg)	lehitromem	לְהִתְרוֹמֵם
überrascht sein	lehitpale	לְהִתְפַלֵא
überschätzen (vt)	leha'ariχ 'yeter al hamida	לְהַעֲרִיךְ יָתֶר עַל הַמִידָה

übersetzen (Buch usw.)	letargem	לְתַרְגֵם
überwiegen (vi)	ligbor	לִגְבּוֹר
überzeugen (vt)	leʃaχ'ne'a	לְשַׁכְנֵעַ
umarmen (vt)	leχabek	לְחַבֵּק
umdrehen (vt)	lahafoχ	לַהֲפוֹךְ

unternehmen (vt)	linkot	לִנְקוֹט
unterschätzen (vt)	leham'it be"ereχ	לְהַמְעִיט בְּעֵרֶךְ
unterschreiben (vt)	laχtom	לַחְתוֹם
unterstreichen (vt)	lehadgiʃ	לְהַדְגִישׁ
unterstützen (vt)	litmoχ be…	לִתְמוֹךְ בְּ…

256. Verben V-Z

verachten (vt)	lezalzel be…	לְזַלְזֵל בְּ…
veranstalten (vt)	le'argen	לְאַרְגֵן
verbieten (vt)	le'esor	לֶאֱסוֹר
verblüfft sein	lit'moha	לִתְמוֹהַ

| verbreiten (Broschüren usw.) | lehafits | לְהָפִיץ |
| verbreiten (Geruch) | lehafits | לְהָפִיץ |

verbrennen (vt)	lisrof	לִשְׂרוֹף
verdächtigen (vt)	laxʃod	לַחְשׁוֹד
verdienen (Lob ~)	lihyot ra'ui	לִהְיוֹת רָאוּי
verdoppeln (vt)	lehaxpil	לְהַכְפִּיל
vereinfachen (vt)	lefaʃet	לְפַשֵּׁט
vereinigen (vt)	le'axed	לְאַחֵד
vergessen (vt)	liʃ'koax	לִשְׁכּוֹחַ
vergießen (vt)	liʃpox	לִשְׁפּוֹךְ
vergleichen (vt)	lehaʃvot	לְהַשְׁווֹת
vergrößern (vt)	lehagdil	לְהַגְדִּיל
verhandeln (vi)	laset velatet	לָשֵׂאת וְלָתֵת
verjagen (vt)	legareʃ	לְגָרֵשׁ
verkaufen (vt)	limkor	לִמְכּוֹר
verlangen (vt)	lidroʃ	לִדְרוֹשׁ
verlassen (vt)	lehaʃir	לְהַשְׁאִיר
verlassen (vt)	la'azov	לַעֲזוֹב
verlieren (Regenschirm usw.)	le'abed	לְאַבֵּד
vermeiden (vt)	lehimana	לְהִימָּנַע
vermuten (vt)	leʃa'er	לְשַׁעֵר
verneinen (vt)	liʃlol	לִשְׁלוֹל
vernichten (Dokumente usw.)	lexasel	לְחַסֵּל
verringern (vt)	lehaktin	לְהַקְטִין
versäumen (vt)	lehaxsir	לְהַחְסִיר
verschieben (Möbel usw.)	lehaziz	לְהָזִיז
verschütten (vt)	lehiʃapex	לְהִישָׁפֵךְ
verschwinden (vi)	lehe'alem	לְהֵיעָלֵם
versprechen (vt)	lehav'tiax	לְהַבְטִיחַ
verstecken (vt)	lehastir	לְהַסְתִּיר
verstehen (vt)	lehavin	לְהָבִין
verstummen (vi)	lehiʃtatek	לְהִשְׁתַּתֵּק
versuchen (vt)	lenasot	לְנַסּוֹת
verteidigen (vt)	lehagen	לְהָגֵן
vertrauen (vt)	liv'toax	לִבְטוֹחַ
verursachen (vt)	ligrom le...	לִגְרוֹם לְ...
verurteilen (vt)	ligzor din	לִגְזוֹר דִּין
vervielfältigen (vt)	leʃaxpel	לְשַׁכְפֵּל
verwechseln (vt)	lehitbalbel	לְהִתְבַּלְבֵּל
verwirklichen (vt)	lehagʃim	לְהַגְשִׁים
verzeihen (vt)	lis'loax	לִסְלוֹחַ
vorankommen	lehitkadem	לְהִתְקַדֵּם
voraussehen (vt)	laxazot	לַחֲזוֹת
vorbeifahren (vi)	la'avor	לַעֲבוֹר
vorbereiten (vt)	lehaxin	לְהָכִין
vorschlagen (vt)	leha'tsi'a	לְהַצִּיעַ
vorstellen (vt)	lehatsig	לְהַצִּיג
vorwerfen (vt)	linzof	לִנְזוֹף

vorziehen (vt)	leha'adif	לְהַעֲדִיף
wagen (vt)	leha'ez	לְהָעֵז
wählen (vt)	livχor	לִבְחוֹר
wärmen (vt)	leχamem	לְחַמֵם
warnen (vt)	lehazhir	לְהַזְהִיר
warten (vi)	lehamtin	לְהַמְתִּין
waschen (das Auto ~)	liʃtof	לִשְׁטוֹף
waschen (Wäsche ~)	leχabes	לְכַבֵּס
wechseln (vt)	lehitχalef	לְהִתְחַלֵף
wecken (vt)	leha'ir	לְהָעִיר
wegfahren (vi)	la'azov	לַעֲזוֹב
weglassen (Wörter usw.)	lehaʃmit	לְהַשְׁמִיט
weglegen (vt)	lefanot	לְפַנּוֹת
wehen (vi)	linʃov	לִנְשׁוֹב
weinen (vi)	livkot	לִבְכּוֹת
werben (Reklame machen)	lefarsem	לְפַרְסֵם
werden (vi)	lahafoχ le...	לַהֲפוֹךְ לְ...
werfen (vt)	lizrok	לִזְרוֹק
widmen (vt)	lehakdiʃ	לְהַקְדִּישׁ
wiegen (vi)	liʃkol	לִשְׁקוֹל
winken (mit der Hand)	lenafnef	לְנַפְנֵף
wissen (vt)	la'da'at	לָדַעַת
Witz machen	lehitba'deaχ	לְהִתְבַּדֵּחַ
wohnen (vi)	lagur	לָגוּר
wollen (vt)	lirtsot	לִרְצוֹת
wünschen (vt)	lirtsot	לִרְצוֹת
zahlen (vt)	leʃalem	לְשַׁלֵם
zeigen (den Weg ~)	lenatev	לְנַתֵּב
zeigen (jemandem etwas ~)	lehar'ot	לְהַרְאוֹת
zerreißen (vi)	lehikara	לְהִיקָּרַע
zertreten (vt)	lirmos	לִרְמוֹס
ziehen (Seil usw.)	limʃoχ	לִמְשׁוֹךְ
zielen auf ...	leχaven	לְכַוֵּון
zitieren (vt)	letsatet	לְצַטֵּט
zittern (vi)	lir'od	לִרְעוֹד
zu Abend essen	le'eχol aruχat 'erev	לֶאֱכוֹל אֲרוּחַת עֶרֶב
zu Mittag essen	le'eχol aruχat tsaha'rayim	לֶאֱכוֹל אֲרוּחַת צָהֳרַיים
zubereiten (vt)	levaʃel	לְבַשֵּׁל
züchten (Pflanzen)	legadel	לְגַדֵּל
zugeben (eingestehen)	lehakir be...	לְהַכִּיר בְּ...
zur Eile antreiben	lezarez	לְזָרֵז
zurückdenken (vi)	lehizaχer	לְהִיזָּכֵר
zurückhalten (vt)	lerasen	לְכַסֵן
zurückkehren (vi)	laʃuv	לָשׁוּב
zurückschicken (vt)	liʃ'loaχ baχazara	לִשְׁלוֹחַ בַּחֲזָרָה

zurückziehen (vt)	levatel	לְבַטֵּל
zusammenarbeiten (vi)	leʃatef peʻula	לְשַׁתֵּף פְּעוּלָה
zusammenzucken (vi)	lirʻod	לִרְעוֹד
zustimmen (vi)	lehaskim	לְהַסְכִּים
zweifeln (vi)	lefakpek	לְפַקְפֵּק
zwingen (vt)	lehaχ'riaχ	לְהַכְרִיחַ

www.ingramcontent.com/pod-product-compliance
Lightning Source LLC
Chambersburg PA
CBHW071334090426
42738CB00012B/2893